中国父母育儿必备书

中国精英家庭造！

13 SUIQIAN
HAOMAMA PEIYANG
YOUXIU NÜHAI DE
101 GE XIJIE

13岁前，好妈妈培养优秀女孩的101个细节

13岁前，培养优雅脱俗的气质女孩，
知书达理的贤淑女孩；
13岁前，培养品德高尚的善良女孩，
自信坚强的独立女孩；
13岁前，培养兴趣广泛的博雅女孩，
善于交往的随和女孩；
13岁前，培养知识丰富的才识女孩，
智商超群的聪明女孩；
13岁前，培养淡定从容的稳重女孩，
办事利索的高效女孩。

湖北长江出版集团 崇文书局

图书在版编目（CIP）数据

13 岁前，好妈妈培养优秀女孩的 101 个细节 / 邢苗苗编著. —武汉：崇文书局，2011.4

ISBN 978-7-5403-1998-4

Ⅰ.①1…　Ⅱ.①邢…　Ⅲ.①女性—儿童教育：家庭教育　Ⅳ.①G78

中国版本图书馆 CIP 数据核字（2011）第 061461 号

13 岁前，好妈妈培养优秀女孩的 101 个细节

责任编辑：刘　瑾
出版发行：崇文书局
地　　址：武汉市雄楚大街 268 号湖北出版文化城 B 座 20 层
邮政编码：430070
电　　话：027-87679719
印　　刷：湖北新华印务股份有限公司
开　　本：710mm × 1010mm　1/16
印　　张：16.5
版　　次：2011 年 6 月第 1 版
印　　次：2011 年 6 月第 1 次印刷
定　　价：28.00 元
编辑邮箱：34838153@qq.com（欢迎赐稿）

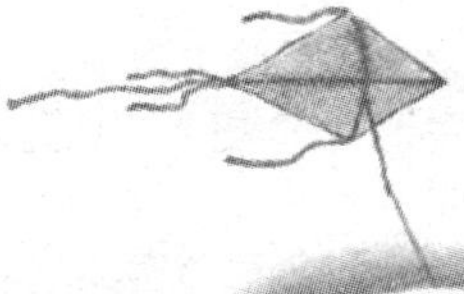

前 言

女孩有什么特点呢？对于这个问题，古老的童谣中给出了这样的答案：“女孩是用糖果、香料以及各种美好的东西做成的。”

与那些喜欢“耍刀弄枪”的男孩相比，女孩喜欢可爱的娃娃、漂亮的头花、好闻的香水等一切美好的东西。她们安静，喜欢合作，懂得体谅父母，因为她们善良、稳重，不喜欢冒险和争斗，也不会像男孩那样把家里弄得乱七八糟。

鉴于此，很多人认为女孩比男孩更好养育。其实这种认识是片面的，因为女孩也有让家长犯难的时候：当女孩因为妈妈不能陪她睡觉而哭泣时，当女孩认为妈妈更爱爸爸而不那么爱自己而感到难过时，当女孩听到妈妈说了句“我不要你了”而惊恐万分时，当女孩莫名其妙地沉默和闷闷不乐时，妈妈一定会不由地发出感慨：“女儿真是太难养育了！”

曾听到不少妈妈这样说：“我的女儿情绪变化太快了，时而开心地笑，时而默默地伤心，真是让我捉摸不透。”其实，妈妈们之所以这样说，是因为她们没有洞析女孩的心理，没有了解女孩的特点，没有把握女孩的成长规律。

作为女孩的母亲，如果你不了解女孩的心理、特点和成长规律，就很难把她培养成健康快乐活泼可爱的小淑女。因为不了解，所以很难注意到女孩身上的细节，看不到细节，就难以及时针对女孩出现的问题给予指导和教育，也就很难帮助孩子形成良好的品质、养成良好的习惯。

本书可以帮你更好地了解女孩，解决教育女孩时的困惑，帮助你有针对性地从细节着手，培养女孩的好品质、好习惯。

为什么要在13岁之前重视教育女孩的细节呢？因为13岁前是教育孩子的关键期。

法国教育家卢梭曾经说过："人生当中最危险的一段时间是从出生到12岁。在这段时间中还不采取摧毁种种错误和恶习的手段的话，它们就会发芽滋长，及至后来采取手段去改的时候，它们已经是扎下了深根，以致永远也拔不掉了。"

13岁是一个有着独特意义的时间，这个时候，女孩已经结束了小学阶段，正要迈入初中的校门；这个时候，女孩已经结束了儿童期，正要开始迈向青春期。很多事实证明，女孩在13岁以前，有极强的可塑性。如果妈妈在这个时间段给女孩种下独立、善良、贤淑、随和、稳重等积极的"种子"，指导女儿形成好的人生品质和做人做事的习惯，那么就很容易把女儿培养成优秀的人才。

本书从女孩的气质、品德、独立性、兴趣、交际等方面逐步展开，为家有女儿的妈妈总结了101个教育细节，并给妈妈们提出了切实可行的建议。相信一定会对你培养一个优秀的女儿有很大的帮助。

写在前面

第一章　13 岁前，培养优雅脱俗的气质女孩

第二章　13 岁前，培养品德高尚的善良女孩

目
录

目录

第八章　13岁前，培养智商超群的聪明女孩

第九章　13岁前，培养淡定从容的稳重女孩

第十章 13岁前，培养办事利索的高效女孩

写在前面

古老的童谣说："女孩是用糖果、香料以及各种美好的东西做成的。"她们就像一个个漂亮的水晶，需要妈妈给予呵护和关注，需要妈妈给她安全感。对于妈妈来说，女儿就是一件贴心的小棉袄，是妈妈的心头肉，因此，每个妈妈都希望把女儿培养成漂亮、高贵的公主。

那么，如何才能在13岁前，将心爱的女儿培养成新时代需要的小淑女呢？关键在于做妈妈的采取何种教育方式。在教育女孩之前，最重要的是要走进女孩的内心世界，了解女孩的特点。只要你稍稍留意，就会发现：

女孩胆小怕事，连小弟弟欺负她，她都不敢反抗；

女孩敏感多虑，非常注重自己与周围的人的关系；

女孩缺少主见，是穿背带裤还是穿裙子，都要妈妈帮忙决定；

女孩具有很多天赋，如果妈妈稍不留神，她们的天赋就有可能泯灭；

女孩不像男孩那样喜欢打打闹闹，相对来说，她们喜欢安静地听故事、做游戏；

她们不像男孩那样崇拜英雄奥特曼，而是更喜欢美少女和白雪公主；

她们不像男孩那样喜欢竞争，而是更希望自己多几个知心朋友；

……

那么，如何让你的13岁前的小公主变得坚强、勇敢、有主见起来呢？如何把我们小公主的天赋激发出来呢？这需要做妈妈的多了解13岁前这一时间段对女孩的成长和成才的重要性。

13 岁前的女孩如何教?

人生就像盖高楼,想要把楼房盖好,首先要打好根基。可以说,13 岁前,是妈妈打造女孩成长根基的关键期。为什么强调是“13 岁前”呢? 13 岁前这段时间,对孩子究竟有什么意义呢?

从女孩的生理特征来说,13 岁前是儿童期,13 岁后就进入了青春期,而且随着生活水平的提高,如今的女孩青春期进一步推前。因此,如何让女孩快乐度过童年,是值得妈妈重视的问题。

从我国现行的教育体制来说,13 岁前意味着孩子要在幼儿园、小学度过,13 岁后就要开始进初中。如何帮助女孩搞好小学阶段的学习,对于孩子迎接中学的学习生活至关重要。

从父母的感受来说,13 岁前孩子的思维方式单纯、直接,父母的思想通过简单的转化,就可以转变为孩子的思想;13 岁后,孩子的独立思考能力显著增强,她们开始有了自觉的想法,开始我行我素,不听管教。因此,在 13 岁之前教育好女儿,能为 13 岁之后教育女儿做好铺垫。

由此可见,13 岁前是教育女孩的关键期,13 岁是女孩成长过程中的分水岭。这不仅仅是因为从此以后她们要告别小学生活,进入初中学习,更重要的是,在 13 岁以后,女孩的个性、习惯以及智力因素等方面已经基本成形,且难以改变。

所以,妈妈们千万不要抱着消极的教育态度对待孩子 13 岁前表现出的毛病和坏习惯。不要认为等孩子长大了再教也不迟,更不能认为孩子长大了自然会改正,要知道“少若成天性,习惯成自然”。坏习惯一旦养成,过了 13 岁就难以纠正了。

许多事实也证明,孩子在 13 岁以前,可塑性往往是最强的。如果在这段时间,妈妈多给孩子一份关心和引导,多给孩子一些爱和激励,那么孩子就容易形成良好的品质和习惯,这必将令女孩受益一生!

好妈妈要如何做？

在 13 岁前，教育女孩的过程中，妈妈应该怎么做呢？妈妈在女孩的一生中究竟扮演什么样的角色呢？妈妈在孩子的教育中到底有多大的作用？为什么要如此突出妈妈的作用呢？这些疑问让很多妈妈不解。

其实这个问题的答案并不复杂，首先值得肯定的是，妈妈和爸爸在教育女孩的过程中都具有举足轻重的作用。只不过，相对于爸爸的教育来说，妈妈的作用更为重要。因为从女孩降生的第一天起，妈妈就和女儿形成了一个“教”与“学”关系，教女儿说话、教女儿走路、教女儿游戏等。

毫无疑问，几乎每个女孩的成长轨迹中，都会受到妈妈深刻的影响。在妈妈的教育下，她们才得以逐渐成长。妈妈的形象、妈妈的态度以及妈妈做人做事的原则，都会给女儿潜移默化的影响，而且这种影响力在女孩 13 岁之前特别明显。正所谓“妈妈是孩子的第一任老师”。

美国作家海伦·凯勒曾这样回忆自己的母亲：“虽然上帝只给我 19 个月的光明和声音。但至今，我仍然依稀记得那场病，尤其是母亲在我高烧不退，昏沉痛苦难耐的时候，温柔地抚慰我，让我勇敢地度过那段恐惧的时光。说实在的，在那漫长的黑夜里能得一点光明，完全是靠着母亲的慈爱和智慧……”

由此可见，如果一个女孩在出生后最初的几年里，没有受到母亲的影响和教育，没有感受过母亲的爱抚，那么这个女孩的童年生活是难以用“幸福”二字来形容的。要知道，在女孩的成长过程中，母亲能给孩子带来安全感、快乐，母亲的一言一行都会成为孩子模仿的对象。

妈妈勤俭节约，女儿自然就会节俭；

妈妈恭谦有礼，女儿自然就会谦逊不傲；

妈妈坚强勇敢，女儿自然懂得在苦难面前不低头，在困难面前不放弃；

妈妈善良有爱心，女儿自然就会拥有一颗悲天悯人的心；

妈妈修养有度、品质高尚，女儿自然会成为一个品德优良、气质高贵的人！

可以说，妈妈在抚养教育女儿中的特殊作用，是父亲无法替代的。

英国诗人艾克略在《贴近妈妈的心灵》中曾这样写道：“妈妈和孩子的关系是月亮和星星，树苗和土壤之间的亲和力。”因此，妈妈的意义不只是一个称谓，而是一种责任、一种爱。

只要你努力做一个好妈妈，你就可以在 13 岁前把女儿培养成一个优秀的人。

第一章

13 岁前，培养优雅脱俗的气质女孩

有人说，世界上没有丑女孩，只有没气质的女孩。这句话真的非常有道理，气质对女孩而言，比长相更重要。看看有些女孩：身材并非完美，长相也有瑕疵，身高还有不足，但是她们比那些长相漂亮、身材完美的女孩更有魅力，更能吸引人的注意，更容易受到别人的欢迎，这就是因为她们由内而外散发出与众不同的气质。

01 气质是由内而外散发出来的芬芳

在这个世界上，没有丑女孩，只有没气质的女孩。一个没有气质的女孩，即使长得再漂亮，也谈不上有魅力，我们顶多说她漂亮，但漂亮与美丽是两码事。相反，一个长相一般，却有着出众气质的女孩，就很容易从众人中脱颖而出。因此，培养女孩的气质尤为重要。

气质是什么呢？通俗地说，气质就是一个人给他人的感觉，比较直观的方面是面部表情、发型、着装、身体姿态等综合起来的形象。当然，最主要的还是一个人的精神面貌、内在品质等通过言行举止给人的感受。

在心理学上，气质是人的个性特征之一，指的是在人的认识、情感、言语、行动中，心理活动发生时力量的强弱、变化的快慢和均衡程度等稳定的动力特征。它与我们常说的“脾气”、“性格”等含义相近，但又不同。

近年来，很多妈妈对“男孩穷着养，女孩富着养”的理论深信不疑。她们坚信，让女儿从小过奢华的生活，比如吃山珍海味、穿名牌服装、弹钢琴、练舞蹈等，把女儿培养成小公主，那么女儿长大后就会有气质，就会有出息。于是很多妈妈犯了以下这样的错误：

“只要是女儿想要的，我就会尽量满足她。”

“女孩子就是让人疼、让人爱、让人保护的。所以，即使我省吃俭用，也要为女儿提供优越的生活。”

“如果女儿吃的、用的、穿的都是名牌，她的品位自然就提高了。”

……

妈妈们的良苦用心是可以理解的，只是一味让女孩子吃好的、用好的、享受充裕的物质生活，女孩子就会拥有高贵的品位和超然的气质吗？答案显然是很受质疑的。

其实，在这里妈妈们片面理解了“富”。“富”实质并不只代表物质生活上的富有，它更意味着妈妈要赋予孩子自信、自强、乐观等可贵的精神力量。要知道，物质生活上的充裕，很可能娇惯出一个任性、奢靡、娇生惯养、经不起任何打击的柔弱女孩，这样的女孩谈何气质呢？相反，即使家庭经济能力差一些，但父母注重培养女孩的内在品质，注重增长女孩的见识，注重培养女孩良好的习惯，那么就很容易将女孩培养成一个有气质的人。

张女士的家庭经济条件不太好，看着自己可爱聪慧的女儿穿不上漂亮的衣服，没有更多的玩具，她也曾经暗自惭愧。她深知自己的家庭条件与富裕家庭没法比，于是她就暗自发誓，一定要把女儿培养成一个真正的小淑女，让她具有与众不同的品质与气质。

穿着上，张女士不能给女儿买高档时装，但她编织的手艺很好。因此，她利用闲暇时间，给女孩编织得体的衣物。虽然它不昂贵，但穿在女儿的身上，却件件博得了众人的羡慕。女儿对这些“时尚而不庸俗”的服装感到自豪，同时也对妈妈充满了感激。

为了增强女儿的知识修养，张女士带着女儿一同去图书馆，办了一张借书卡。每个月她都会陪女儿一同去图书馆一两次。

……

在张女士的精心教育下，女儿从小学到初中，无论是在学习上，还是其他各方面的表现上，女儿一直受到各位老师的好评，也是同学们心中的榜样，更成为了左邻右舍交口称赞的小淑女。

看了张女士培养女儿的故事，您有何感想呢？还坚持认为富养女儿就是让女儿吃好的、穿好的吗？如果你想让女儿有高贵的气质，有高雅的品位，那么请注意：与其让女儿吃山珍海味，不如让女儿懂得礼貌节俭；与其让女儿穿高档服装，不如让女儿养成仪表整洁的习惯；与其让女儿过奢华的生活以提高品位，不如让女儿拥有一个聪慧的头脑……

育女真经

建议 1：首先要让女儿拥有自信

13 岁前，一个女孩是否拥有自信，关系到她对生活的认识，对学习的态度，对自身的看法，当然，也关系到她的气质的形成。坚定的眼神、果敢的行为、从容的谈吐，这些都是自信的表现，也恰是高贵气质的基础。

在日常生活中，妈妈要让女儿学会抬头挺胸地走路，给人一种卓然自立的感觉；让女儿注意控制说话的语速，因为语速太快，显得紧张而不自信，说话太慢，显得思维迟钝而不自信，只有保持适中的语速，才能给人自信的印象。

建议2：多种方法齐用，增长女孩子的见识

提升女孩的气质的最好办法，就是让孩子博览群书、增长见识。想要做到这一点，妈妈有必要让女儿在13岁前养成阅读的习惯，或在闲暇的时候，带女儿外出旅游，接近大自然，拓展见识。要知道，旅行的过程是一个增长知识的过程，还可以锻炼女孩子的耐力。俗语"读万卷书，行万里路"，说的就是这个道理。

妈妈必读

在女孩13岁前，妈妈想让她具备独特的气质，就不能只让女儿装饰外表，而要注重女儿的内涵的培养。女孩的气质，是需要经过长时间的学习才能练就的，是由内而外散发出的一种个人魅力。

02 打造女孩的温柔气质

女人是水做的，"水灵灵"一词就是最好的形容，这说明女孩天生有温柔的特质，但这个特质还要在早期的教育中得到继续强化，否则也难以形成一种气质。

如果说善良是平静的湖水，那么温柔则是湖面上暖暖的、舒缓的轻风。温柔善良的女孩就是一股暖流，当她微风拂面时，能给人带去暖意，带去好感，走到哪里，都会受人欢迎。可现实中，很多女孩子调皮捣蛋、嘻嘻哈哈，完全不像个女孩子，甚至比起男孩子都显得更男性化。

圆圆上五年级，是班里有名的疯丫头，上课坐不住，不是和同桌说话，就是想出鬼点子"骚扰"前排同学。老师批评她，她就撅着嘴巴，满脸不服气。过不了多久，她依然我行我素。在班里，稍微老实一点的孩子，都会被圆圆欺负，比如被圆圆嘲讽、被圆圆取绰号等等，除了几个调皮男孩和圆圆玩得来，大多数同学都不喜欢她。

对于圆圆的调皮行为，爸爸妈妈也知道，但一直忙于工作，也没有重视这一点。

那年国庆长假，妈妈带着圆圆去公园和动物园玩。到了公园，圆圆看到绿油油的草地非常高兴，情不自禁地跳到了草地上，还躺下来打滚。妈妈赶忙把她叫起来，并告诉她："圆圆，你是个女孩子，都这么大了，还这么疯，这怎么能行呢？再说了，小草也是有生命的，你对它要温柔一些啊。想一想啊，如果有人踩到你，或者趴到你的身上，你会疼吗？"圆圆听了，认真地点点头。

接着，圆圆看到公园的花很美，非缠着妈妈摘下一朵插在自己的头上。妈妈对她说："圆圆，如果妈妈摘了一朵花，其他小朋友也都摘一朵花，那么明年你来的时候，就再也看不到花了，你说对吗？"圆圆想了想，又点点头，蹲下身闻了闻花香，不好意思地笑了笑。

之后妈妈带圆圆来到动物园，圆圆看到别的小朋友拿着零食、水果砸小猴子，她被逗得咯咯直笑，马上拿出手里的香蕉砸向猴子，正当她准备砸第二根香蕉时，妈妈制止了她："你又来了啊？别忘了你是个女孩子，要温柔一点，不管是对身边的人，还是对植物动物，都要善待。你想想，如果妈妈给你买回香蕉，不是递给你，而是直接扔在你的头上，你会伤心吗？"圆圆嘴角一撇，差点哭了出来，对妈妈说："妈妈，我知道自己错了，以后我再也不用香蕉砸猴子了。"

通过这些教育，妈妈让女儿明白了怎样对待花草、动物，明白了作为一个女孩，要有女孩子的温柔和善良。

一个女孩之所以会变得冷漠粗暴，与她所受的家庭教育关系很大。"人之初，性本善"，这是《三字经》的第一句。的确如此，任何一个女孩出生的时候，都是善良和富有爱心的。只要妈妈们细心地观察，就会发现：

女儿 1 岁时，听到别人哭，她也会跟着哇哇大哭。这说明她对别人的情感有所感知。女儿 2 岁时，听到别人哭，她就跌跌撞撞地走过去，用含糊的语言和柔软的动作安慰别人。这说明她能够分辨自己和别人的伤痛，并希望帮助别人减轻伤痛。女儿 4 岁时，小伙伴摔跤了，她知道过去扶起，这说明她能体会别人的感受。

在女孩成长的过程中，如果你发现女儿表现出这些善意的行为，应该抓住机会给予赞扬，告诉她：你做得很对，妈妈为你感到高兴。长此以往，女儿就会变得更加善良温柔，也就会更有气质。

···· 育女真经 ····

建议 1：用温和的语气和女儿说话

对待女儿，妈妈一定要保持温柔，要把女儿当做娇嫩的花儿那样细致地呵护，容不得任何粗鲁。当女儿犯错的时候，妈妈不要因为生气而对女儿大吼大叫，否则很容易伤害女儿脆弱的心。妈妈要了解女儿的自尊心和虚荣心，要成为她理所当然的朋友，平等地与她沟通，温和地对其进行教育。这样女儿才有可能学会像母亲那样温柔地对待别人。

建议 2：让女孩懂得细心地体贴别人

温柔的女人对别人那种适时适地的细心关怀和体贴，最让人动容。在和别人一同出门时，吃东西脏了手，她备好纸巾递上；衣服扣子掉了，一向细心的她正好带着针线……这些虽然都是小事，但却于细微之处充分体现了女人的温柔和美丽。所以，父母在培养孩子的温柔时也要教会孩子从细微小事上懂得对别人关心。

妈妈必读

温柔是一个女孩最美好、最动人的品质。温柔的女人可以不漂亮，但可以美妙绝伦；可以不充满睿智，但可以聪慧伶俐。温柔是无形的力量，是女孩最优雅、最迷人气质的表现。

03 让文雅的谈吐为女孩的气质加分

语言是人类用以传承文明的工具，是人们喜怒哀乐的情绪表现方式之一，是人与人之间沟通的桥梁。在人际交往中，一个有着文雅谈吐的女孩，往往会给人留下良好的印象，从而也能获得比别人更多的成功机会。

有的妈妈认为，女儿小的时候说话口无遮拦是天真无邪的表现，并不需要刻意要求，等长大了自然就懂得说话的分寸了，这显然是误解。想一想，孩子在小的时候说话没大没小，家里来客人不懂礼貌，见到师长不知道主动问好……这些问题如果不及时教育、矫正，就容易形成一种恶习。所以，帮助女儿形成文明的谈吐与孩子天真无邪的表现并不矛盾。事实证明，越是谈吐文明的孩子，越能获得自由发展的广阔天地，因为她是受人们欢迎的人。

赵女士认为适当的社交对于孩子今后社会适应能力的培养是非常有用的，因此只要是有益的活动，赵女士都会鼓励女儿参加。

赵女士还特别注意女儿跟他人交流的态度、技巧，告诉女儿在什么场合应该怎样和别人说话，不要议论和询问他人的隐私。在谈话时，参与谈话的人不但要讲，而且还要听。自己讲话时要充满信心，亲切有礼，听人说话时要聚精会神，切不可漫不经心。

与此同时，还要做出积极反应，有什么想法和感受，通过点头、微笑、手势、体态等不同方式随时表露出来，不要呆头呆脑，无动于衷，而要捕捉对方因你的谈话内容所产生的反应。一般来说，谈话不只是将某件事告诉某个人，而是互相沟通的交谈，是谈话双方之间的意见和情感的交流。

由于赵女士的细心引导，女儿从小就养成了文雅的谈吐，班上的同学个个都乐于和她交往，邻居们也常常亲切地称她为“小淑女”。

哈佛大学前任校长伊立特说过：“在造就一个有教养的人的教育中，有一种训练是必不可少的，那就是，优美而文雅的谈吐。”一个不漂亮的女孩，如果她有着优美而文雅的谈吐，那么无论她走到哪里都不会令人失望；一个既漂亮又有着文雅的谈吐的女孩，能使不相识的人见了她产生良好的印象，很容易受人欢迎。所以，妈妈要在女儿 13 岁之前，注重培养她的谈吐，让女儿成为一个谈吐文雅的孩子。

···· 育女真经 ····

建议 1：注意自己的说话习惯对女儿的影响

苏苏的妈妈和爸爸谈话时，妈妈经常不耐烦地对爸爸说："少啰唆，干你的事去吧。"有一次，当苏苏不愿听妈妈的话时，她也很不耐烦地冲妈妈嚷道："少啰唆，干你的事去吧，不要管我。"这让妈妈既吃惊又生气，她没有想到那句话正是苏苏从自己这儿学到的。由此可见，妈妈在说话时必须注意谈吐文明。平时要多使用纯洁、优美、真诚的语言，不使用不文明的语言，以免让孩子的心灵受到污染。

建议 2：妈妈对女儿讲话要谈吐优雅

从女儿牙牙学语的时候开始，妈妈就一直充当着女儿话语引导人的角色。妈妈平时对女儿讲话是否文明，是否温柔，是否尊重事实、有理有据，都会影响到女儿的说话习惯。可以说，妈妈的谈吐对女儿的影响是最大的。因此，妈妈平时和女儿讲话时要注意文明用语，优雅谈吐，这样女儿才会受到积极的熏陶，成为一个文明礼貌的人。

建议 3：让女儿注意说话时音调要平稳柔和

当女儿与人交谈时，无论是说普通话，还是外语、方言，都应要求她咬字清晰，音量适度，语调平稳，以对方听清楚为准。在交谈中，要让女儿微笑，因为微笑可以增加谈话的感染力。

妈妈必读

温文尔雅的谈吐，是女孩聪明、有教养、有内涵的表现，它不仅赋予了女孩柔性、大气、得体之美，更为女孩成长为小淑女奠定了最强有力的基础。作为妈妈应该知道，文雅的谈吐将会为长大后的女儿带来无穷的魅力。

04 把女儿培养成举止优雅的人

举止优雅，会为女孩增添几分高贵的形象，不至于让女孩显得肤浅和轻浮，而这也是一个有气质的女孩子所必须具备的特质。妈妈应该明白，一个嘻嘻哈哈、喜欢动手动脚的女孩可以称得上活泼，但是称不上有气质。

塞攀尔·斯迈尔斯曾说过："友善的言行、得体的举止、优雅的风度，这些都是走进他人心灵的通行证。"的确，无论时代如何变迁，年轻一代的审美观如何变化，人们对美丽和气质的看法依然难以改变——一个举止优雅的女孩，无论走到哪里都会给人留下好感。

作为妈妈，要以"站有站相，左有坐姿"这一原则来规范女孩，走路要昂首挺胸、抬头微笑，坐的时候要挺直腰杆，与人说话的时候不要弄头发、拉衣角等等，总的来说，想让女孩子有气质，就要让她成为一个举止落落大方，行为温文尔雅的人。

一天，向女士正在家中看书。突然，传来一阵急促而重重的敲门声，铁门发出巨大的响声，仿佛发生了什么危急的事情。向女士吓了一大跳，急忙跑去开门，原来是女儿婷婷忘记带钥匙了。只因这么小的事情，婷婷就做出这么粗鲁的行为，着实让向女士大为吃惊和感叹。她曾多次跟婷婷说过，要她注意自己的行为举止，要斯文一点，可婷婷就是听不进去。

举止优雅不仅赋予了女孩柔性、大气、得体之美，更为女孩成长为小淑女奠定了最强有力的基础。在现实生活中，像婷婷这样性格外向的女孩子还有很多，给父母带来了许多关于"举止优雅"教育的挑战。在培养她们的举止优雅时，父母一定要选择正确的方法。

珠珠妈妈很注重对女儿进行优雅教育。她知道，要想孩子成为一个优雅的人，自己必须首先成为一个优雅的母亲。因此，珠珠的妈妈在生活当中很注意自己的言谈举止。她说话时，语气平和、节奏舒缓，珠珠妈妈身边的人都觉得听她说话就是一种享受；珠珠妈妈走路的时候挺胸抬头，看上起很有精神头儿。妈妈的一举一动珠珠都看在眼里，时间长了，她的举止和妈妈竟是出奇的相似。除了以身作则外，珠珠妈妈还经常给女儿讲一些女名人举止优雅的故事。在妈妈的正确教导下，珠珠成了一个举止优雅的孩子。

育女真经

建议1：培养女儿优雅的坐姿

坐是以臀部作支点借此减轻脚部对人体的支撑力，是日常生活中最常用的姿态。因此，端庄、优雅、舒适的坐姿对女性很重要。什么样的坐姿算是优雅的坐姿呢？怎样坐才能让女儿显得稳重端庄、落落大方呢？

在坐姿中，女性两条腿的摆法最重要。如果两腿分得很开或跷起“二郎腿”，就显得粗俗不雅，没有风度。入座时应缓慢而文雅，轻松而自然地落坐在椅子的3/4处。若着裙装，要用手将裙子拢一下，不要坐下后再整理衣服。坐下后两腿应当自然屈伸，双腿并拢，两脚并列或前后稍稍分开。两手要自然放在膝上或支撑在椅子扶手上，掌心朝下。

坐时不要左顾右盼，也不要低头看自己的脚尖，以免给人一种轻浮和没见过世面的感觉。谈话时，可能有所侧重，此时上身与腿要同时转向一侧，并双目平视对方。如果是坐沙发则注意不要坐得太靠里，可以将左腿跷在右腿上，两小腿相靠，双腿平行，显得高贵大方。但要注意不宜跷得过高，不能露出衬裙，以免有损美观与风度。也可双腿并拢，让两膝紧靠，以表现女性轻盈秀气的阴柔之美。另外，不论怎么坐，坐时都不能东倒西歪，腰部始终应该挺直，放松上身，保持端正坐姿。

建议2：培养女儿优雅的站姿

站姿是生活中静态的动作，站立的姿势如何，将直接关系到女儿的形象问题。一个女子如果在站立时含胸、挺腹、头下垂，那么她的身高看起来至少要比实际高度矮1寸，腰身也会胖出3～5厘米。

正确的站立姿势应该是身体自然而立，挺胸收腹，腰和头颈伸直，头抬起，两肩平衡，重心在两脚掌上。在站姿中，最重要的是胸和腰，胸一挺，腰一直，人就显得精神了。女性特有的曲线美也就能显露无遗。当站累了的时候，可将身体重心交替落于双脚的脚跟，双手掌交叠于小腹前，这样的站姿大方斯文，又可分别让一腿稍事休息。

站姿要防止驼背、垂头、含胸、重心不稳、胯向侧斜等，站时身体成几道弯或者靠门倚墙，是有气无力、懒散轻薄的样子，是不可取的。

建议 3：培养女儿优雅的步姿

优雅轻盈的步态是女孩气质高雅、温柔端庄的一种风韵。每一位做父母的肯定都希望自己的女儿拥如行云流水般优雅的步姿。怎样做才能让女儿行走起来别具一番风韵呢？

在步姿中，让女儿保持正确的行走姿势应是上体保持站立时姿态，头部要端正，不宜抬得过高，目光平和，直视前方，上身自然挺直收腹，两臂自然而协调地摆动，但注意前后摆动的幅度要小一点。两腿迈步要自然、轻柔、飘逸、轻盈、匀称，两腿并拢。走路时膝盖正对前方，两脚微向外展，落地时脚尖先落地，双脚几乎踏在同一条直线上，显示出女性端庄、文静、温柔、优雅的窈窕美，给人一种轻、灵、巧的美感。千万不能颠簸摇摆、重心后倒，这样的行走姿势会使女性的魅力荡然无存。行走的步子大小适中，自然稳健，节奏与着地的重力一致。多人一起行走时，不要排成横队，不要勾肩搭背。遇急事可加快步伐，但不可慌张奔跑。

行走时切忌凹胸凸腹、垂头探脖。两脚不要分得太远，要注意纠正外八字与内八字。走路时扭腰摆臀、左顾右盼；脚蹭地面，上下颤动；边走路边指指点点，对别人评头论足等，都会给人轻佻或不雅的印象，是优雅步姿的大忌，因此平日要多加注意。

妈妈必读

女孩优雅的魅力是建立在平凡的举手投足的基础上的。有时仅仅是一举步、一伸腰、一掠鬓、一转眼、一低头，就在无声中反映了一个人的内涵和修养。因此，父母在平时就要注意培养女儿的一举一动，无论是站立、走路，还是坐靠，都要保持姿态端庄、优雅得体。

05 培养女孩注重仪容仪表的习惯

在这个丰富多彩的社会，每个女孩子的生活与个性都应当富有格调，一个富有格调的女孩子才会有气质。这样才能使女孩子在竞争中不失本色，傲立群芳，而气质美的最直接方式就是文明礼仪、仪容仪表的培养，这一堂课好妈妈一定不能忘。

日本著名的保险推销专家原一平曾经说过："端庄的仪表与整洁的服饰就是最好的推荐信。"因为端庄的仪表和整洁的服饰能增添一个人的气质，而有了气质，也就更有魅力，更容易让人接受。因此，在 13 岁前让女孩养成注重仪容仪表的习惯，对培养女孩的气质和形象有着重要的意义。

旅美是一个不太注重穿着打扮的女孩子，她留着短短的板寸，混迹于男孩子中间，还时不时冒出一句粗话。她对此没觉得有什么不妥，因为她的妈妈也不喜欢打扮。妈妈从来没有为旅美的服装操过心，只要能穿上身就可以了，这并非因为妈妈没有能力给旅美买漂亮衣服，而是因为她认为一个女孩子过于专注服饰，就容易虚浮。

可是，12 岁那年，一个男同学的话一下子刺痛了旅美的心。那天，旅美像往常一样和男同学们嬉闹，一个男生没好气地说了句："你怎么没有一点儿女生的样子呢？瞧你穿的衣服，男不男女不女的！"

旅美一下子跌入了冰窖之中……

旅美是个率真的女孩，她率真到可以不在乎自己的仪容仪表，但是这种过分的率真并不是他人希望看到的。从旅美的角度来看，随着年龄的增长，如果她仍然不能"沉淀"下来，仍然是一副肆无忌惮的样子，那么她很可能遭到别人的冷眼和鄙视。这不但会影响她的人际交往，还有可能对她的婚恋生活造成不良的影响。因此，让女孩子养成注重仪容仪表的习惯是非常有必要的。

对于一个女孩来说，美好的气质最为直接的体现是仪容仪表，包括长相、穿着打扮、言行举止。尽管我们不提倡把孩子打扮得花枝招展，不希望女孩过分重视自己的穿着打扮，但不等于不让她打扮，不等于不培养她对美的趣味与鉴赏能力。如果你看到女儿在镜子面前消磨时光，为穿什么衣服而烦心，你应该对女儿提出警告，但如果你发现女儿丝毫不在意自己的仪容仪表，不在意穿什么衣服，也应该给女儿必要的提醒和教育。因为从外表到内心的修饰，是建立自我感觉和气质的重要途径。

···· 育女真经 ····

建议 1：让女孩注重和仪容仪表的修饰

仪容仪表的整洁对女孩来说非常重要，在女儿 13 岁前，妈妈应对她做出如下几点要求：要把脸、脖子、手都洗得干干净净；勤剪指甲勤洗头；早晚刷牙，饭后漱口，注意口腔卫生；经常洗澡，保证身体没有异味；衣着要干净、整洁、合体。

建议 2：让女孩穿得体的服装

关注自己的仪容仪表，特别是重视服饰和打扮，是一个有自我意识的女孩很自然会去做的。在这一点上，女孩往往与父母尤其是母亲产生冲突，比如，女孩可能会有怪异的服饰爱好，而且每天都在变。对此做妈妈的要提醒孩子：装饰得体就好，没必要过分地修饰自己的外表。

建议 3：向孩子强调服装卫生的重要性

有的女孩未经妈妈的提醒，就不知道主动换衣服。在天气较热时，一连几天都穿一件衣服，这样对身体健康是不利的，特别是长期穿被汗水浸湿的内衣既容易感冒，也对皮肤不好。孩子的衣服要勤洗、勤晒。

妈妈必读

追求仪容仪表的整洁是好的，但有的女孩过分追求干净整洁，以至于变得有洁癖。妈妈应该认识到，洁癖不是一件好事，不利于女孩的身心健康，因此，妈妈除了对孩子进行必要的卫生教育外，还要用心关注孩子，如果发现孩子频繁地洗澡、洗手，要及时对其进行教育和引导。

06 让女孩子在艺术中提升气质

良好的艺术修养不仅是女孩子魅力的象征，也是塑造女儿气质的一种重要手段，还可以提高女孩的专注力、自信心、观察力和记忆力。因此，做妈妈的要重视培养女儿的艺术修养。

艺术修养不是孩子天生的，它需要在艺术欣赏和才艺学习中逐渐培养和锻炼起来。儿童潜在的艺术才能是极其丰富宝贵的，要远远超过成人的估计。或许她们的有些作品在成人看来有些可笑，但是在她们眼中却是伟大的创作。因此，妈妈应该重视孩子的创作。

琴琴很喜欢画画，只要有时间她便拿出画笔画个不停。有时候，琴琴画两条交织的线说是小鸟的翅膀，有时候她画两个大圆圈说是爸爸和妈妈的脑袋，有时候她画几条乱糟糟的波浪线说是大海……

不管琴琴画得怎么样，每次只要琴琴把画拿到妈妈前面，妈妈总是微笑着说琴琴有想法，画得有个性。在妈妈的表扬下，琴琴绘画的兴趣越来越浓，还在学校组织的绘画比赛中获得优胜奖。

最让妈妈感到高兴的是，琴琴通过绘画修炼了身心，学会了用心观察，也有机会接触到不同的人，人际交往能力得到锻炼，成为一个很有亲和力，很受人欢迎的女孩子。

这个故事告诉我们，在培养女孩艺术修养的时候，妈妈要多给孩子鼓励和赞扬。要知道，孩子的每一个创意都代表独特的意义，妈妈不能按照自己的思维去理解孩子艺术创作的内容。

培养孩子的艺术修养，能使孩子在艺术的熏陶下变得富有灵气和才气，艺术能够对孩子的言行举止、行为习惯、谈吐及心态等方面产生积极的影响，能把一个调皮捣蛋的女孩子，熏陶成一个知书达理、优雅脱俗的气质女孩。而且越早让女孩接触艺术，对女孩的气质培养就越有利。

育女真经

建议1：让女孩在温婉的乐曲中接受熏陶

在音乐氛围中成长的女孩子，能深切感受理解其优美、崇高的情感特征，会随着节拍和旋律的变化，任想象力充分发展。音乐，对女孩的潜能具有强烈的激发作用，通过音乐的熏陶，女孩子的想象力能得到启发，她们甚至能联想到许多闻所未闻、见所未见的事物。这对其今后的成长无疑具有极其重要的意义。

冼星海曾经说过："音乐，是人生最大的快乐；音乐，是生活中的一股清泉；音乐，是陶冶性情的熔炉。"音乐是智慧的源泉，是开启灵感的一把钥匙。妈妈有必要尽早培养女孩对音乐的热情。

在女儿四五岁的时候，妈妈可以让她唱一些儿童歌曲，也可以学习键盘乐器，键盘乐器比弦乐更适合幼儿学习，还可以带女儿上正规教育机构的音乐班，当然这要尊重孩子的意见，如果孩子学了一会儿不愿意学，妈妈也不应该强求。

另外，妈妈还可以经常带孩子去听音乐会，让她亲眼看看乐队指挥是怎样挥舞双臂打拍子的；认识舞台上各种各样的乐器及形式多样的演奏与演唱。这样会增强孩子对音乐的兴趣，提升她对音乐的感悟能力。

建议2：带女孩在绘画的天堂里徜徉

美术是一种造型艺术。美术作品色彩协调、线条清晰、形象生动，既有助于锻炼孩子的视觉，又能够发展孩子的观察力和艺术想象力。一些简单的绘画、泥工、手工、纸工、制作玩具等和美术有关的技能，都可以培养孩子对美术的兴趣，并激发她们的美术创造能力。

妈妈可以给女儿讲有趣的故事，这样可以丰富她的想象力。闲暇的时候，可以带女儿逛公园或去野外踏青，扩大她的视野，感受自然界多姿多彩的景象，培养女儿的美术能力、记忆能力以及对生活、事物的感受能力。

当孩子发现自己画得不如老师、同学时，她可能会失去耐心和信心，甚至会没了兴趣。所以，妈妈要帮助女儿保持乐观愉悦的情绪，使生活中的事物形态、色彩、特征变成女儿自己的多彩的图画语言，让她能运用这种语言去自由地表达感情。

妈妈必读

良好的艺术修养不仅包括音乐、绘画，还包括书法、文学、舞蹈等，在让孩子接受艺术熏陶的时候，妈妈应该本着尊重孩子的原则，让孩子笑着感受各种艺术。只有这样，孩子才会自然而然地走近艺术，爱上艺术，受到艺术的积极影响。

07 正确对待女儿追求时髦的心理

爱美之心人皆有之，但是如果一味地追求打扮、追赶时髦，却不注重内心品质的培养，这样的女孩拥有的不过是一个华丽的外壳，华而不实。

青春期的女孩子伴随着自我意识的增强，她们变得爱美、爱打扮了。在此之前，妈妈怎么打扮她们都可以。但当女孩进入青春期之后，她们在关心自己内心世界的同时，也把更多的时间用在选择服装、修饰发型等方面。这一变化引起了不少妈妈的恐慌，那么，做妈妈的应该如何对待女儿的时髦心理呢？

隋女士的女儿 11 岁那年，开始在穿着上特别讲究，喜欢穿裙子，有了新衣服穿上就不愿意脱下来，旧衣服就扔到一边。每天早晨六点钟女儿就起床了，不是整理书包去上学，而是在镜子前反复地换衣服，直到满意为止。有时候，她连一件衣服都看不上，就生气地说不去上学了。有时候，她甚至上午穿一套衣服去上学，下午还会再回来换一套。

不久前，女儿的姨妈给她寄来了一件三百多块的上衣。因为女儿平时的衣服已经不少了，而且档次、样式也都不错，隋女士就对女儿说："你的衣服还有不少，这件新衣服等过一阵子再穿吧。"女儿很不高兴地"哼"了一声。

第二天，女儿给她姨妈打电话，向姨妈抱怨妈妈的不是，姨妈则说："衣服买来就是穿的，都什么时代了，还要把新衣服留一段时间。"女儿听了姨妈的话，就在妈妈没注意的时候，悄悄地换上新衣服去上学了。

其实，一件衣服穿上就穿上了，隋女士并不太在意，她在意的是，女儿对穿着过于注重会转变为片面追求时髦，导致轻视内在品质的养成。过分注重装扮会使女儿降低自己对内心世界丰富和充实的兴趣以及不断追求知识的热情。同时，在同学中会很招人注意，太显眼，太花哨，也会分散学习的精力。

为了让女儿提高认识，隋女士叫她写一篇日记来反思。谁知，女儿完全接受的是她姨妈的理论，对于隋女士的要求和批评不仅不接受，而且还有一肚子的委屈。隋女士感到难过，但一时也找不到合适的方法教育女儿。

有一次，隋女士和女儿一起坐公交车外出。车上有一位衣着华丽的美女坐在"老幼专座"上，照着镜子摆弄自己的发型。途中有个老人上了车，那个美女装做没看见，继续弄她的头发。虽然售票员大声提醒车上的乘客："哪位乘客给老人让个座？"但那个美女依然置若罔闻。这时坐在离门口比较远的一位女士站起来，搀扶着老人边走边说："老人家，您坐这吧！"

下车后，隋女士问女儿："你觉得那位照镜子的女士美吗？"

"那还用说，那么漂亮能不美吗，我羡慕死了。"女儿不假思索地说。

"那她与那位给老人让座的女士相比，谁更美呢？"

"照镜子的阿姨啊，很明显嘛！"

"孩子，一个人美不美并不是看外表，最关键的是看内心，那位给老人让座的女士善良、乐于助人，她才是最美的。"隋女士说。

女儿被妈妈的话打动了，陷入了深思之中……

从那以后，女儿对着装打扮的关注少了些，开始接受隋女士对她内在品质的教育。

在13岁前，让女孩子懂得美的真正标准，关系到一个女孩子审美观的形成，关系到她对美的态度。如果女孩子在13岁之前就能把握“真正美”的标准，那么，她长大后就不会陷入过分追求时髦的误区，也不会因为自己的外貌而怨天尤人、消极自卑，而会懂得把心思放在提高自己的修养和美化自己的心灵方面。

···· 育女真经 ····

建议1：培养女儿健康的审美情趣

针对女儿的爱美心理及对美的认识上的偏差，妈妈应注意培养女儿健康的审美情趣，使女儿懂得什么是真正的美。要使女儿明白美是寄寓在和谐、统一、协调、相宜之中的。比如，一个清清丽丽的女孩把自己打扮得珠光宝气便俗不可耐，与中学生的身份极不协调，这又谈何美呢？

妈妈要让女儿懂得美不只是停留在外表上，更重要的是体现在内在品质上。一个人如果光外表是美的，而她在言行上却流露出粗俗，给人的感觉是极不舒服的，更谈不上有任何美感。中国有句话叫“秀外慧中”，“秀外”即外表美，“慧中”即心灵美，只有既“秀外”，又“慧中”，做到内外和谐统一，才是真正的美。

建议2：妈妈要做富有生活情趣的人

有许多妈妈爱漂亮、赶时髦，常常喜欢穿花里胡哨的衣服，戴上造型稀奇古怪的项链耳环等饰物，什么最新流行的发型或是时尚的东西，都要去尝试一下。长此以往，在妈妈的影响下，女儿也会形成追赶时髦的心理，在穿戴上力求讲究。

比如，小丽的妈妈是个漂亮的女人，她不仅自己爱美，还经常把小丽装扮得像个小大人。这不，春节到了，妈妈让小丽烫了头发，化了妆，还给她买了一对大耳环。在妈妈的影响下，小丽也十分注意自己的衣着打扮，经常闹着要买新潮衣服，甚至还要名牌的。在学校里她也总跟同学们比谁穿得漂亮。有一次，大冷天，为了要穿一件裙子上学，她跟妈妈磨了半天，结果闹得上课迟到了，挨了老师的批评。

爱美之心人皆有之，女孩爱美应该说是一件好事，但是，由于她们缺乏美学知识，再加上妈妈的错误引导与影响，很容易使她们对美的认识停留在盲目的着装、打扮上。作为妈妈，要做富有生活情趣的人，要有一定的审美能力，女儿才能受到积极的影响。

妈妈必读

妈妈既要引导女儿对外表美进行正确的认识，还要抓住女孩爱美、要美的心理，塑造女儿美的心灵，告诉她讲文明、懂礼貌是美的；尊老爱幼、扶困济贫是美的；爱护树木，关注环保是美的……力求使自己的女儿做到仪表美、心灵美、语言美、行为美。

08 微笑+乐观+活泼=灵动的气质

有的女孩子充满灵气，她们头脑聪慧、手脚敏捷，既热情地大方，又乐观活泼，让人不由自主地想去呵护她、了解她。作为母亲，要努力把自己的女儿培养成这样具有灵动气质的人。

一个具有灵动气质的女孩具备哪些特点呢？细细观察，你会发现她们爱笑、自信、乐观、活泼、懂礼貌。如果你能让女儿具备这些特点，那么孩子自然会慢慢变得富有气质。

曹女士有个活泼可爱的女儿奥美，她有一双又大又圆的眼睛，一头乌黑的头发。在女儿3岁半的时候，有一天，曹女士带着女儿去儿童娱乐中心玩，刚到那里，正巧遇到了同事郑女士带着儿子在那里闲逛。

曹女士蹲下身子，对女儿说："乖乖，你看，那是妈妈的好朋友，你要不要过去跟她打招呼、问好呢？我想她一定会很高兴认识你的！"

“好的，妈妈！”女儿非常高兴地小跑过去，大胆地说：“阿姨，您好！”

同事没想到三岁半的小孩会主动向她问好，欣喜之余连忙夸奖她：“噢，奥美真是个乖孩子，我早就听你妈妈说过你的名字。”

正在说话的时候，曹女士的手机响了，单位有点急事需要她马上去处理一下。这怎么办呢？总不能扔下小奥美不管吧。

“哦，是公司有事吗？”同事问道。

“是的，可是，小奥美怎么办呢？”

“没关系，我可以带她两个小时的，正好让她和我儿子玩，你觉得怎么样？”同事说。

“没问题，可是，这要征求一下小奥美的意见。”曹女士转向奥美，“亲爱的，妈妈要到公司去一下，马上就回来，你可以跟郑阿姨和小哥哥一起玩一会儿吗？”

“是和这位可爱的阿姨吗？哦，可以啊，我会很乖的。”

“真是一个可爱的孩子。”同事忍不住再次夸奖道，“你放心吧，我们会玩得很开心的。”

两个小时后，曹女士回到游乐中心的时候，奥美已经粘上了同事。离开的时候她和阿姨及小哥哥告别，还约定下个星期再来儿童娱乐中心玩。

活泼开朗是孩子充满朝气、积极向上的心理品质的体现。对于女孩来说，开朗活泼中自有一种别样的风采，而快乐活泼的家庭气氛是培养孩子活泼开朗性格的关键。

每一个人来到世上，命运早就注定了她归属于一个特定的家庭，这里便是她最早的成长环境。当女孩逐渐长大，走向更广阔的社会后，家庭仍然是与她最贴近、最密切，因而影响最深远、最重要的环境。家庭的幸福与否，对孩子性格的影响是巨大的。

有个叫小桃的女孩在日记中这样写道：

爸爸和妈妈又在吵架，他们总是为了小事吵吵闹闹。每次妈妈总以离婚来威胁爸爸，让爸爸认输。可是第二天他们又继续吵，反反复复，永无休止。连我都觉得厌烦了。既然要面对这样的人生活，那么当初为什么还要结婚呢？

妈妈曾把我拉到她面前，得意地问我：“如果我跟你爸爸离婚，你会跟谁？”她认为我一定会站在她那边，可是我说：“我不会跟你，也不会跟爸爸，我要去找哥哥。”“什么？”爸爸和妈妈异口同声地发出惊叹。

哥哥是一个游手好闲、不思进取的小混混，是老师头疼、同学害怕的问题学生。他逃课、打架、顶撞老师，几乎干了坏学生都干了的事情。爸爸不知教训了他多少次，妈妈不知骂过他多少回。后来，哥哥觉得在家里呆着没意思，就拿着简单的行李，和村子里的人一起到上海打工去了。现在，我终于明白了哥哥为什么不想呆在家里。

可见，家庭环境影响着孩子的快乐成长，做妈妈的要努力与孩子的爸爸一起创造一个和谐的家庭氛围，只有这样孩子才会快乐地成长，才会养成微笑的习惯，形成活泼的性格，保持乐观的心态，也才能具备灵动的气质。

···· 育女真经 ····

建议 1：创造和睦友爱的家庭气氛

父母常向孩子表达自己的爱和关心，可以缓解孩子对人的冷漠；父母应该多与孩子一起游戏娱乐，每天多留一点时间给孩子，与孩子交流感情。孩子能从中学到一些与人交往的知识和技巧，特别是能体验到对他人的关心和爱护。这样，在与同伴交往时会更轻松，也增强了与他人交往的信心，能够培养孩子乐观的情绪。

建议 2：让孩子学会像花儿一样微笑

一个善于微笑，脸上经常挂着微笑的孩子，比普通的孩子更容易成为人们的焦点，获得赞誉，而这是培养孩子自尊、自信的前提条件。

在 2007 年的希望英语大赛上，来自青岛的张宇琦之所以被人们记住，不仅仅是因为他获得了小学组全国总冠军，相信更多的人也同时记住了他一脸灿烂的微笑。不管是在晋级赛中，还是在最后的一场冠军 PK 中，他的脸上始终洋溢着微笑，在“对手”陈述自己的观点的时候，他在微笑；在“对手”和他辩论的时候，他在微笑；在回答评委提问的过程中，他还是微笑……张宇琦用自己良好的英语口语表达能力和丰富的知识征服了评委和观众，也用他的微笑征服了所有的人。

建议 3：培养孩子乐观的性格

生活中，有的孩子在遭遇父母离异，生活困顿，疾病缠身，考试失利等情况下，还能够保持良好的心态去认真生活、学习，这是为什么呢？答案很简单，就是他们具有乐观的性格。儿童心理学家马丁·塞利格曼认为：乐观的性格不但能使人时时保持好心情，还能使人对生活中的许多困难产生心理免疫力。因此，一个乐观的孩子不易犯上忧郁、自闭等症状，长大成人后，也能比一般的人更容易获得事业上的成功。

妈妈必读

性格活泼开朗的孩子，一般对自己的能力充满信心，容易和周围的人友好相处，对新鲜的事物有着强烈的探索欲望。因此，妈妈要努力培养女孩活泼开朗的性格，让女儿形成乐观的品质，这样女孩子才会在欢乐中微笑，在困难中微笑。

09 热情是女孩子气质的源泉

热情是气质的源泉。有热情才有感染力、吸引力，才有进取的动力。如果你的女儿对人充满热情，那么她会容易赢得友谊，如果她对学习充满热情，那么她会取得良好的成绩。

对什么都感兴趣，看到什么都想去摸摸，这是孩子的天性。一个热情的女孩子，能用她的热情感染周围的一切，能使周围的人如沐春风，能让人际关系变得温馨、和谐。热情无论是对于成年人还是13岁前的女孩子来说，都非常重要。一个充满热情的人，走到哪里都会受人欢迎。

而那些对学习、游戏不感兴趣，对人际交往缺乏热情的女孩子，则应该引起妈妈的关注。妈妈要注意培养女儿对生活的热情，让孩子把热情洋溢的脸展现在别人面前，她的微笑就会感染周围的人。

雯雯上幼儿园时，一次妈妈带她坐公交车去郊区的姥姥家。在车上，小雯雯高兴地唱起了《小老虎》这首儿歌。可唱完后，她惊奇地发现只有妈妈一个人鼓掌。

"妈妈，我唱得不好吗？"雯雯问。

"不，你唱得棒极了！"

"那为什么车上的阿姨和叔叔他们都不鼓掌呢？"

"这个……"妈妈想了想说，"那是因为你还不够热情。"

"妈妈，什么是热情？"

"热情嘛，就是对周围的人发出真诚的微笑；就是在幼儿园里主动扶起摔倒的小朋友；就是把自己的玩具主动和其他小朋友交换；就是进幼儿园的大门时，和传达室的爷爷说声'早上好'；就是在小区里碰到打扫卫生的阿姨时，有礼貌地打一声招呼；就是别的小朋友哭泣时，你主动上前安慰……"

"妈妈，要是我这样做了，阿姨、叔叔还有小朋友们也会这样对待我吗？"

"即使别人不这样对待你，当你热情地对待别人时，你也能感到快乐的。"妈妈耐心地对雯雯解释道。

小雯雯牢牢地记住了妈妈的话，并在生活中尝试着去这样做。她果然收获了很多人的笑容，并受到了同龄人的欢迎。现在，热情地对待周围的人和事，已成了雯雯的习惯。

毫无疑问，雯雯妈妈的教育方法是成功的。事实上，教育孩子的确不需要讲什么深奥的大道理，关键在于用生活中平凡的小事来启迪孩子，并让孩子明白这样做的重要性。培养孩子的热情品质也是如此。当孩子懂得用热情的态度对待周围的人和事时，她也能得到同样的回馈。

育女真经

建议 1：经常表扬孩子

有些妈妈认为小女孩的动手能力差、动作慢，就对孩子大包大揽，使女孩子没有机会在生活中得到锻炼。这样不利于培养女孩子对生活以及做事的热情。妈妈应该相信孩子，放手让孩子去闯。在女儿三四岁的时候，妈妈应该让她成为你生活中的小帮手。当她表现得好时，要及时给予表扬，这样能增强孩子的信心，激发孩子更大的热情。

建议 2：鼓励女孩参加竞争活动

多鼓励女孩参加赛跑、棋类、投球等带有竞争性质的游戏活动，能使孩子在兴致勃勃的竞争中，激发出更大的主动性和热情。当然，妈妈要给孩子选择适当的竞争对手，对手既不能太强，也不能太弱，让孩子在有胜有负的过程中产生浓厚的兴趣和强烈的好胜心。

妈妈必读

热情是一种执著，热情是一种乐观，有了它，女孩就有了进步的动力，有了气质的源泉。热情是女孩重要的秉性，无论是做事还是待人，以及对待生活的态度，女孩都需要一种热情，有热情生活才会充满活力。

10 纠正女儿以瘦为美的观念

"以瘦为美"是如今人们的审美标准之一，瘦成为一种时尚，而且愈演愈烈。许多原本不胖的女孩子受到这种观念的影响，也陷入了减肥的误区，她们为了变"瘦"而节食。对此，妈妈应引起重视。

在那些还不及 13 岁的女孩中，也有相当一部分的人把"瘦"当成美和气质的标准。然而，这样做对身体的伤害非常大，因为青少年正是长身体的时候，如果盲目地

“以瘦为美”，节食减肥，会影响身体的正常发育。所以，做妈妈的要及时纠正女儿“以瘦为美”的观念。

一个星期六的傍晚，10岁的女儿从学校回来了，一进门就哭着对妈妈说：“妈妈，同学说我胖得像冬瓜，我要减肥……”可是，女儿根本就不胖啊，身高150厘米的她体重还不到90斤。

于是，妈妈跟女儿聊了老半天，费尽了口舌总算是劝住了女儿要减肥的念头。可是，事后妈妈却发现女儿居然偷偷喝自己的减肥茶。殊不知，妈妈减肥也是出于无奈，因为她体重达到了140多斤，难看不说，自己是做医务工作的，也知道肥胖对身体不好，这才想方设法减肥。没想到并不胖的女儿也要减肥，而且怎么说她都不听，非要减肥不可。有一天，女儿居然宣布晚饭以吃苹果代替，因为听说这样能减肥。

从那以后，女儿真的不再吃晚饭了。妈妈惊异于她这么小竟有这么大的毅力。为了让她能吃晚饭，妈妈每天提前回家，总是在她放学前将饭端在桌子上，想让她进门闻到香味就想吃。可是妈妈的苦心没有奏效，无论多么香的美餐放在面前，女儿都当做没看见，进门就就直奔苹果箱，连吃四个大苹果，肚子就不饿了……

受成人的影响，很多女孩为了保持苗条的身材，有意无意间都开始节食。殊不知，长期盲目节食会造成营养不良，影响女孩的正常生长发育，从而导致少女乳房发育停滞，月经姗姗来迟，并出现焦虑、抑郁和注意力不集中等情况，严重的还会导致厌食症。所以，妈妈应该教育孩子不能盲目节食，如果真的太过肥胖，也应该在有关专家、医生的指导下对症下药地减肥。

···· 育女真经 ····

建议1：妈妈减肥注意不要盲目跟风

成年人适当减肥对身体健康有利，但是青少年正在处身体发育阶段，盲目节食减肥，容易造成严重的后果。有的妈妈喜欢跟风减肥，影响了女儿的审美价值观的正确形成，这是很危险的；有的妈妈嘴上告诉女儿不要减肥，自己却违背这个原则，带头节食，让女儿潜移默化地觉得只有瘦才是美，结果节食导致女儿营养不良、身体虚弱，甚至影响学习状态，使学习成绩下滑。

所以，妈妈应当以孩子的身体健康为重，不要盲目地把社会上流行的减肥风带回家里。自己想减肥的话，也要从饮食健康方面着手，在饮食结构上加以改善，而不是盲目节食、吃药。

建议2：端正女儿的审美观

当女儿受到减肥风的影响时，妈妈要及时纠正女儿的审美观。妈妈可以告诉女儿，盲目的减肥会导致营养不良，而营养不良会严重影响她的身体健康，比如，有可能导致气色不好，月经失调，影响发育，个子长不高等不良后果，这样也就不美了，更不会有气质。还要告诉女儿，女孩子如果太瘦的话，就没有了曲线，也会失去风韵的身姿。

妈妈必读

身为母亲，要及时纠正女儿"以瘦为美"的观念，对女儿进行心理调节，让女儿树立以健康为美，以自然为美，以聪明才智为美，以正直和善良为美的审美观。同时在培养其仪态、礼节等方面着重加以引导，让女儿用自信的眼光欣赏自己的个性美。

11 把女孩培养成举止大方的人

毫无疑问，人们对一个举止畏畏缩缩、扭扭捏捏的女孩不会产生多大的好感，因为这样的女孩缺少一种自然脱俗的气质。因此，从13岁之前开始把女儿培养成举止大方的人很有必要。

一个有气质的女孩，举手投足之间，总是那么落落大方，她既不会羞羞答答、娇声娇气，也不会豪放得像个男孩，动作粗鲁、无所顾忌。她的言行举止中透露出一种自信、活泼、热情，因而，总能够在人际交往中受到欢迎，在工作中也能增加成功的几率。

与之相反，一个腼腆、害羞、做事畏首畏尾、待人缩手缩脚的女孩，流露出一种不自信的神情，是很难给人留下良好的印象的。因此，好妈妈有必要在女儿13岁之前，就将其培养成一个举止大方的人。

有个7岁的小女孩长得特别漂亮，但是非常腼腆，遇到陌生人时就往妈妈背后躲，连招呼也不敢打。这一点让这个小美女的气质大打折扣。妈妈对此感到有些遗憾，她知道女儿畏畏缩缩的毛病不利于今后的人际交往，因此，决定帮助她纠正这个毛病，让她成为一个举止大方的女孩。

后来，每当家里来客人，妈妈就会鼓励她给客人端茶倒水、送果品，还经常当着客人的面夸奖女儿懂礼貌。如果女儿对客人微笑，妈妈就会奖励她一颗最爱吃的糖果；如果女儿和客人说话，等客人走后，妈妈会给她讲许多她爱听的故事。同时，妈妈还悄悄地与那些客人打招呼，让他们尽量找她女儿说话。渐渐地，小女孩的脸上露出了开心的笑容，言行举止也变得大方起来。

那年过中秋节时，女孩的妈妈带着她到外婆家欢度良宵。一个大家族的人团聚在一起，非常热闹。晚饭后，妈妈提议搞个“中秋家庭文艺演出”，得到了大家的赞同。

当女孩的妈妈向大家提出由谁来当主持人时，女孩的表哥立马大声地喊着：“我！”女孩也很想当主持人，但是她看看表哥又看看大家，有些不好意思。妈妈看到女儿的表情，知道女儿的心思，就故意说：“嗯，表哥挺像著名节目主持人董浩叔叔的。谁愿意做她的老搭档鞠萍姐姐呢？”

“我！”一提鞠萍，女孩就来了勇气，因为鞠萍是她很喜欢的节目主持人。于是，兄妹俩便开始了他们的节目主持。晚会上，小女孩竟然将节目主持得有声有色，全然没有了几个月前的腼腆和害羞。

腼腆和害羞是可以克服的。美国的卡根教授曾经说过，人们把脚伸进水中慢慢试探，从而逐渐克服了对海洋的恐惧。对于比较腼腆、害羞的女孩，做妈妈的只要耐心地对她进行引导和鼓励，就能让她变得自信开朗、落落大方起来，从而使她更有活力，更有气质。

···· 育女真经 ····

建议1:经常带女儿出门拜访朋友

带女儿出去拜访朋友前,妈妈应先向女儿介绍一下造访的对象,让女儿有必要的心理准备。比如,“王阿姨特别想见你,她们家还有一个小姐姐,有很多玩具,一直都想跟你玩。”诸如此类的话,可以帮助孩子消除陌生感,树立信心。

妈妈还应告诉女儿,到了别人家,就是客人,客人就应该注意仪表整洁、谈吐文明,并懂得基本的用餐礼仪,比如:不能和别人抢座位,不能先动餐桌上的食品;要请长辈先坐下,长辈动筷后再动筷子,用餐时双肘不能放在桌子上;如果你先吃完,要对其他人说:“我吃完了,请大家慢用。”告别时,要对主人表示感谢,同时可以发出邀请,如“今天我真高兴”、“欢迎到我家去玩”。

建议2:让女儿当回小主人

妈妈也可以利用请亲戚朋友到家中做客的机会,让女儿当小主人。在客人来之前,妈妈应告诉女儿招待客人的一些基本知识,让女儿在招待客人的时候不至于手忙脚乱。如向客人问好、为客人送递茶水、与客人交谈或为客人表演节目等。

在女儿招待客人的过程中,妈妈千万不要吝啬自己的表扬。哪怕女儿的表现还没有达到自己的要求,也要表扬,让她有成就感,下次家里再来朋友时,她就更知道该怎么做了,久而久之通过不断地接触别人,她也会不再那么害羞,变得大方起来。

妈妈必读

腼腆的女孩面对众多的目光时只是觉得不安,并非不喜欢和他人接触。因此,妈妈应有意识地扩大女儿的接触面,让女儿经常面对陌生的人与环境,逐渐减轻不安心理,成为一个落落大方的小可爱。

第二章

13 岁前，培养品德高尚的善良女孩

一个人的发展和成功，需要多方面的因素，智商固然重要，情商更为关键。在情商里，人的内在品质与修养，关系到这个人的为人处事原则，关系到他的人格形象。在 13 岁前，努力将女儿培养成品德高尚的善良之人，关系到她将来能否顺利融入社会，能否成为一个受人欢迎、对社会有贡献的人。

12 教女儿及时向他人伸出援手

关心他人，竭尽全力去帮助别人，会使人变得慷慨；关心别人的痛苦和不幸，设法去帮助别人减轻或消除痛苦和不幸，会使人变得高尚；时常为他人着想，会丰富自己的生活，增加自己的涵养。

助人为乐是中华民族的传统美德。几千年来，人们多坚持宣扬这个教育话题。然而，现在社会的生活节奏加快，竞争愈发激烈，人际关系变得越来越淡漠。尤其是父母怕女孩子帮助别人而吃亏，就往往忽略了助人为乐的教育，而导致有些孩子在面对需要帮助的人时采取旁观的冷漠态度。

一次，某幼儿园老师对她所教的中班的孩子提出一个问题："一个小妹妹病了，冷得直哆嗦，你愿意借给她外衣吗？"结果所有的孩子都没有回答。老师不得不点名，可是听到孩子的答案，老师感觉很心寒。

第一个小女孩说："病了要传染的，她穿了我的衣服，那我也会生病的，我妈妈还得花钱给我看病。所以，我不会给她穿。"

第二个也是小女孩，她说："我妈妈不让。我妈妈会打我的。"

结果，半数以上的孩子都找出种种理由，表示不愿意借衣服给生病的小妹妹。

这种现象绝非偶然，而是很多孩子的真实写照，这些孩子似乎不懂得助人为乐是一种美德。其实，孩子们的心灵是纯真的，不愿意帮助别人，与孩子所接受的家庭教育有关。在13岁前，父母如果经常教育孩子帮助别人，并在生活中为孩子做出助人为乐的榜样，那么孩子自然而然懂得帮助别人。

在一家杂货店里，苏女士和丈夫正在购物，丈夫拿着购物篮，苏女士一手牵一个女儿，那是一对可爱的双胞胎女孩，大约5岁。当他们买好了东西，站在收银台准备付款时，前面一位年老的顾客没有拿稳售货员递过来的装钉子的纸袋，"哗"的一声，钉子撒了一地。两个小女孩吓了一跳。

苏女士对两个女儿说："宝贝，我们来帮他一把。"说着，俯下身去帮老人拾起钉子来。两个小女孩马上俯下身子，和妈妈一起帮老人家捡钉子。她们的举动让那位老人非常感动，当他用颤抖的双手接过苏女士递过来的钉子时，说："真是太谢谢你们了，你的孩子很可爱啊！"两个小女孩听了这话，满脸洋溢着幸福的微笑。

常言道："父母是孩子最好的老师。"教育孩子乐于助人时，不需要讲太多的道理，只需要一个俯身的姿态，一个伸出热情双手的动作，就能给孩子深刻的启发和有力的引导。在帮助别人之后，妈妈再对女儿进行简短的教育，就能达到很好的教育效果了。

育女真经

建议1：妈妈带头帮助别人

妈妈的行为是女儿的一面镜子。妈妈以身作则，为女儿做出助人为乐的榜样，女儿耳濡目染，日久天长就会养成助人为乐的习惯。比如，邻里之间互相关照；帮助孤寡老人的生活；心系灾区灾民，为灾区捐款捐物；单位同事遇到困难时给予帮助和关照；在公共汽车上给老人让个座。这种教育的作用是潜移默化的，将会收到"润物细无声"的效果。

建议2：让女儿从助人行动中获得快乐

帮助别人是一件快乐的事情。当帮助别人解决困难，看到对方脸上洋溢着微笑时，当对方表达谢意时，我们能感到生活是多么有意义。妈妈应该引导女儿去体会这种感受，比如，妈妈可以对女儿说："你把玩具借给小朋友玩，小朋友很开心，你是不是也很开心呢？"要知道，女孩子很容易被同伴的情绪感染，小朋友开心，她们也会感到快乐。

妈妈必读

在13岁前，培养女孩助人为乐的品质，是塑造女孩人格魅力的重要方式。妈妈要强化女儿"关心他人"的心理，在她向别人伸出援手后要及时给予肯定和表扬，这样可以激发女儿助人为乐的热情。

13 诚信是女孩最好的名片

诚信是人与人之间彼此信任与支持的桥梁，是一个人立身的基础。对于女孩来说，诚实守信是一张最好的名片。它不仅能使女孩获得大家的尊重和信任，还能使她的人生旅途变得顺利。

诚信自古以来就在人们心目中占有极其重要的位置。早在春秋时期，孔子就说过："人而无信，不知其可也。"意思是：一个人不讲信用，真不知道能干什么。可见，诚信是人生存的根本。

"一言九鼎"、"一诺千金"、"君子一言，驷马难追"等成语，无不包含着人们对讲求诚信、推崇诚信的赞美。诗人海涅曾经说过："生命不可能从谎言中，开出灿烂的鲜花。"做妈妈的要想让女儿的人生如鲜花一般灿烂，就要让女儿成为一个守信的人。

一个星期六的早上，女儿彤彤缠着崔女士说："妈妈，带我去公园玩好不好？"见妈妈不太愿意，女儿就说："妈妈，如果你带我去公园，我向你保证，不会要你买零食给我吃。"崔女士笑着说："好呀，来拉勾，彤彤真是个好孩子。"

在公园里，彤彤玩得非常高兴。可玩着玩着，彤彤忽然就停了下来，她看到别的小朋友都在吃着冰激凌、薯片、饼干……嘴里不停地咽口水，一想到冰激凌的香甜美味，彤彤就受不了了。于是她就吵着跟崔女士说："妈妈，我要吃冰激凌。""彤彤，你自己保证过的，今天你不吃零食。"

过了一会儿，彤彤又对崔女士说："妈妈，我口渴了，你就给我买冰激凌吧，吃完冰激凌后，我就不再吃别的东西了，好不好？"崔女士说："彤彤，妈妈给你带矿泉水了，来，喝点水吧。"

彤彤见妈妈还是不答应，于是就用哭来吓唬妈妈，一边哭一边说："我要吃冰激凌，我就要吃冰激凌，我不管！"崔女士严肃地说："彤彤，你自己说过的话要算数，要负责任，要做个诚实守信的好孩子，可不能言而无信，知道吗？"最后，崔女士坚决不同意给彤彤买冰激凌。

身为母亲，应该像崔女士这样教育女儿，对于孩子许下的诺言，要坚决要求她遵守，因为这关系到女儿诚信品质的培养。要知道，如果女孩子在家里对父母说话不算数，那么她在与小朋友、长大后与别人打交道的时候，也可能会不守信用，那样就无法得到他人的信任和喜爱。

妈妈要让女儿认识到诚信是人生的无形资产，它需要人们用一生的时间去经营。“九层之台起于垒土”，积累一分很不易，可一旦积累起来，它就会成为无价之宝；而一事不慎就可能化为乌有，恰如“千里之堤溃于蚁穴”。诚信就像一张名片代表着一个人的形象，因此一位好妈妈一定要注重从小培养女儿诚实守信的美德。

育女真经

建议 1：对孩子不诚信的苗头及时教育

当孩子出现一些欺诈和虚伪的苗头时要抓紧批评教育，抓而不紧等于不抓，趁热打铁才能成功。只有这样，才能让孩子从小明辨是非，爱憎分明，树诚信而戒欺诈。这个“抓紧”是指生活中的一切机会，比如与孩子一起看电视，做父母的便可对电视中的人物品行加以赞扬或抨击……我们主张正面教育为主，但也要配合反面教育，让孩子在成长道路上有一种警惕性，懂得失去诚信就有犯罪的危险。

建议 2：及时兑现对女儿的承诺

要想让女儿守诚信，妈妈首先必须是一个守诚信的人。如果妈妈是诚实、守信的人，那么女儿受到影响，就容易拥有这些品质；如果妈妈是一个爱撒谎、不守信的人，那么女儿也可能会学会这些不良的行为。做妈妈的不要以为对女儿灌输一些关于诚信的大道理，她就能够学会诚实守信；不要以为在女儿面前说的是一套，自己做的又是另外一套，而没有被女儿识破，女儿就会表现出诚信的行为。

孩子的眼睛是雪亮的，她往往会以实际为取舍。因此，作为妈妈应时刻检点自己的言行，从日常生活中点点滴滴的小事做起，为女儿树立诚实守信的正面榜样，唯有如此，对女儿的诚信教育才会有实效。

妈妈必读

诚实，是每个人都应具备的品质，在女儿 13 岁之前，妈妈要努力培养女儿的诚实品质。教育孩子从小就做一个诚信的人。要始终如一地要求孩子，告诉孩子出现缺点和错误时要勇敢承认，接受批评，而不要隐瞒。

14 呵护并强化女儿善良的天性

善良，是生命中最为宝贵的财富，是人性光辉中最美丽、最暖人的一缕。在 13 岁前，呵护并强化女孩善良的品质，孩子才会成为一个内心充满爱的人。

人之初，性本善。善良作为一种美德或品质，是人与生俱来的一种天性。对于女孩子而言，善良的天性表现得尤为突出。在生活中，妈妈们能看到这样的情景：雨后地上有条蚯蚓，男孩子很可能抓起蚯蚓玩，而女孩子则心疼蚯蚓；家里的小猫小狗死了，男孩子无动于衷，女孩子则很可能会表现出伤感。这些都是女孩子善良天性的表现，在 13 岁前，如果妈妈没有用心呵护这种天性，没有强化这种天性，女孩子的内心就会多一分冷漠，少一分爱心。

有一个 6 岁的小女孩，因为家里养的一条小花猫死了，她非常难过。小女孩总是白天惦记，晚上梦见，担心小花猫"一个人"躺在泥里会不会孤单，会不会饿，会不会冷……当妈妈得知女儿这种杞人忧天的想法后，大为恼火，说："你是不是脑子有问题啊？小花猫又不是人，就算是人，死了也没有感觉，你担心什么啊？”

妈妈的话像一盆冰冷的水，浇在了女孩子一颗善良而炽热的心上，顿时让女孩子感觉内心凉透了。好几天过去了，当小女孩再次提及死亡的小花猫时，被惹烦了的妈妈狠狠地把小女孩斥责了一顿，看着盛怒的妈妈，小女孩再也不提小花猫的事情了。后来妈妈发现了一件奇怪的事情：家里的小狗遍体鳞伤，到底是怎么回事呢？原来是小女孩在心情烦闷的时候把小狗打伤的。

每个小女孩都是善良的小天使，她们对“死亡”的内涵并不十分清楚。妈妈如果不能耐心地为孩子解释，反而斥责孩子，就很容易消磨女孩子的爱心。在生活中，我们常听到有的妈妈感叹女儿缺乏爱心，殊不知，很多时候恰恰是妈妈错误的教育方式导致了其爱心的缺乏。

不少妈妈告诫女儿不要和陌生人说话，小心上当受骗，有些妈妈直接给女儿灌输“人善被人欺”、“陌生人没好人”等错误的思想，导致女孩子从小就对他人怀着戒备之心。这样的话，当别人出现困难时，她们就不可能伸出援手；当小动物死掉了，她们就很难产生同情心；当别人落难时，她们就很难生出怜悯之心。

没有善良的品质、没有爱心的女孩，是一个冷漠无情的人，是一个不会积极帮助他人的人，这样的女孩长大后，如何与人交往，又怎么孝顺父母呢？作为母亲，应该明白：缺乏善良的品质是一种道德缺陷，这样的人很难得到别人的认可，因而也很难有所作为。同时，这样的人因为道德缺陷，其人格也容易受到扭曲，因而也更容易受到社会的歧视和厌恶。因此，在 13 岁前，重视对女孩子善良天性的呵护与强化，是妈妈最重要的责任。

育女真经

建议 1：赏识孩子善意的举动

女孩在很小的时候，她的善心就已经逐渐显露。从教育学的角度来说，如果孩子做的事得到了肯定和表扬，那么她还会继续这么做。因此，父母要赏识孩子的“善良”，让孩子知道你希望她这样做，希望从她的举动中看到善意和柔情的美丽。

比如，当女儿懂得安慰摔跤的小朋友时，当女儿把好吃的拿出来与你分享时，当女儿与亲人分别依依不舍时，妈妈都应该肯定孩子的表现，告诉孩子：“你做得很好，妈妈为你感到自豪。”使女孩知道妈妈希望她继续这样做。

建议 2:培养女儿的同情心

同情别人是爱心的一种体现,自小给予女孩同情心的情感,就是在她身上培植爱心之芽。妈妈在对别人表示同情时,善良的言行会深深打动女儿的心灵,唤起女儿对别人的关心与爱心。妈妈可以用生活中所见到的事例来教育孩子,培养孩子的同情心。比如,在大街上看到一只流浪狗,父母可以问一下孩子看到狗狗的感受;还可以让孩子在家里养一些小动物或是种一些植物,让孩子去照顾这些动物或植物,这样往往就能培养出孩子的爱心。

妈妈必读

善良是高尚的美德,是无穷无尽的力量。一个拥有善心的女孩子,才更容易受到人们的肯定,更容易被社会接受,她的事业和生活之路也才能更温馨、顺畅。呵护女儿善良的天性,应该是妈妈最重要的责任之一。

15 有宽容心的女孩受人欢迎

宽容心是一种非常珍贵的感情,是一种非凡的气度、宽广的胸怀,是对人对事的包容和接纳。在 13 岁前就要让女儿懂得宽容别人是一种难能可贵的高尚品质。

莎士比亚曾经忠告人们:“不要因为你的敌人而燃起一把怒火,灼伤你自己。”如果懂得宽容别人，不但自己能够及时释放心理垃圾，而且别人也会回报你以宽容，从而让人与人之间更友好地相处。

然而，很多独生女孩从出生时候起，就被爷爷奶奶、爸爸妈妈宠着、惯着，变成了一个个"刁蛮公主"。她们对身边的人缺乏宽容之心，不懂得理解别人的无心之过。比如，在幼儿园里，很多孩子经常向老师告状："老师，明明欺负我，他刚才把我撞倒了。""老师，丽丽把水彩弄到我的书上了。"有些小女孩干脆挥舞着拳头对不小心伤害她的小朋友实施报复。

一天，6 岁的晓菲放学回家后，妈妈见她满脸怒气，便问她原因。

"妈妈，你说要想报复一个人，又不被她发觉，用什么样的方法最好呢？"

"除了宽容之外，用什么样的方式都不好！"妈妈的话让晓菲吃了一惊。

"为什么要宽容她？妈妈，今天上体育课踢毽子时，小柳踩了我一脚，我疼得直咬牙，她却像什么事情也没发生一样，对我说了句'对不起'，然后就继续踢她的毽子。妈妈，这样的人怎么可以原谅呢？"

"体育场上难免有这样的事情发生，对方不是故意的，再说她还向你道歉了呢，就不要斤斤计较了。你看在这次北京奥运会的篮球赛中，王治郅右眼角被人碰出了血，他下场后也没有挥起拳头找人理论呀！"

"可是我不想原谅她。"

"原谅有什么不好呢？你原谅了小柳，她就会因你的宽容而对你充满感激，她以后就会更加注意不让类似的事情再发生了。"

在妈妈的劝解下，晓菲终于懂得了宽容的重要性，彻底打消了报复小柳的念头。

后来，晓菲和小柳成为了一对非常要好的朋友。

宽容不只是一种美德，也是人与人之间构架友谊的桥梁。孩子的宽容心是一种非常珍贵的感情，它主要表现为对别人过错的原谅。这种感情对于孩子个性的健康发展，尤其是情感的健康发展，以及对于孩子建立良好的人际关系有着非常重要的意义。富有宽容心的孩子往往心地善良，性情温和，惹人喜爱，受人拥护；与此相反，缺乏宽容心的人往往性情怪诞，易走极端，不易为人亲近，因而人际关系往往不好。

好妈妈要教女儿从小学会宽容，不仅是为了女儿今天能处理好与朋友和同学的关系，更是为了女儿将来的发展奠定基础。让女儿学会宽容，拥有宽大的胸怀，那么她在与人交往时就会减少计较，从而也能够赢得他人的爱戴和信任，收获更多的友谊。

…… 育女真经 ……

建议 1：不要把世俗的毛病传染给孩子

有些妈妈经常对女儿说："别人推你一下，你就踢他一脚。绝对不要吃亏，不然别人以为你好欺负。"类似于这种教育孩子"以牙还牙"的做法，在当代家庭中并不少见。作为母亲，如果对孩子说出这样的话，无疑是害了孩子。因为孩子将会受到这种不良言论的误导，变得为人刻薄，不懂得包容和体谅别人。

妈妈们应该明白，女儿的宽容之心最主要的来源就是妈妈。女儿最初是从妈妈那里学习待人接物的方式的。妈妈宽容、大度，遇事不斤斤计较，与家人、邻里、同事之间相处融洽，女儿就会学着妈妈的样子去处理与同学、朋友之间的关系，也会变得宽容、大度。

建议 2：引导女儿多进行换位思考

妈妈要教会女儿，懂得站在对方的立场思考问题。当女儿和同伴发生不愉快时，要引导她设想一下：如果你是对方，此时会怎么想，怎么做？让女儿自己去体会他人的心情和感受，以换位思考的方式训练女儿凡事多替他人着想，这样不仅有利于提高其人际交往的能力，对于所遇到的矛盾也能很好地化解。

妈妈必读

宽容是一种明智的处世原则，是人与人交往的润滑剂。女孩若能在 13 岁前拥有一颗宽容之心，她将会赢得更多的朋友，在人际交往中能更加得心应手。让女儿拥有一颗宽容心，就是在为她拓宽人生的道路。

16 有责任感的女孩被人信赖

责任感是一个人能否立足社会、成就事业的最基本的人格品质。要想自己的女儿成为对社会有用的人才，妈妈就要注意从小培养女儿的责任感，让女儿养成对自己的事情、对自己的话、对自己的学习、对自己的家庭负责的习惯。

责任感是指一个人对自己和他人，对家庭和集体，对国家和社会所负责任的认识、情感和信念，以及与之相应的遵守规范、承担责任和履行义务的自觉态度。在孩子成长的道路上，只有具备了责任感，他们才能赢得别人的信赖，获得别人的赏识。

在13岁前，培养女孩的责任感其实就是让她学会做自己该做的事情，这叫对自己负责，是培养责任感的初级阶段。如果一个女孩子对自己应该做的事情不负责，又怎么要求她去对学习、对家庭、对事业、对他人负责呢？

一个大雨滂沱的早晨，赵女士骑着自行车送女儿去上学。快要到学校的时候，女儿突然喊叫起来："呀！妈妈，你忘了给我戴红领巾吧？糟了，老师今天要检查的。都是因为你，快给我回去拿，迟到了你要负责！"

可怜的赵女士叹了口气，无可奈何地调转车头，一边擦着满脸的雨水，一边自言自语："是呀，我怎么给忘了呢？"而她的女儿仍旧不依不饶，责备着妈妈的粗心。

没戴红领巾是谁的错呢？谁更应该对此负责呢？答案不言自明。身为母亲，如果一味地替孩子大包大揽，就会使孩子变得依赖父母，不懂得对自己的事情负责，以后长大了，还会变得没有感恩之心，不懂得孝顺父母，难道你希望养育一个这样的女儿吗？

对于女孩来说，拥有责任感不仅可以使她更讨人喜欢，还可以促进她自身能力的发展。儿童心理学专家认为，一个人缺少一些知识不一定影响他的发展，但缺少责任感将会贻害他一辈子。因此，培养女儿的责任心是妈妈不能忽略的问题。

徐女士在女儿很小的时候，就开始着手培养她的责任心。无论是在家里还是与别的孩子在一起时，徐女士都会有意识地让女儿充当一些有意义的角色，使她感到自己的行为对他人、对集体有积极的作用，同时也培养了她战胜自己的弱点、增强各种能力的信心。

徐女士时常让女儿担任她的“助手”，帮助她做一些力所能及的事，从而锻炼女儿的责任感和能力。在她的鼓励和引导下，女儿总是高兴地参与进来。比如，让女儿和自己一起收拾碗筷、打扫卫生、洗衣服、帮忙看店等。

一个星期天，徐女士所开的店里生意特别忙，就叫6岁的女儿帮忙看店，负责接听电话。电话响了，是女儿的同学打来的。过了一会儿，电话又响了，又是女儿的同学打来的。徐女士对女儿说：“同学找你有什么事，你去吧！”

女儿回答说：“没关系的，是同学打来的，问我要不要一起去买书。”

“店工已回来了，有人看店了。你去吧！”

“没关系的，店里忙，今天我帮忙看是应该的，您休息一下嘛！今天让我来做一回小老板。”

徐女士说：“你行吗？”

“肯定行！”

听到女儿这样说，徐女士非常高兴，因为她的女儿已经是个懂事的、有一定责任感的孩子了！

不要认为孩子长大了就自然会有责任感，于是在孩子小的时候不注意去培养。要知道，幼儿阶段是责任心的萌芽阶段，孩子们常常表现出各种尝试的愿望，比如要求独立吃饭、试穿衣服、手脏了自己洗等。

等到孩子稍大一点时，她们的责任心开始表现在关心家人和家庭事务上，比如孩子发现妈妈不高兴，会问：“妈妈你怎么啦？”这就是孩子责任心的表现。因此，妈妈要在13岁前，就尽可能多地给孩子提供表现责任感的机会，使女儿懂得什么是责任，并且学会如何负责任。

···· 育女真经 ····

建议1：让女儿明白什么是自己应该负的责任

首先妈妈要放手让女儿做自己该做的事情，要让女儿明白，学习、铺床、穿衣服、洗衣服等，都应该靠自己独立完成，是自己应该负的责任。同时，还要让女儿学会关心老人、病人和比自己小的孩子。在家人生病的时候，妈妈要鼓励女儿照顾家人，让女儿记得父母的生日，鼓励她给父母精心准备一份生日礼物。

建议 2：让女儿对自己造成的不良后果进行补救

当女儿犯错了时，妈妈应该让她对自己的行为负责，比如认错、道歉、弥补损失等，都应该由她来完成。损坏了别人的玩具，一定要让女儿买了还给人家，让女儿知道，谁造成不良后果，就该由谁负责。弄脏了地板，就让她自己擦干净，对于年龄在 3～5 岁的女孩，妈妈可以帮助女儿擦，但要女儿在旁边看着，或是给女儿一小块抹布，妈妈耐心地教女儿擦。

妈妈必读

当要孩子记住做某事时，与其大人经常提醒，还不如让孩子自己记下要做的事情，这样孩子也慢慢地学会了对自己的行为负责。孩子只有学会了对自己的事情负责，才能逐步地发展为对家庭、对他人、对集体、对社会负责。

17 拥有谦虚才能保持进步

虚心使人进步，骄傲使人落后。在追求成功的道路上，谦虚是必不可少的品质。在与人相处的过程中，谦虚也是不可或缺的品德。有了谦虚的精神，你的女儿才会保持进步，才会有亲和力。

在生活中，不少女孩子一旦取得了成绩，就骄傲自大，这种心态不但会导致她止步不前，还会为她的人际交往制造障碍。比如，有些女孩因为一次考了好成绩，便不再去认真学习；有些女孩因为在班里担任了班干部便目中无人，看不起班上的其他同学，甚至看不起自己的父母；有些孩子更离谱，以为自己有一点特长，便有了“炫耀”的资本，不但不继续发展自己的特长，还梦想着有一天能成为众人瞩目的焦点。这样的结果当然只会导致最终的失败。因此，好妈妈要从小培养女儿谦虚的美德，戒骄戒躁，在谦虚中不断吸取知识，不断取得进步。

雪梅早在上幼儿园时就是个非常棒的孩子，老师教什么她一学就会，整个幼儿园里就数她最出色，受到的夸奖也最多。

雪梅进入小学以后，成绩也一直名列前茅。同学们非常钦佩她，老师们常常夸奖她，妈妈对她更是十分宠爱。在一片赞扬声中，雪梅开始自满骄傲起来，甚至觉得自己是最了不起的天才。她渐渐和同学、老师疏远了，很少和他人一起探讨学习。

面对雪梅的这种状况，雪梅的老师意识到如果不帮助她克服骄傲的毛病，那么，她就有可能从此止步不前，继而退步。于是，老师找雪梅谈话，告诉她骄傲的危害，同时把雪梅的情况反映给她的父母。

雪梅的妈妈得知情况后，语重心长地对雪梅说：“一个人在学习中，一定要谦虚谨慎，虚心好学，学习成绩再好也没有什么值得骄傲自大的。你现在还只是一个小学生，所学的知识还非常少，你所知道的只不过是一点皮毛，如果你现在就认为自己很出色，因而产生骄傲心理的话，你就很难再学得进其他的知识了。”

雪梅听后心里一震，接着妈妈又进一步指出：“你现在的成绩虽说相当好，但那已经是过去了，你应该学会忘掉成绩，不断学习自己不懂的知识，只有这样你才能一步一个脚印，永远处于进步当中，才能取得更大的成绩。”

妈妈的话使雪梅意识到骄傲的心理是阻碍自己探索未知世界的绊脚石，于是她沉静下来，虚心地投入学习。

作为孩子的妈妈，你也许曾经为女儿出色的表现欣喜若狂过，也许也过分地表扬过女儿的聪明能干。但是好妈妈也应该清楚地知道过度的赞扬只会助长女儿的骄傲心理，而骄傲只会阻碍女儿的进步。因此，在为女儿出色的表现倍感欣慰的同时，妈妈最应该做的还是要让女儿保持一颗谦虚的心，才能让她在今后的人生道路上赢得更多的成功。

育女真经

建议 1：肯定女儿的成绩，同时鼓励并鞭策她继续努力

对女儿的微小进步，妈妈都有必要给予肯定。肯定女儿之前的努力，可以强化她继续努力的热情，使她对自己充满自信，同时也要提醒孩子，学无止境，要不断进步，才能变得越来越优秀。这既是一种鼓励，也是一种鞭策，可以使孩子发现自己的不足，从而不断地加以改正，不断地进行弥补。

建议 2：帮助女儿认识骄傲的危害，让她不要懈怠

虚心使人进步，骄傲使人落后。这是骄傲的危害，科学家巴夫在给青年人的一封信中曾写道："切忌让骄傲主宰了你们，由于骄傲，你们会在应该统一的场合固执起来；由于骄傲，你们会拒绝有益的劝告和友好的帮助；由于骄傲，你们会失掉客观的标准。"

好妈妈应该让孩子明白骄傲是前进的阻力，是进步的拦路虎，只有排除这个阻力、拦路虎，才能有持续不断的进步。与此同时，还应该告诉女孩："你所取得的成绩值得肯定，也是一件值得高兴的事情，但这只不过是阶段性的成果，在这条道路上，你还有很远的路要走，因此，千万不要忘了继续努力。

妈妈必读

谦虚的美德是一切美德之冠。当女儿有骄傲的情绪时，好妈妈要告诉女儿："越是饱满的谷穗，越是低下自己的头；只有稗子才会高高地扬着头。"同时让女儿多跟那些比她更优秀的同龄人相处，让她从他们那里认识到自己的不足，学会谦虚谨慎。

18 让女儿拥有一双勤劳的双手

茅以升曾说过："勤奋就是成功之母。"哪儿有勤奋，哪儿就有成功。让你的女儿拥有一双勤劳的手，将使其终生受益。大量事实表明，不论知识水平、家庭背景、经济收入如何，凡是从小勤奋的女孩，将来往往能生活充裕幸福。

著名的数学家华罗庚曾经说过："聪明出于勤奋，天才在于积累。"从古至今，人们对勤奋的品质都不吝啬赞美，在女孩13岁之前，让其形成勤奋的品质，不但有利于锻炼她的办事能力，还能不断完善她的个性品质。

在生活中，不少妈妈只顾给女儿提供良好的物质条件，而忽视了培养其勤奋的品质，使得女孩子勤奋的观念差，动手能力差，做事拖拖拉拉、磨磨蹭蹭。一提起劳动，就逃避，缺乏热情，总想着父母帮她们代劳。

曼曼还在三四岁的时候，可喜欢帮妈妈做家务了。看到妈妈收拾桌子，就拿起抹布凑过去要帮妈妈一起擦桌子；看到妈妈拖地，就赶紧跑过去搬开地板上的小东西。总之，曼曼就像妈妈的小尾巴，妈妈走到哪儿她就跟到哪儿。可妈妈总是催着曼曼走开，"曼曼，快放下，这不是小孩子做的事，赶紧去玩吧。"听了这话，曼曼都只好悻悻地走开。

慢慢地，曼曼觉得家里的事都是该大人干的，自己只要玩儿就可以了。妈妈在一旁做家务活，曼曼就在一边玩，好像什么都与她无关，玩完玩具就喊："妈妈，快帮我收拾玩具！"弄脏了小手也让妈妈帮着洗。妈妈觉得这没有什么，家里就这么一个小宝贝，一定要好好疼爱。

等到曼曼开始上小学了，妈妈才知道问题严重了。有时候让曼曼去楼下的商店买点盐啊醋啊之类的，曼曼动都不想动。让曼曼扫扫地什么的，曼曼也不肯，还说这不是妈妈该做的事吗。曼曼不仅不会帮妈妈做任何家务和其他力所能及的事情，就是自己的房间也经常一片混乱，书包里也是乱糟糟的，从来都不知道如何去整理，也不想去整理。曼曼每天的生活都要依靠妈妈来帮她打理，就像是一个衣来伸手、饭来张口，过着养尊处优的生活的小公主。

曼曼之所以变得不爱劳动、凡事依赖妈妈，与她妈妈的溺爱、娇惯、包办有很大的关系，在曼曼小的时候，妈妈如果利用她对劳动的热情，稍加引导和鼓励，就能将其培养成一个勤奋的孩子。

要知道，3 岁左右的孩子开始意识到自己的力量，乐于尝试、乐于表现，喜欢参与到大人的事情中，因此，如果妈妈肯定女儿的表现，对女儿的行为加以赞扬，就能很好地激发她做事的热情。长此以往，孩子就会养成勤奋的习惯。

…… 育女真经 ……

建议 1：帮助女孩树立正确的劳动观念

要让女孩子形成勤劳的品质，妈妈就应该在她 13 岁前帮其树立正确的劳动观念，千万不要因为女儿娇弱幼小，就不让她参与到劳动中去。同时，妈妈还应该以身作则，做一个勤奋的好妈妈，给女儿树立榜样，让女儿觉得做家务是生活的一部分，像吃饭、睡觉一样的自然和必要。

建议 2：让女儿做自己该做的事情

勤奋的女孩子会自觉地做好自己的事情，比如，自己穿衣、自己叠被、自己收拾书包、自己整理房间、自己打扫卫生，等等。最开始的时候，孩子可能做得不够好，但妈妈不用担心，放手让女儿去做，她就会做得越来越好。

建议 3：让女儿将勤奋当成一种习惯

最宝贵的勤奋，不光是身体上的勤奋，更是精神上的勤奋。勤奋靠的是毅力，还需要坚持。这就是说，勤奋不是一时的兴起才表现出来的积极，而是一种持之以恒的自觉主动，而且不光双手要勤，脑子也要勤。妈妈要鼓励女孩勤于思考，成为一个精神上勤奋的人。

妈妈必读

文学家说："勤奋是打开文学殿堂之门的一把钥匙。"科学家说："勤奋能使人聪明。"政治家说："勤奋是实现理想的基石。"好妈妈说："勤奋是让女儿变得更优秀的习惯。"在 13 岁前，培养女孩勤奋的品质，让其学会独立、学会坚持，她才能成为优秀的人。

19 节俭是食不完的美筵

节俭是一种意识，是一种自我约束。节俭有助于一个人修身养性、陶冶情操，也是一个人事业有成的重要因素。一个好妈妈所能给予女儿的最永久的财富就是培养其节俭的美德。

俗话说："吃不穷，穿不穷，算计不到一世穷。"算计不到，实际上并不是因为脑子笨，而是因为没有节俭的意识，没有自我约束。没有哪位妈妈希望那个女儿将来因为不懂得节俭而陷入穷困，因此，在13岁前，努力培养其节俭的品质非常有必要。

英国著名文学家罗斯金曾经说："人们经常认为，节俭的意思应该是'省钱的方法'。其实是不正确的，节俭应该解释为'用钱的方法'。换句话说，就是我们应该如何去购置最适用的家具；怎样把钱花在最恰当的用途上；怎样合理安排衣、食、住、行，以及生活和娱乐等方面的开支。总而言之，我们应该把钱用得最为恰当、最为有效，这才是真正的节俭。"由此可见，培养女儿节俭的美德并不是要让女儿去过"苦行僧"式的生活。

安妮在上一年级的时候，就有了一个好听的绰号——小会计，这是为什么呢？原来安妮是个会精打细算的小姑娘。她的妈妈教她养成记账的习惯，把每次花费记在本子上，隔一段时间翻阅一下，反省哪些钱自己花得不当。在她的账簿上，有些字不会写，就用拼音代替，虽然字体歪歪扭扭，但账目记得很清楚。

妈妈为什么让安妮记账呢？原来是一年前的一天晚上，安妮放学后花了10元钱买了一个水枪，第二天就扔在一边不玩了，虽然钱不是很多，但这个玩具却买得没什么意义。于是安妮的妈妈就意识到教育女儿学会节俭的重要性。

妈妈和女儿商量，每周给她5元零花钱，给她准备一个小账本，每次的花费都要记下来。刚开始的第一个月，共给安妮20元，她就省下5元，并在账本上记下了每笔花销。仔细一看，却发现美中不足：花1元钱买了一张小贴画，花1元钱在路边买了粉色的棉花糖，这两样是可以省下来的，其他的开支基本上都是合理支出。

安妮记账，妈妈把关，让安妮明白了钱要怎么花才最合理。从刚开始每月能省5元，逐渐上升到每月省7元、10元。慢慢地，安妮节省下来的钱装满了一个储钱罐。

妈妈教安妮花钱节省并不是因为家中经济拮据，安妮的妈妈说："小时候花钱就大手大脚，长大了生活肯定会奢侈浪费，我觉得要培养孩子勤俭节约的生活习惯，就要从小抓起。"

节俭是中华民族的优良传统，是全人类崇尚的美德。安妮妈妈培养安妮节俭的方法值得我们学习。让女儿具备节俭的美德，不只是让她省钱，而是为了让其形成不乱花钱的意识，把钱用到最合理的地方。当然，节俭不只是省钱，还应该让孩子学会珍惜粮食，不轻易浪费食物；节约用水、用电，学会精打细算地过日子。

育女真经

建议1：教育女儿珍惜物品，不要浪费

妈妈要让女儿经常参加劳动，体会劳动的艰辛。条件允许的话，还可以带女儿去参观工厂、农村的生产劳动过程，参观书籍、报刊的印制过程。让女儿懂得所吃、所穿、所用都来之不易，都是人们用汗水和心血创造出来的，随意浪费是不珍惜劳动果实、不尊重别人劳动的表现。

建议2：态度鲜明地拒绝女儿过分的要求

当女儿提出花钱的要求时，妈妈要加以分析，对合理的要求就满足，对不合理的要求就要拒绝，并告诉女儿拒绝的原因。另外，有时女儿的要求即使是合理的，但不是急需的，也不要立即满足，而是要等一等，给女儿一个期待的过程。因为在心理上，欲望的满足与期待实现的程度有关，同样的一件事情等了较长时间才得到和想要时立即实现相比较，其满足感有天壤之别，这样就会使女儿逐渐形成克制自己消费的欲望。

建议3：教育女儿有计划地使用零花钱

对于经济比较宽裕的家庭，女儿的零花钱相对较多，妈妈应该让女儿把零花钱加在一起，然后和女儿一起制定一个消费计划。比如，用多少钱买工具书；用多少钱买一些小礼物，在爷爷、奶奶、外公、外婆过生日时送给她们。通过计划，女儿就会懂得预算，懂得把钱花在最重要的地方。

妈妈必读

有句话叫："由俭入奢易，由奢入俭难。"这句话告诉我们，如果孩子小时候形成了奢侈、浪费的习惯，那么长大后就很难养成节俭的习惯。因此，在女孩13岁前，妈妈就要重视培养她节俭的品质。

20 让女儿在分享中感受快乐

分享是一种美德，也是一种智慧，女儿可以从充满童趣的分享活动中真切感受到分享带来的快乐，这对她正确理解分享以及她将来健全人格的形成都具有十分重要的作用。

一位哲人曾说："分享是这个世界上最伟大、最美妙的感觉，也是一个人必备的美德。它能让你收获快乐，收获友谊，收获事业的成功。孩子在成长的过程中需要学会与人分享自己的快乐和痛苦。不懂得分享的孩子，他的人生必将失色许多。"

分享可以帮助孩子赢得玩伴，使她学会与他人和睦相处，促进她的社会化；分享还可以帮助孩子学会在今后与人共同生活、合作共事。因此，在女孩13岁之前，培养她与人分享的习惯，有助于她获得更多的快乐。

一天，李女士带女儿安安到朋友家做客，朋友的女儿洁洁与安安同岁。两个小姑娘一见面，洁洁就喜欢上了安安头上戴的粉红色的蝴蝶结，并执意要安安摘下来，让自己戴一会儿。

“安安，你把蝴蝶结给洁洁戴一会儿，好吗？”李女士对自己的女儿说。

“不行！我自己要戴。给洁洁戴上我就不漂亮了。”安安的态度很坚决。

面对女儿的态度，李女士没有立即批评或放弃不管，而是耐心地说：“如果你看见洁洁戴着一个漂亮的蝴蝶结，而你没有，你想不想要戴呢？”

“想。”安安的回答很干脆。

“这就对了，现在你把自己的蝴蝶结给洁洁戴，下次洁洁也会把她喜欢的东西送给你的。”

安安低头想了一会儿，终于把自己头上的蝴蝶结摘了下来，递给了洁洁。洁洁戴了一会儿，把蝴蝶结还给了安安，还礼貌地谢谢了她。之后两人玩得特别开心，洁洁带着安安参观了她的房间，还把自己的玩具给安安玩。

“这些玩具都是我一个人的，不准你们碰。”“巧克力、牛肉干、薯片都是我爱吃的，你们谁都别吃。”……生活中，许多和婷婷一样的小孩子都有很强的“占有欲”，她们不愿意与小朋友甚至是父母分享自己的食物和玩具。

小孩子不肯与人分享是可以理解的，他们害怕失去了自己的东西，对此，妈妈有必要告诉孩子：“分享不是失去，而是互利的行为，分享体现了自己对别人的关心与帮助，自己与别人分享了，别人也会回报自己同样的关心与帮助，这样彼此关心、爱护、体贴，大家都会觉得温暖和快乐。”

育女真经

建议 1：在家里营造与人分享的机会

父母在孩子小的时候，就要有意识地创造分享的机会。比如，在孩子处于婴幼儿阶段，当他手里拿着自己喜欢的小鸭子玩个不停时，父母可以拿一个小娃娃或是一个小飞机递给孩子，然后从孩子手里拿走小鸭子，这样反复训练，孩子就会用自己手中的东西去与人交换，而不是长时间地“霸占”某一玩具。

建议 2：不要给孩子搞“特殊化”

有些小女孩在家里就是“小公主”，她们被父母过分溺爱，一旦有好吃的好玩的，父母就会让她们先吃、先玩，可以说是“集万千宠爱于一身”，这就导致孩子不知不觉中形成了“特权意识”，染上了不肯与人分享的坏习惯。因此，若想让女孩子具备分享的意识，父母就不应给给她打上“特殊化”的标签，而要一视同仁地对待孩子，像对待其他家庭成员一样。

建议 3：让女儿懂得施比受更有福

当孩子得到一件东西时，往往表现得很高兴。但如果让他把这件东西送给更需要的人时，往往是一百个不愿意。因此，妈妈应该教育孩子，有的时候送出比得到更令人开心，特别是你送出的东西是别人最需要的，当别人感到高兴时，你的心情也会跟着好起来。

妈妈必读

分享不仅体现在物质上，还体现在精神上，妈妈应该教育女儿把自己快乐的感受告诉别人，让别人也获得快乐。这样能促进自己人际关系的发展。另外还应教女儿学会分享别人的痛苦，这样既可以减轻别人的痛苦，还能促进孩子间的感情交流。

21 懂得感恩的女孩才有希望

感恩是一份美好感情，是一种健康心态，是一种良知，是一种动力。人有了感恩之情，生命就会得到滋润，并时时闪烁着纯净的光芒。一个懂得感恩并知恩图报的人，才是天底下最富有的人。

“谁言寸草心，报得三春晖”，“滴水之恩，当涌泉相报”，说的都是感恩。自古以来，感恩都是一切美德之源，让女孩在13岁拥有感恩的品质，可以促进她们健康人格的形成，而且对其今后和谐人际关系的建立有重要作用。

在很多独生女家庭，妈妈将女儿视为掌上明珠，对女儿过于溺爱。在这种情况下，女儿很容易形成这样的毛病：只知受惠，不知感恩；只知索取，不知奉献；只知攀比，不知回报；只知被爱，不知责任。所以说，溺爱女儿不利于她感恩品德的形成。

有位母亲说："其实不是女儿不懂得感恩，只是她的爱经常表现在细微之处，关键要看家长是否察觉到。"的确，只要妈妈用心去发现这种爱，就能知道她们是懂得感恩的，懂得爱别人的。

一天，6岁的女儿从外面跑回来，满头大汗："妈妈，你快来看！"女儿兴奋地叫着。

"看什么啊？"妈妈笑眯眯地走出来，只见女儿两只小手捧在一起，小心翼翼打开来。"这是我的小伙伴给我的银子！是他奶奶给他的！"女儿惊喜地说。妈妈凑过去仔细看，女儿手里捧的是些不规则的小金属片。

"这是打戒指用的！妈妈，您也打个戒指吧，您就不知道打扮自己。"

女儿的话让妈妈的心暖暖的，看看"银子"，再看看女儿，她小心翼翼地接过"银子"，用心地收藏起来。

女孩的脸上露出了幸福的微笑。

小小的金属片，不值什么钱，但女儿的爱心是无价的，这种爱心中隐藏着对母爱的感恩之情。母亲接受了这份爱，让女儿感到快乐，也激起了她继续表达爱的强烈欲望。在这里，如果妈妈忽视它，对女儿说："这个有什么用？快扔了，脏死了。"无疑就会打击女儿的爱心，挫伤女儿的感激之情。

如果你发现自己的女儿冷漠，不懂得感恩，不妨给女儿创造感恩你、孝顺你的机会。比如，有好吃的东西，不要都给女儿一个人吃，要让女儿和家人一同分享；当自己累了困了时，可以让女儿帮忙端杯水、泡杯茶，在女儿关心妈妈方面做出行动时，妈妈要表示高兴或感谢。这样时间一长，孩子自然而然就懂得感恩了。

育女真经

建议1：妈妈要做女儿知恩图报的榜样

想让女儿有一颗感恩的心，妈妈就要做好榜样。在家里要孝顺长辈、关爱伴侣；

在邻里之间，要关心邻居、和谐相处；在朋友之间，要将心比心、礼尚往来。当你收到别人的礼物时，千万不能说："这是什么礼物，一点都不值钱。"而应该在女儿面前说："朋友送的这件亲手制作的礼物可真别致，一定花费了不少的心思。真应该好好谢谢她！"这样，女儿就会在妈妈的影响下逐渐形成感恩的意识。

建议 2：从小事入手，让女儿孝顺父母

培养女儿的感恩之心，妈妈要从平时的一点一滴的小事入手。比如，当爸爸下班回来时，妈妈可以对女儿说："爸爸上班辛苦了，你快给他拿双拖鞋。"等爸爸换完拖鞋，你还可以提醒女儿给爸爸倒杯茶。吃饭的时候，让孩子学会给长辈盛饭等等，都能培养女孩的感恩之心。

建议 3：让孩子体验一下辛苦

生活是来之不易的，很多女孩子没有体验生活的艰难，不知道工作多辛苦，做家务多累。在这种情况下，妈妈应该创造机会，让女儿体验一下工作的辛苦。比如，周末的时候让女儿整理房间，让女儿每天负责打扫客厅；作业做完后，让女儿帮助妈妈做饭；吃完晚饭，让女儿帮着收拾碗筷，然后学着洗碗等，这些对培养孩子的感恩之心很有好处。

妈妈必读

在 13 岁前，让女孩拥有感恩之心，她才不会变得冷漠无情，才会对生活充满热情；有了感恩之心，她才不会变得自私自利，而是懂得奉献；有了感恩之心，她才能处理好人际关系，才能有美好的亲情、友情、爱情，人生才有希望。

第三章

13 岁前，培养知书达理的贤淑女孩

当一个牙牙学语的女孩说出“谢谢奶奶”时，奶奶笑了，妈妈也笑了；当一个刚入园的女孩子说“老师，早上好”时，老师笑了，妈妈也笑了。他们之所以笑，是因为从孩子的礼貌和修养中感到宽慰，因为他们知道“3 岁看大，7 岁看老”，一个知书达理的女孩会成为一个受人欢迎、讨人喜欢的人。

22 教女儿使用礼貌用语

如果你希望自己的女儿给人留下知书达理的印象，就要让她养成使用礼貌用语的习惯，比如常对别人说"请"、"谢谢"、"对不起"等词语，因为这都是体现一个女孩子教养的有效方式。

身为母亲，我们知道，礼节和礼貌是女孩最起码的教养。所以，让女孩子在13岁之前养成使用礼貌用语的习惯非常重要。这种礼貌教育应当如春风化雨一般，潜移默化地滋润孩子的心田，让她自然而然养成礼貌的习惯，这才是正确而有效的教育。

正如一位哲人所说的："生活中美好的细节不可能靠大锤来灌输。"在生活中，妈妈可运用启发加引导的方法培养女儿礼貌的习惯，比如，女儿主动为你倒茶，你可以对她说："谢谢女儿，你给妈妈倒茶，妈妈真高兴。"这样可以强化女儿的礼貌意识，使其继续这样做。

一次，妈妈带着7岁的雪儿去一家商店买东西，雪儿对售货员说："阿姨，请帮我拿一包牛奶。"买了牛奶，走出门外，妈妈趁机启发雪儿："你看这么多人买东西，为什么阿姨先给你拿呢？"

雪儿想了一会儿说："因为我是小孩子呀！"

妈妈说："其实这不是主要原因，主要是因为你懂礼貌，你说了'请'字，阿姨听了高兴，所以才会先给你拿牛奶。"

对小女孩进行礼貌教育，可以利用日常生活中的小事加以引导。这位母亲做得很好，她及时抓住女儿的礼貌行为，启发女儿认识到礼貌的重要性，使其养成礼貌谈吐的习惯。长此以往，孩子就很容易变得知书达理。

生活中，如果你发现了女儿有不太礼貌的言行举止，不妨及时指出来，再告诉她正确的做法是怎样的，这样就能帮助女儿逐渐改正不良的说话习惯。

4岁的冰冰饿了，冲着妈妈大喊："我要吃面包！"妈妈为了教会她用礼貌用语，本来听见了，但却故意假装没听见。冰冰叫了几声，见妈妈不理，就跑到她身边说："妈妈你有没有听见我说要吃面包呀？"妈妈说："我听见了，可我不知道你在叫谁呀，你又没有叫'妈妈'。"

冰冰嘿嘿地笑了，说："妈妈，我要吃面包。"

"你这样说还是不对。"

"为什么不对呀？"

"你应该这么说：妈妈，我想吃面包，请您帮我拿，好吗？"

女儿学着妈妈重复了一遍这句话后，妈妈才去拿面包。女儿接过面包准备转身出门，妈妈及时叫住了她，说："你还忘了说什么呀？"女儿瞪着大眼说："说什么呀？哦，我想起来了，说谢谢，谢谢妈妈！"

当你发现女儿不懂得使用礼貌用语时，不妨向这位母亲学习，及时提醒孩子的错误做法。在提醒的时候，要多一些引导和启发，少一些呵斥和指责，这样孩子才会开心地接受妈妈的教育，认真地改正不良的习惯。

育女真经

建议1：在家中提高使用"敬语"的频率

父母是孩子的榜样，在家里，父母之间的交流、父母与长辈的交流等，都要多用敬语，这样可以使孩子受到积极的影响。如常把"请"、"谢谢"、"对不起"等礼貌用语挂在嘴边，久而久之，孩子也就跟着学会了这样说话。有些妈妈认为，只要女儿在外面注意说话礼貌就好，在家随便一点没关系，其实这种想法不对。因为在13岁前，孩子在家与父母相处的时间很多，如果和父母说话都不使用礼貌用语，那么与别人相处的时候，也可能无形中暴露出不礼貌的言语。因此，妈妈应该严格要求孩子，让女儿在外、在家的表现保持一致。

建议2：引导孩子去感悟礼貌，而非强制地执行礼貌

女孩就像一棵小花苗一样，她们的成长需要妈妈的细心引导。如果妈妈强制地让她执行礼貌行为，就好比是拔苗助长，表面上看起来成功了，实际上却失败了。所以，教育女孩子学会使用礼貌用语，最好的方法是引导她去体会别人的心情，带领她去感悟礼貌所能带来的美好感受。

妈妈必读

语言是一个人内心情感的反应，谈吐优雅、彬彬有礼的女孩子，会给人留下懂礼貌和有教养的印象。言谈粗俗、不懂礼貌的女孩子，则会给人留下没教养的印象。前者受人欢迎，后者让人厌恶。

23 制止女儿对他人冷嘲热讽

在不恰当的时候说出让人尴尬的话，就是一种恶语，恶语是对他人的嘲讽和不尊重，会伤害别人的自尊，也会影响自己的人际关系。因此，妈妈要教育女儿，说话的时候要考虑别人的感受，不要对他人恶语相向。

"你是猪，你白痴。""叔叔，你的嘴巴好臭。""妈妈，这个新娘好丑。"当这些话冷不防从孩子的嘴巴说出时，你一定窘得想钻进地洞里。因为你的女儿在众人面前说出这样的话，表现得很没有教养，会让你感到难堪。

这些话话或许只是一句没有恶意的玩笑，但是给别人却造成了不良的影响。这些话非常尖酸刻薄，充满嘲讽与挖苦，孩子说出的时候，没有考虑到别人的感受。这时，妈妈可以让女儿换位思考一下，这样孩子就容易认识到自己的错误。比如，你可以醒孩子："在婚宴上，当着新娘的面说她很丑，会让她感到难过，如果你是新娘子，别人说你丑，你一定不会高兴。所以，你要学会考虑别人的感受。如果你常常说这样的话，很容易得罪人，就没有人喜欢跟你做朋友了。”和孩子讨论这个问题的时候，妈妈要心平气和一些，效果往往会更好。

女儿：

上个星期的周末，妈妈陪你去青少年宫练琴。当时，老师让一个比你小两岁的小朋友弹奏时，那个小朋友躲在她妈妈的身后，不肯走到琴前。我知道，你可能是觉得她害羞的样子好玩，或者为了显示你的“勇敢”，你才会大声地笑着对我说：“妈妈，你看她，太好玩了……”

当你说出这样的话后，那个小女孩更紧张地抓住了她妈妈的衣服，眼泪都要出来了。而那个小女孩的妈妈，也被自己孩子的表现和你的那句话刺激了，她感到很尴尬，差点要抬手打自己的女儿。

也许说完那句话，你就忘了。妈妈想告诉你的是：这是一个大问题。你知道吗？女儿，你说的那句话，也让妈妈感到尴尬。当时我很想大声斥责你“不要乱讲”，但考虑到你的面子，妈妈没有那么做。因为你只是一个是个仅仅八岁的孩子。

可是你想过吗？那个小妹妹和她的妈妈也要面子，你说出的那句话恰恰是伤害了她的面子。因此，妈妈写这封信，是为了让你明白说话要尊重别人，考虑别人的感受，不要嘲讽别人，那样是不礼貌的。

爱你的妈妈

这是一位妈妈写给女儿的一封信，在信中她讲述了女儿犯的一个错误，通过阐述说理，对女儿进行了启发和教育，希望借此让女儿学会尊重别人，学会考虑别人的感受。对待别人保持一种宽厚和理解，善意和尊重，这才是一个知书达理的女孩子应该具备的修养，是一个有教养的女孩的表现。

育女真经

建议 1：教育孩子说话要有分寸

很多女孩子说话口无遮拦，觉得怎么痛快就怎么说，全然不顾对方的感受，而且在说话的时候，经常夹带着一些侮辱性的语言，这样就会伤害对方的自尊心，从而给自己的人际交往造成障碍。因此，妈妈有必要教育女儿说话要有分寸，不要说有伤他人自尊的话。

建议2：告诫孩子不要挖苦他人

面对别人的不幸，女孩子如果缺少同情心，不是去安慰和同情别人，反而挖苦别人，那么真的是一种悲哀。身为母亲，要让女儿认识到这种行为是多么无礼，要告诉女儿："看到别人遭遇不幸时，我们应该同情、安慰、帮助，而不是嘲笑、打击别人。如果你遭遇不幸，小朋友不来安慰你，反而在一旁冷眼旁观嘲笑你，你会有什么感受呢？"通过引导孩子换位思考，很容易使孩子懂得其中的道理，认识到自己的错误。

建议3：妈妈要检点自己的言行

当你发现女儿喜欢嘲笑他人时，在制止的同时，也应检点自己的言行，帮助女儿树立正确的是非观，从而改掉女儿的不良行为。比如，有的妈妈喜欢在家里议论邻居家的孩子："小华一副呆头呆脑的样子，像弱智似的。"女儿听后，就有可能在遇到小华时，也这样嘲笑他。

妈妈必读

不论什么时候，都要让女儿记住，说话的时候要表达自己的善意和理解。如果没有考虑周到的话，最好不说。有时候同样的目的，但是因为表达方式不同，会产生不同的效果。所以，让孩子从小就学会说话得体，对孩子将来的人际交往有很大的帮助。

24 教女儿恰当地赞美别人

赞美是语言的钻石，是一种无价的财富。在13岁前，让女孩子学会恰当地赞美别人，可以很好地体现她的修养，能拉近别人和她的距离，从而树立她知书达理的形象。

在网络上，曾有这样一个故事：一个妈妈每天都骑着自行车送女儿去幼儿园。有一次，在上学的途中，女儿附在妈妈的耳边说："妈妈，你内向贤淑。"妈妈听了这句话，高兴了一个星期。但是后来她才知道，由于女儿的发音不清楚，把"逆向行驶"说成了"内向贤淑"，但又有什么关系呢？

的确，孩子的赞美会让人兴奋不已，能够极好地拉近人际关系。幼教专家建议，在孩子 13 岁之前，要教孩子学会赞美他人。当然，不只是赞美别人，更重要的是培养她关怀、安慰别人的能力。在这一点上，父母的身教非常重要，如果爸爸妈妈经常赞美别人，孩子的嘴巴也会比较甜；如果爸爸妈妈严苛批评，孩子就很难说出赞美之词。

格雷姆是一名见习服务员，他在熙熙攘攘的纽约杂货店忙活了整整一天，累得精疲力竭。尽管如此，他仍没有完成自己的工作，他感到疲倦和泄气：看来自己似乎什么也干不好。好不容易为一位顾客开完账单——这家人有好几个孩子，他们经常要更换冰激凌。

这时候，这家人的一个女儿微笑着对格雷姆说："大哥哥，我爸爸说你干得很不错，你对我们照顾得太周到了，我们非常感谢你。"

突然之间，格雷姆的疲倦感无影无踪了。他对这家人报以微笑，表示感谢。后来，当经理问到格雷姆对头一天的工作感觉如何时，他回答说："非常不错！"从此以后，每次格雷姆见到这家人时，都会热情地和他们打招呼，像是老朋友一样。

让你的女儿学会真诚地赞美别人，对提高她的情商水平有大有好处。赞美和欣赏都是一种积极的情绪，让女孩子学会赞美和欣赏别人，就是学会找出别人的优点，无形中也会让孩子看到自己的差距。这是一种潜在地激励自己的动力，有助于自己的进步。同时由于孩子的欣赏和赞美，别人得到了鼓励，容易给别人留下好感，更愿意和你的孩子在一起，形成一种无声的凝聚力。

育女真经

建议 1：赞美别人时一定要真诚

赞美不是胡乱夸赞，不是虚伪的恭维，更不是漫不经心的吹捧，赞美一定要有真诚的态度。妈妈要告诉女儿："赞美要真诚，就要把握正确的赞美时机，在别人取得好成绩的时候，给予真诚的赞美，别人会更高兴。但是如果别人把事情搞砸了，你却赞美别人，那这就不叫赞美而是讽刺了。"

妈妈要让女儿认识到，真诚的赞美与虚伪的谄媚有着本质的区别：前者是着眼于别人的美德，后者则是想从别人那里得到好处；前者让人欣喜快乐，后者让人厌烦。因此，赞美别人的时候，要源于客观事实，要发自内心，要流露真情，才会收到好的效果。

建议 2：赞美应对事不对人

赞美不是阿谀奉承，教女孩赞美别人不能毫无根据，不能只让女儿对别人说："你真棒，你真是个好人。"这样的赞美毫无意义，赞美一定要基于客观的事实，赞美应对事而不应对人，这样才能避免尴尬、混淆或者偏袒的情况发生。

比如，当妈妈带女儿到朋友家做客的时候，主人准备了美味的饭菜，这时候，妈妈可以提醒女儿："阿姨做得饭菜这么好吃，你是不是要赞美阿姨啊？"通过这样的引导，让孩子认识到赞美别人是有原因的，而不是无缘无故的。

建议 3：赞美可直接也可间接

妈妈可以告诉女儿，赞美别人的时候，可以用具体明确的语言直接赞美别人，比如赞扬同学的作文写得非常好，可以说："你的作文写得真好，如果我的作文也能写得这么好，就好了。"这样的话既平实，又让别人觉得舒服。此外，赞美也可以用眼神、表情、手势，比如，可以用微笑、惊叹，或是夸张地瞪大眼睛看着别人，表示对别人的倾慕和敬畏，还可以竖起大拇指，这种方式也容易被别人接纳。

妈妈必读

人类本质上最大的期望之一是获得重视、赞美、钦佩，被赞美是人内心的基本愿望。妈妈如果想让女儿成为一个具有亲和力，能很好与人沟通的知书达理的小淑女，就应该在孩子 13 岁前教她学会赞美别人的技巧。

25 把尊敬长辈融入日常生活中

伟大的教育家孔子认为，孝是一切道德的基础、至善的美德。"孝"是一个孩子对父母、晚辈对长辈的伦理道德规范，是中国传统伦理道德的重要内容，妈妈应该在女儿13岁之前，重视培养她尊敬长辈的品德。

尊老爱幼是中华民族的传统美德，在"爱幼"方面，家长们做得非常好，可是在"尊老"方面，孩子们却做得不够。特别是在这个独生子女居多的社会，孩子被家长特别是爷爷奶奶、外公外婆等长辈过分宠爱，变得娇生惯养，没大没小，不懂得尊敬长辈。在13岁前，让尊敬长辈的观念深入孩子的内心是一堂非常重要的教育课。

"老徐，快点把我爱吃的红烧鱼端过来，我肚子饿得咕咕叫了！"5岁的采萱这么"差遣"着他的奶奶。这已经是采萱的妈妈第二次听到女儿这么"使唤"奶奶了，第一次她认为采萱在和奶奶开玩笑，但这一次她不这么认为，她觉得女儿完全不懂得尊敬长辈。

于是妈妈呵斥女儿："采萱，你怎么可以这样和奶奶说话呢？要尊重奶奶，知道吗？"这时奶奶赶忙出来为采萱"保驾护航"："没关系，没关系，闺女儿饿了嘛，闺女儿这么叫我，是跟我亲热。"

采萱的妈妈没有说话，而是使了个眼色，把采萱的奶奶叫到房间里，轻声地说："妈，我在教育女儿尊敬长辈，这是一种礼貌教育，目的是想把孩子培养成知书达理的贤淑女孩，你不能站出来为孩子说话了，因为孩子本来就做错了。我还想劝你，以后别让女儿随便使唤你，如果她还那么干，你应该教育她，你说对不对呢？"

采萱的奶奶本想说什么，但又止住了，接着喃喃地说了句："哦，是啊，你说得有道理，我知道该怎么做了。"

接着，采萱妈妈把采萱叫到屋里，对她说："采萱，你为什么那样使唤奶奶呢？"

采萱说："妈妈，每次我想做什么，只要一叫奶奶，奶奶就会给我做好，这样我就不用自己辛苦了，反正奶奶说了，只要我听话，她给我做什么都愿意，还说叫她什么没关系，只要心里有奶奶就行。”

采萱的妈妈说：“你那样叫奶奶是不礼貌的，是不尊敬她的表现，作为晚辈，要礼貌地对待长辈，以后不可以再那样使唤奶奶了，知道吗？”

采萱连连点头，表示以后再也不那样做了。

身为母亲，有责任教育女儿学会尊敬长辈，所谓尊敬长辈，包括孝敬父母、尊敬爷爷奶奶以及其他长辈。在13岁前，让孩子具备这种美德是可贵的，这是女孩子应该具备的基本教养。妈妈要让女儿从小就有尊重他人、尊敬长辈的意识和尝试，而家庭就是一个试验田。如果妈妈不注意这一点，让女儿为所欲为，那么女儿就会变得“没大没小”，接着再变得“没老没少”，最后很可能“无法无天”。

···· 育女真经 ····

建议1：让女儿学会礼貌地与长辈打招呼

妈妈应该在女儿13岁前，教她有礼貌地向老人打招呼，比如“奶奶，早上好！”“谢谢爷爷！”“再见，爷爷奶奶！”当女儿出门在外的时候，妈妈应该事先告诉她：“在任何时间任何地点，只要你和认识的叔叔阿姨相遇，都应该礼貌地说声“叔叔阿姨好”。还要告诉女儿：“如果叔叔阿姨没有朝你这个方向看，或正在忙其他的事情，你可以不打招呼。因为如果这个时候打招呼，很可能会打扰叔叔阿姨。”这样，一方面是教育女儿养成尊敬长辈、讲礼貌的好习惯，同时也培养了她根据不同场合灵活地调整自己行为的能力。

建议2：教育孩子体谅和关心长辈的状况

长辈身体不好，妈妈要教育女儿学会问候他们，或者为他们做些力所能及的事，比如，给爷爷奶奶倒杯水，在爷爷奶奶生病的时候，提醒老人吃药。有时候爸爸妈妈下班回来比较疲劳，孩子却没有“眼色”，还叫爸爸妈妈做这做那，或者问这问那，这时候妈妈应该明确地告诉女儿：“爸爸妈妈现在很累，想静静地休息一会儿，你先去做自己的事情，不要打扰爸爸妈妈休息。”同时，妈妈可以引导女儿观察和体谅别人，教女儿在给别人减少麻烦的过程中学会尊敬长辈。

建议3：尽量不要为孩子包办代替

“今天的菜不好吃，我不吃了。”女儿生气地扔下筷子，径自去看动画片了。如果类似的情景出现在你女儿的身上，你可以这么教育她：第一，你事先没有说要吃什么，现在突然想吃别的，让爸爸妈妈、爷爷奶奶停止吃饭，给你做别的吃的，你考虑过别人的感受吗？第二，既然饭菜做好了，你就应该先吃下去，否则就是不尊重做饭人的劳动。

虽然 13 岁前的女孩需要成人的关心和爱护，但成人不能对女孩子过多地包办代替。如果什么都替孩子想好了，什么都替孩子做好了，孩子就会认为这一切是理所当然的，就不知道珍惜和感激，就很容易产生不尊敬长辈的行为。

妈妈必读

好妈妈应该告诉女儿："人与人之间在人格上是平等的，但身份关系是不同的，因此，与不同的人相处，要懂得长幼尊卑，这样才能受人欢迎、讨人喜欢。"在日常生活中，经常给孩子一些善意的引导，使孩子将尊敬长辈的观念融入生活中。

26 让女儿学会换个角度理解别人

一个知书达理的女孩，是不会过分挑剔别人、责难别人、无理取闹的。知书达理的人懂得容忍别人的缺点，不会为小事斤斤计较，懂得站在别人的角度考虑问题，这样的人是最容易受到别人欢迎的。妈妈应该在女儿 13 岁前将她培养成这样的人。

"妈妈，老师真偏心，上课的时候我和同桌都说话了，他狠狠批评了我，却没怎么批评我的同桌。”

“真倒霉，今天上体育课时，小强把足球踢到我的身上，他肯定是故意的，我讨厌他。”

“妈妈，你工资怎么那么低啊？我几个好朋友的妈妈每个月都赚很多钱的。你没权也没钱，让我怎么有脸和她们在一起玩啊！”

……

类似上面的抱怨声和挑剔声，或许你的女儿也曾发出过。可能有些妈妈认为，女儿抱怨得有道理，谁叫老师偏心呢？谁叫小强把球踢到女儿身上呢？谁叫自己没赚到更多的钱呢？有了这种想法后，她们就会在孩子抱怨、挑剔别人的时候听之任之。殊不知，孩子这种抱怨如果没有得到及时纠正，时间长了，就会养成一种挑剔、抱怨、不懂得理解别人的恶习，甚至会变成一个无理取闹、满嘴都是别人不对的人。

所以，当你发现女儿抱怨、指责、挑剔别人时，要立即制止，并告诉她：“人无完人，每个人都有缺点，都有犯错的时候，你自己也有缺点，也有犯错的时候，如果别人抓住你不小心犯的错，喋喋不休地指责你，你会有怎样的感受呢？”要让女孩明白抱怨不如理解，指责不如包容，挑剔不如接纳，只有当女孩子学会了这样为人处事，她才能变得知书达理。

节外出旅游时，吴女士给女儿芳洁买了一个小风车，同行的小伙伴浩浩买了一个稍大一点的风车，他便向芳洁炫耀。玩了一会儿后，浩浩的风车便玩坏了，这下芳洁找到报复的机会了：“哈哈，我说大的不好吧，这么快就坏了。”浩浩非常难过，他看着自己坏掉的风车发呆。

吴女士赶紧把女儿叫过来，说：“芳洁，你觉得刚才这样说话，对吗？”

“谁让他笑话我的风车小呢？”

“如果你的风车坏了，你的心情会怎样？”

“我会难过。”

“对呀，浩浩没有风车玩了本来就很难过，你又这样说他，他心里是不是会更难受？”

女儿听后不做声了。

吴女士又对女儿说：“好朋友要互相关心，我知道芳洁很喜欢帮助别人，现在你想想应该怎么做呢？”

芳洁想了想，说：“让他和我一起玩我的风车吧。”于是，两个孩子又重归于好，欢叫着、奔跑着，开心地玩着小风车。

孩子之所以喜欢挑剔别人、嘲讽别人，是因为他们不懂得体会别人的感受。因此，教育孩子学会换位思考，学会站在别人的角度考虑问题，体会别人的感受，能有效地促使孩子变得通情达理，变得富有同情心，变得懂得体贴关怀别人。

···· 育女真经 ····

建议 1：以其人之道，还治其人之身

面对女儿爱抱怨、爱挑剔的毛病，妈妈可以采用“以其人之道，还治其人之身”的方法对待她。比如，女儿抱怨你没把她的鞋子洗干净，没把饭菜做得更可口，那么你就暂时不要为她做这些，让她亲自动手体会“做比说难”。

另外，你也可以故意挑挑孩子的毛病。比如，你可以对女儿说：“你的书桌怎么乱糟糟的啊？”“你的字怎么写得那么难看啊，一点进步都没有。”只要你在一天之内，多次挑孩子的“毛病”，孩子就会受不了了。然后再对她进行教育，问她：“别人挑剔你的时候，你好受吗？那你以后还挑剔别人吗？”这样孩子也就学会了理解别人。

建议 2：不让“坏种子”发芽

妈妈应该注意的是，当你发现女儿有不良的动机或是想法时，要帮助她灭掉这些“坏种子”，使其无法生根发芽。比如，当女儿抱怨别人，言语中表现出愤恨时，你应该教育女儿体谅别人、理解别人。

有的妈妈不但不引导女儿，反而怂恿女儿：“别人伤害了你，你也伤害别人，别人不仁，你也不义。”这样的教育等于把女儿往火坑里推，会把孩子教育成一个心胸狭窄、锱铢必较的人。

妈妈必读

是把女儿培养成知书达理的贤淑女孩，还是把女儿培养成一个锱铢必较、吹毛求疵的女孩，完全取决于妈妈在女儿 13 岁之前，采取怎样的教育方式。妈妈如果让女儿学会换位思考，那么女儿就容易变成一个通情达理的人。

27 莫让女孩出口成“脏”

突然有一天，你发现乖巧可爱的女儿会说脏话了，“去你的”、“他妈的”、“王八蛋”等等，当孩子用带着稚气的声音说出这样的话时，作为母亲，你是不是有些不敢相信自己的耳朵呢？你是不是感觉如临大敌？

大眼睛，樱桃小嘴，头上别了粉红色的蝴蝶发夹……有这样一个聪明可爱的女儿，父母一定会很高兴。但是如果这个孩子出口成脏，父母可能就犯愁了。一个如此漂亮可爱的小女孩，说出的话却那么脏、那么臭，与她的外在形象格格不入。这样的女孩长大了，也不会受人欢迎。

陈女士的女儿名叫花花，在幼儿园里喜欢唱歌，很受人欢迎。可最近，陈女士发现花花总是把“格老子”、“龟儿”等不文明的词语挂在嘴边，害得陈女士都不敢带她出门。

一天早晨，陈女士起床后帮花花穿衣服，当时是冬天，花花嚷着非要穿漂亮的粉红色外套。但是陈女士担心外套不能御寒，就执意花花穿上小棉袄。“格老子。”花花气得小脸通红，腮帮一鼓一鼓地说了这句话。当时陈女士被女儿吓了一跳，但也没有将这件事放在心上。后来陈女士发现，女儿一生气就会冒出一两句脏话。

不久前的一个周末，陈女士带着女儿在朋友家聚会。席间，花花还为大家唱了一首《北京欢迎你》，大家都夸奖她，陈女士心里美滋滋的。大家正聊得开心，陈女士接到了单位的电话，说要加班，于是她提着包，准备带花花回去。花花满脸不乐意，开口就说到：“龟儿妈妈又要回去打电脑。”

当时陈女士僵在原地，朋友们都露出了诧异的表情，而花花显得若无其事。陈女士感到非常丢面子。回到家里，陈女士狠狠训斥了女儿，没想到小家伙委屈地钻进被窝里哭个不停。

“花花，你爱妈妈吗？”陈女士来到女儿的窗前，问女儿。

“爱！”

“你说龟儿妈妈是在骂妈妈，你知道吗？”花花摇了摇头，表示不知道。

陈女士说：“你那是在说脏话，是不礼貌的。以后不能再说那些脏话了，比如‘格老子'、'龟儿'，知道吗？"

花花停止了哭泣，把小脑袋伸出被子，"嗯"了一声。

孩子是单纯的，接受新事物的能力很强，正因如此，她们才更容易受到不良社会风气的影响。如果你的女儿嘴里冒出了脏话，千万不要不当一回事。要知道，如果孩子的坏习惯在13岁之前没有得到纠正，那么13岁之后就难以纠正了。

…… 育女真经 ……

建议1：给孩子创造一个文明的成长环境

孩子在13岁之前，特别容易受到环境的影响，这个环境是由父母、亲戚、同学等因素组成的。从根本上来说，父母在孩子成长的环境中有关键性的作用。如果父母在家里经常"爆粗口"，孩子都看在眼里，耳濡目染之下粗话自然脱口而出。另外，父母要注意自己家庭周边的环境，古时候孟母三迁，原因就在于此。她就是为了给孩子创造一个文明健康的成长环境。今天，妈妈们也可以努力做到这一点，虽然不能轻易改变住处，但可以教育孩子少和那些满嘴脏话的小朋友玩，多给孩子讲讲说脏话的坏处。

建议2：发现女儿说脏话时，应及时教育

有的妈妈发现女儿说脏话、骂人时，认为孩子小，甚至觉得好笑，于是一笑置之。这就等于纵容孩子，任由孩子"骂"下去，时间长了，孩子就会养成说脏话的坏习惯。对此妈妈应该有深刻的认识。

女孩子说脏话一般有两种情况，一种是偶尔说一两句，一种是常把脏话挂在嘴边，无论是对谁，无论是在什么场合，脏话都会脱口而出。如果是第一种，妈妈在发现后要求女儿以文明的语言、用正确的措辞把事情重说一遍，并告诉孩子以后要注意用词，不说脏话、不骂人。如果是第二种，妈妈应该严肃地警告女儿：你说话不文明，没人喜欢听，以后不准再这么说了。然后和孩子一起分析为什么不能说脏话，话要怎么说，从正面引导孩子。

建议3：让孩子明白说脏话的坏处

妈妈发现女儿说脏话后，不要简单地训斥，更不能打骂，应对孩子进行教育，讲明道理，并和老师沟通，请老师配合一起对孩子进行教育，这样的效果则更好。如果孩子年龄小，比如刚进小学，针对这个年龄阶段的孩子，一味和他讲道理，孩子还难以理解，这样的教育效果也会打折扣，这时不妨通过讲故事的方式，把道理蕴藏在故事中，这样孩子就容易接受了。

妈妈必读

13岁前的女孩少不更事，有些人认为小孩子说脏话只是觉得好玩，有的孩子甚至不知道脏话本身的意思，对此，妈妈要耐心地告诉孩子她所说的是脏话。千万不要劈头盖脸地斥责孩子，否则孩子既感到委屈，又感到气愤，内心会很压抑，甚至变本加厉。

28 随意打断别人的话是不礼貌的

随意打断别人说话，然后插话是个很不好的毛病，既不能专心听别人说话，领会别人的意思，又非常不礼貌，还会打断别人的思路，使别人不能很流畅地表达自己的思想，让人反感。妈妈如果发现女儿有这个毛病，应该及时帮她纠正。

“大人讲话，小孩不要插嘴”，这是很多中国家长训斥孩子打断别人、插话时的口头禅。孩子爱打断别人、爱插话，一方面可能是因为没有倾听的意识；另一方面可能是因为想引起别人的注意，表现自己。对此，妈妈应该有意识地训练孩子倾听的意识，让孩子懂得听明白别人说的是什么，等别人说完了之后再提问题。

有些家长错误地认为孩子爱插话是机灵、聪明的表现，因而持欣赏鼓励的态度，这就助长了她爱出风头的做法，影响了她注意力的集中。家长要告诉孩子在听别人说话时，应该注视着说话人的眼睛，不能东瞧西望。在听别人说话时，要领会他人的意思，并记住有哪些不明白的地方，等说话人说完后再提出来。

一次，妈妈的朋友来家里做客，6 岁的女儿芳菲特别高兴。当妈妈和那位阿姨说话的时候，芳菲不停地在她们面前动来动去，突然芳菲大声对妈妈说："妈妈，我的鞋带松了。"妈妈当时特别生气，但当着客人的面不好批评女儿，就淡淡地说："妈妈正在和阿姨谈话，你不应该打扰。你这么大了，鞋带松了要自己学着系。"

过后，妈妈告诉芳菲："别人在说话的时候，你应该注意听，如果你不想听，你可以到一边去玩，而不要打断别人，因为那样是很不礼貌的。如果你确实有重要的事情告诉妈妈，你要马上说，不过要记住，先说声'对不起'，然后再说事情。"

面对女儿无礼的插话，你是不是立刻生气地说："不要无礼，打断别人的谈话是很不礼貌的。"如果真是这样，那么妈妈在制止孩子插话的同时，却恰恰忘记了打断插话的人同样也是不礼貌的。

当妈妈粗暴地阻止女儿不礼貌的行为时，女儿可能表面上会很听话，也不会向妈妈询问"为什么不能插话"，她们会直接选择遵从父母的意愿。于是，表面看来，妈妈是在约束女儿的行为，想让女儿学会礼貌。可实际上，在女孩的内心深处，她并不明白自己为什么要懂礼貌、礼貌待人究竟有什么好处。

无数事实也证明，那些小时候在妈妈粗暴的、强迫的教育下学会礼貌的女孩，往往长大后反而会变得非常叛逆，她们故意说脏话、不讲礼貌。在她们看来，讲礼貌更多是父母对自己的一种要求和需要，而并非一种做人的准则。

妈妈们可以想想看，很多女孩子小时候特别乖巧、可爱、讲礼貌，可是当她们长大后，为什么有的女孩子继承了小时候的礼貌文雅的习惯，而有的女孩却一点都没留下小时候懂礼貌的痕迹呢？其中很重要的一点原因就是——妈妈在女儿 13 岁前对女儿的礼貌教育是否深入女儿的内心。

···· 育女真经 ····

建议 1：妈妈要学会倾听

有些妈妈性子急，尤其是在和女儿谈话的时候，很难坚持听完孩子的叙述，总是说:“你不用说了,我知道了。”这样就会给孩子造成一种错觉,插话是很正常的、很自然的事情。因此,当家长说话的时候,孩子也会插话。这就启示做妈妈的,在听女儿说话的时候,要有耐心,尽量不要插话。

建议2:如果女儿学会了等待,请给她表扬

当你和别人讲话时你的女儿学会了等待,你应该及时给她表扬,让女儿知道有耐心可以获得更多的注意和鼓舞。时间长了,孩子就会逐渐养成倾听的习惯。亚伯拉罕·林肯曾经说过:“首先,要学会做一个好的倾听者,然后你才会成为生活中的主角。”做妈妈的要让女孩明白,学会倾听别人的讲话,不随意地打断别人讲话,是一种有教养、有风度的表现。

妈妈必读

在女孩13岁之前,妈妈应教会她学会倾听别人讲话,让她知道这是尊重他人的表现。听其他人讲话时,先安静地听,等听清楚了别人的讲话内容后,再准确完整地表达自己的看法。这样既是礼貌和教养的体现,也能学到更多的知识。

29 叫别人的名字而不是绰号

每个人都渴望被他人尊重,而记住并喊出别人的名字,则会给人受尊重的感觉。因此,让女孩在13岁前学会记住并喊出别人的名字,是孩子与人交往的基本前提。喊别人的绰号则是非常不礼貌的行为。

“矮冬瓜，把你的连环画借给我看看好吗？”玛丽对同桌艾冬华说。

“你说谁是矮冬瓜？”同桌回应道。

“就是你啊，谁让你的名字叫艾东华呢，艾东华不就是矮冬瓜吗？”玛丽振振有词地说。

“斑点狗，你有 QQ 号吗？”小燕问同学英子。

“不告诉你，讨厌，谁让你给我起绰号？”

“你脸上长了那么多痣，不像斑点狗像什么，叫一下有什么关系？”

生活中，女孩子给别人取绰号的现象并不少见。她们思维活跃，想象力丰富，能够结合别人的特点，取一个自以为有趣的绰号。可是她们却不知道，这样做会伤害别人的自尊心。如果你的女儿也爱给人取绰号，你应该及时对她进行教育。

当你发现女儿叫别人的绰号或随意给别人起绰号时，都要立即制止，并告诉她为什么不能这样做。

事实上，记住别人的名字并且乐意叫别人的名字，除了表示对他的尊重外，还能拉近人与人之间的距离。记住了陌生人的名字，你就多了一位朋友。

育女真经

建议 1：妈妈不要给女儿坏影响

有些父母相互之间喜欢喊绰号，还喜欢私下里给别人取绰号，这样女儿就自然会“现学现用”了。如果父母懂得严于律己，不给孩子这样的影响，那么孩子就不至于那么容易染上叫别人绰号的毛病。另外，当妈妈发现女儿叫别人绰号时，要及时指正女儿的行为，告诉她那样做是不对的，因为每个人都有自己的名字，喊别人的名字是尊重别人的表现，喊别人的绰号却有侮辱别人之嫌。

建议 2：问孩子：别人喊你绰号你会怎么想？

绰号一般是一个人的显著特点，而且大多数是一个人的缺点，甚至是缺陷，因此，喊别人的绰号，无异于在别人的伤口上撒盐，在别人的痛处扎针。所以，当孩子喊别人绰号，尤其是不好的绰号时，妈妈可以平心静气地告诉孩子：“你喊的绰号，正是别人的缺点，会伤别人的自尊，会让人讨厌的。如果别人这样喊你，你会怎么想呢？”让孩子去思考这个问题，孩子就会意识到自己的不对了。

建议3:绰号有好坏之分,好绰号能拉近距离

有的绰号是出于对一个人的赞赏和钦佩,比如"包青天——包拯"、"大鲨鱼——篮球明星奥尼尔",这样的绰号很容易被人接受。如果孩子喊出来的绰号是别人的优点,妈妈没必要可以制止,反而可以告诉孩子:"你那样喊人家,会拉近你和人家的距离。不过你也要注意观察别人的表情,如果别人高兴,你就可以继续那样称呼他;如果别人不太高兴,那就少那样称呼他,甚至不要喊他的绰号。"

妈妈必读

不要让孩子乱喊别人的绰号,是为了让孩子学会尊重别人的名字,尊重别人的人格。妈妈可以用名人、伟人重视记住别人的名字、叫出别人名字的故事来教育孩子,比如,罗斯福总统、戴尔·卡耐基等,让孩子知道,名字对人的重要性。

30 教女儿注意公共场合的礼貌

一个人在公共场合所表现出来的言行举止,是他内心世界和道德修养的最好表现。只有言行举止彬彬有礼的女孩,才会赢得别人的好感。

孩子不可能永远呆在家里,随着年龄的增长,他们会慢慢走出家门,走入公共场合,与他人打交道。在公共场所不同于在家里,在家里孩子为所欲为,别人不会有任何意见，但在公共场合，如果孩子不懂得文明礼貌，不遵守秩序，会遭人唾弃和鄙视。因此，妈妈要特别培养孩子在公共场所的礼貌行为。

妈妈要告诉女儿：在公共场所要遵守交通规则；遇到熟人要打招呼，互致问候，不能视而不见；见到熟悉的人，想和他继续交谈，应该靠边儿谈话，不能站在道路当中或人多拥挤的地方；行人互相礼让，主动给长辈让路，健康人主动给残障人士让路。

妈妈要告诉女儿：向别人问路的时候，要用礼貌的语言打招呼，如“对不起，打扰您一下”、“请问”等；问路时应选用适当的称呼，如“老爷爷”、“阿姨”、“叔叔”等，然后再问路，无论是否得到帮助，都应该礼貌地说声“谢谢您”；如果被陌生人问路，应认真、仔细回答，自己不清楚时应说：“很抱歉，请再问问别人。”

妈妈要告诉女儿：到商店购物不可以“上帝”自居，要尊重商店里的工作人员，用礼貌的语言和她们打招呼，忌讳用“喂”、“嗨”等字眼，购物之后应该说“谢谢”；在剧院里不能大声喧哗，不能乱扔果皮、纸屑，尽量提前一点儿到场、入座。如果迟到，入座时走姿要低、速度要快；观看演出要尊重演员，适时礼貌地鼓掌，演员谢幕之前不要提前退场。

法国一位非常著名的女音乐家应邀来到中国某城市演出。很多家长为了从小培养孩子的音乐细胞，特意把孩子带到音乐会场。结果会场时时有孩子的尖叫、哭闹，时时有人起身离席出去休息、买吃的，严重干扰了这位女音乐家的表演。最后，女音乐家竟然被中国观众气哭了，导致演出半途终止了。

类似音乐会、电影院、图书馆这样的场所，如果没有公共意识而大声喧哗，那么整个场面会显得乱糟糟的，让观众没有心情欣赏音乐、电影、书籍。因此，家长应该从自身做起，给孩子树立一个好的榜样，孩子才会在公共场合表现得有礼貌、有教养。如果家长自己就是一个习惯了在公共场合大声喧哗的人，那么孩子很容易像家长那样当众喧哗。

让孩子懂得在公共场合表现出自己的礼貌和教养，做到不大声喧哗，并不仅仅表现为不大声说话、唱歌，还应做到动作轻点。特别是在学习的地方，如教室、图书馆，还应注意手机等产生的噪音。

育女真经

建议 1：教女儿咳嗽时要捂住嘴巴

在公共场合，咳嗽的时候用手挡住嘴巴，这个细节性的动作，能够把一个女孩的优雅体现出来。与之相反，“口无遮拦”地对着别人咳嗽、打喷嚏的行为不仅于健康无益，也是没有教养的体现。妈妈要教育女儿从小养成“咳嗽时捂住嘴巴”的习惯，因为对着别人或者空气打喷嚏、咳嗽是很不礼貌的，不但会把口水或者鼻涕喷到别人的脸上，还可能把包括感冒病菌在内的各种病菌传染给别人。如果不小心对着别人打喷嚏后，要赶忙向对方道歉，请求对方谅解。

建议 2：教女儿不要随地吐痰

随地吐痰，是一种令人讨厌的坏习惯。随地吐痰会弄脏地板，污染环境，传播细菌，损害他人的健康。文明的做法是将痰吐到卫生纸上，然后丢进垃圾桶；或将痰吐入痰盂，如果周围没有痰盂，就应到厕所里去吐痰，吐后立即用水冲洗干净。

建议 3：让女儿在公共场合保持安静

在火车上，熄灯后许多旅客都躺在自己的铺位上休息了，但有些人还在喋碟不休地聊天，令周围旅途劳顿的乘客无法入睡；在博物馆安静的古生物展厅内，几个学生在那里嘻嘻哈哈地说笑打闹，令参观者纷纷侧目；图书馆里同学们都在专心地学习，可总有几个人在大声聊天，或者旁若无人地打电话。生活中这样的情况屡见不鲜，由此我们不得不呼吁：在公共场所保持安静是一个人最基本的礼貌问题。

妈妈必读

在女孩 13 岁前，妈妈要努力培养女孩子的公共意识。所谓公共意识是指一个人在公共场合的文明礼貌意识，努力做到尊重他人，遵守公共秩序，让孩子成为一个有公共道德意识的人。

31 教育女儿礼貌做客待客

英国著名政治家、外交家查斯特菲尔德先生在写给儿子的信中，特别强调要他保持斯文从容的举止仪态，并认为优雅的举止言行是立足于世的手段。可见，从小注意培养孩子保持得体的言行举止是父母不能忽略的一件事情。

每个父母都希望自己的孩子成为绅士或淑女，可是他们却没有用绅士和淑女的标准去要求孩子，即使在做客的时候，也任由孩子率性而为，即使孩子的举止影响了别人，也不加以制止。

在一次婚礼宴会上，一女士带着7岁左右的女儿前来参加。席间，那个"小公主"的表现却让人哭笑不得，服务员每上一道菜，她便喊道："我先吃，谁也别动。"然后立刻把桌上转盘中的菜转到自己的面前。如果喜欢吃，便一下扒一半到自己的碟子里；如果不喜欢吃，便马上把嘴里的菜吐到餐桌上，并大声嚷道："呸，难吃死了。"

客人们见此都宽容地一笑，因为小孩子嘛，没有人和她计较。而那位女孩的母亲，除了大口往自己的嘴里夹菜外，对女儿失礼的言行竟然视而不见，没有表示出丝毫的不满，更没有加以阻拦。

突然，小女孩大哭起来，并不停地用筷子敲击桌面，边哭边说："你们都是大坏蛋，谁让你们吃光了我喜欢的香酥鸡翅？那是我准备带回家的！"

"小祖宗，别闹了。下次妈妈给你买一份，你一个人吃，谁也不许动筷子，好吗？"妈妈终于出面阻止女儿了。可她话一出口，让所有的人都觉得尴尬，都为自己吃了"香酥鸡翅"而不好意思。

想象一下，女孩都这么大了，父母都不重视对其进行言行举止的教育，任由她发展下去，孩子长大后，怎么可能成为一个知书达理、举止得体的贤淑女孩呢？

在这方面，丰子恺先生教育孩子礼貌待客的做法值得妈妈们借鉴：

有一次，丰子恺先生在饭馆里请一位客人吃饭，并且把自己的几个十来岁的孩子都带了去。刚吃完饭，就有一个孩子对丰子恺先生提出自己要先回家。丰子恺先生马上悄悄地制止了孩子。

回到家里后，丰子恺先生对孩子们说："我们家请客，你们也是主人。主人比客人先走，那是对客人的不敬。"孩子们听了，都觉得父亲说得有道理。

值得注意的是，我们强调父母应把孩子培养成为小绅士、小淑女，并不是说父母要用一套非常严格的礼仪标准去要求、规范孩子的一言一行，而是要让孩子懂得必要的礼仪、礼节，从而成为一个受人喜欢的讲礼貌的好孩子。

生活中那些言行粗鲁、无礼的女孩，除了给自己制造麻烦外，还会给父母或其他人制造麻烦。更为重要的是，她们不文明、不礼貌的言行会像一道栅栏一样，把自己与外界隔开，人们会因她们不得体的言行厌恶她们、远离她们、孤立她们，而这必然不利于她们的成长、成才。

千万不要认为孩子长大成人后就会自动改掉坏毛病。要知道，习惯是从小养成的，只有从小就教育他保持得体的言行举止，他们长大成人后，才会懂得在什么场合要保持举止的尊严，什么场合下应该让自己心情放松。

···· 育女真经 ····

建议 1：教女孩不要当众掏耳朵和挖鼻子

很多女孩不注意小节，喜欢当众掏耳朵、挖鼻子。如果是因为不舒服，偶尔挖一下也无妨，但是部分孩子却不分场合，只要没事就把手伸向耳朵或鼻子，这种小动作最令人反感。特别是在公众场合或大家聚餐、喝茶时，如果您的女儿总是当众不停地掏耳朵、挖鼻子，肯定会令旁观者大倒胃口。因此，妈妈有必要告诉她当众掏耳朵、挖耳朵是失礼的行为。

建议 2：教女儿不要当众抖动双腿

很多人都有抖腿的习惯，从礼仪角度来看，在他人面前抖腿确实不雅观。由于双腿不停地抖动，会分散别人的注意力，使对方视线不舒服，而且也会给人情绪不安的感觉，是失礼的表现。妈妈要教育女儿坐有坐相、站有站相，无论坐着还是站着，都尽量不要频繁地抖腿，否则会显得轻浮。

妈妈必读

无论是做客，还是请客，都应该教孩子对他人以礼相待。当发现孩子表现出不礼貌的言行举止时，妈妈应该在恰当的时候指出来，让孩子明白自己的行为是不礼貌的。要有耐心地告诉孩子，不能那样做的原因，并督促孩子改正，这样孩子才会逐渐养成礼貌做客、待客的好习惯。

第四章

13 岁前，培养自信坚强的独立女孩

自卑的女孩总是看不起自己，感觉处处不如别人，“我不行”、“我没希望”、“我会失败”等话总是挂在嘴边。这样一来，她们就不敢尝试，难以独立，遇到困难和挫折，也就难以坚强地面对。妈妈在女儿 13 岁之前，应该鼓励她逐步自信坚强起来，从而成为一个真正独立的人。

32 善于发现女儿的“闪光点”

日本心理学家多湖辉曾经说:“在每个孩子身上都蕴藏着巨大的、不可估量的潜力,每个孩子都是天才,宇宙的潜能隐藏在每个孩子心中。假如我们抛弃僵化的教育方法,用一种充满生命力、充满人情味的方法,那么,所有的孩子都能成为栋梁之材。”

在教育孩子的时候,父母要努力挖掘孩子的闪光点,善于发现孩子的潜力和优势,培养孩子的爱好和特长,使孩子从小自信乐观地成长。

兰芝是一个性格内向、不太自信的女孩。平时很少跟同学说话,和同学之间的关系比较疏远。为此,妈妈很担心她会变得自闭,影响心智的健康成长。

一次偶然的机会,妈妈发现兰芝在房间里唱歌,唱得非常好听。妈妈知道女儿很有唱歌的天分,只是因为不太自信、比较害羞,很少在外人面前表演。妈妈听女儿说学校里马上就要组织演唱比赛,班里打算组织一个小合唱队,她便找到兰芝的班主任提出自己的想法。

在领唱的选拔中,班主任点名要兰芝参加。得知这件事情,兰芝非常紧张。妈妈安慰她说:“你的歌确实唱得不错,要相信自己。”“但是我……”女儿还是很犹豫。“但是你害怕因为紧张而发挥失常对不对?”妈妈一语道破了兰芝的顾虑。“你放心,我和你爸爸会帮助你的。”妈妈鼓励女儿说。

为了让兰芝变得更自信,首先由妈妈和爸爸充当她的听众,然后再邀请一些亲戚朋友也来当听众。随着听众人数的增多,兰芝的胆量也越来越大,自信心也越来越强。在班里举行的领唱选拔赛上,兰芝一举胜出,成为班里合唱队的领唱。

有了第一次的突破,兰芝的自信心大增。在同学们的支持下,她和合唱队的同学一起积极练习,最终在全校的比赛中取得了第二名的好成绩。而通过这次活动,兰芝和同学之间的关系也有了很大的改善。

很多时候,孩子的潜能和优势不是显露在外的,需要父母用心去发现。全国著名青少年问题专家、中国青少年研究中心副主任孙云晓说:“能发现孩子有10个优点的，您是优秀的父母；能发现5个优点的，您是合格的父母；如果一个都没发现，您就该‘下岗’了。”由此可见，不去努力发现孩子的潜能和优势，而只看孩子的外在表现，就对孩子轻易下结论的做法是错误的，那样很容易打击孩子的自信心。

潜能可以说是一种与生俱来的优势，犹如埋在人身体内的宝藏，每个女孩子都拥有这样的宝藏，妈妈要做的就是去发现它、挖掘它。当你发现女儿的“闪光点”时，要及时指出来，给孩子肯定和赞扬，鼓励孩子将“闪光点”发扬光大。这样做能给孩子精神鼓舞，激发孩子的自信心。

···· 育女真经 ····

建议1：善待女儿的缺点

金无足赤，人无完人，每个女孩子都有缺点。妈妈不要嘲讽、责怪女儿，要宽容地对待女儿的缺点，接纳女儿的缺点，多给女儿创造一些尝试的机会，多给孩子一些自由呼吸的空间，把发现孩子过失的精力放在问题的解决上，多给予鼓励、关怀和支持，这样才会收到事半功倍的效果。善待女儿的缺点，才会发现孩子更多的优点，才能帮助孩子更好地改掉缺点，从而增强自信心。

建议2：用全面的眼光看待女儿

妈妈不能只是盯着女儿的学习成绩，女儿是否自信、是否独立、是否坚强等问题，更需要妈妈关注。要知道，成长比成绩更重要，想让女儿顺利成长起来，就要特别重视女儿性格的培养，让女儿在13岁之前拥有自信、坚强、独立的品质，这样她将来才能勇敢地面对生活、面对失败和挫折。

妈妈必读

当妈妈为女儿的缺点烦恼时，不妨先静下心来，然后用“放大镜”去观察女儿，从头到尾，认真回味一下女儿身上至少不会令你烦恼的地方，你总会发现她身上的“闪光点”。

33 肯定女儿每一次小小的成功

孩子每一次小小的成功，都是了不起的进步，肯定她，欣赏她，赞扬她，鼓励她，能激发孩子强大的自信心。肯定可以用语言，也可以用点头、微笑、拥抱、竖起大拇指等动作，让孩子知道你肯定她，相信她，她就会继续努力。

著名教育家苏霍姆林斯基曾说："成功的欢乐是一种巨大的情绪力量，它可以促进孩子好好学习的愿望。"为女儿的每一次成功叫好，能让她从自己的努力中感受到成功的快乐，而这种快乐又会进一步激发她的自信心和上进心，使她在成长的道路上积极向上、不断进步。

女儿上幼儿园的时候，有一次妈妈去参加家长会，老师说："你的女儿有多动症，在座位上连三分钟都坐不了，你最好带她去医院看一看。"回家的路上，女儿问妈妈老师都说了些什么，妈妈鼻子一酸，差点流下泪来。因为全班30位小朋友，只有女儿表现最差；唯有对她，老师表现出不屑。但妈妈还是告诉女儿："老师表扬你了，说你原来在凳子上坐不了一分钟，现在能坐三分钟了。其他的妈妈都非常羡慕我，因为全班只有你进步了。"那天晚上，女儿破天荒吃了两碗米饭，并且没让妈妈喂。

女儿上小学了。家长会上，老师对这个女孩的妈妈说："全班50名同学，这次数学考试，你女儿排在第40名，我们怀疑她智力上有些障碍，你最好能带她去医院查一查。"走出教室，妈妈流下了眼泪。当她回到家里时，她却对女儿说："老师说只要你用心些，就能超过同桌，这次你同桌的数学成绩在班里排名第21位。"说这话时，妈妈发现女儿黯淡的眼神一下子充满了光亮，沮丧的脸也一下子舒展开来。妈妈还发现从那以后，女儿温顺得让她吃惊，好像长大了许多。

女儿上了初中，又一次家长会。妈妈坐在女儿的座位上，等着老师点女儿的名字，因为每次家长会，女儿的名字总是在差生的行列中被点到。然而。这次却出乎她的意料，直到家长会结束，都没听到女儿的名字。妈妈有些不习惯，临别时去问老师，老师告诉我："按你女儿现在的成绩，考重点高中有点危险。"听了这话，妈妈非常的惊喜。走在路上，她扶着女儿的肩膀，心里有一种说不出的甜蜜，她告诉女儿："班主任对你非常满意，他说了，只要你努力，就很有希望考上重点高中。"

……

妈妈的及时肯定，可以巩固孩子的自信。巩固孩子的信心是一个不间断的过程，当妈妈看到女儿因为不断进步而树立起信心时，千万不能以为大功告成，而要一如既往地支持和肯定女儿，鼓励她继续努力。这样才能帮助孩子形成自信的性格，使孩子在未来的道路上有一番成就和作为。

···· 育女真经 ····

建议 1：善于发现女儿的努力

有时候，也许孩子所取得的结果并不尽如人意，但是其间所付出的努力和收获却是宝贵的。例如一道比较难的数学题，孩子通过冥思苦想，终于想出了计算方法，可运算的时候因为马虎算错了一个数字，最后导致整个题目的结果错了。这时，我们首先该怎么做呢？是训斥孩子算错了，还是表扬孩子找到了解题的方法？

许多家长可能会首先想到前者，他们只看到孩子的结果做错了，而没有看到做事过程中孩子的努力与收获。所以，建议妈妈们，当你觉得孩子错了，想打骂他们时，一定要从另一面去"发现"孩子。

建议 2：对女儿的进步表达惊喜

在女儿成长的过程中，作为家长，要时刻关注孩子每一点细微的进步，每一个小小的"闪光点"。当女儿付出努力取得进步的时候，不管这个进步多么微小，妈妈也应该大声地赞扬。因为，一次鼓励可以换来 10 次进步。妈妈常常赞扬女儿，鼓励女儿，为女儿的成功骄傲，从小把她看成天才，她就会向着天才的目标努力，也就能取得更大的成就。

当女儿取得了一定成绩时，妈妈可以让她总结一下，这份成绩是用多少努力和失败、挫折换来的。这样，她就能够更加珍惜自己取得的成绩，并用更多的努力来保持它。说到底，在教育女儿方面，尤其是在如何看待女儿的成功方面，家长应有足够的灵活性。

妈妈必读

想帮孩子树立自信心，就不能缺少肯定和赏识。在孩子取得进步，取得小成功的时候，妈妈的肯定能够激发孩子的成就感。

34 用赏识的眼光看待女儿

心理学家指出：父母的欣赏对女儿的性格和一生的幸福有着至关重要的影响。如果父母懂得欣赏自己的女儿，女儿就能健康成长。因此，在女儿 13 岁之前，妈妈要将对女儿的赏识融入日常生活中。

“哪怕天下所有人都看不起你的孩子，做父母的也要眼含热泪地欣赏他！拥抱他！赞美他！为自己创造的生命而永远自豪！”这是赏识教育家周弘老师的肺腑之言。一个女孩如果能不断地从父母那里得到赞美和鼓励，那么她心中那座自信的大厦就能像盖楼房一样，一步一步地建起来，她才会有信心不断地向更高的目标挑战，她的潜能才能不断地得到开发。

当女儿稚嫩的肩膀背起书包走进校门时，陶女士想象着女儿第一批系上红领巾的喜悦，想象女儿第一次拿着 100 分试卷冲向自己的情景，想象女儿被老师选为班干部时的兴奋……可是这一切都没有发生。

虽然陶女士曾有一种失落感，但在接下来的日子里，她用赏识的眼光去发掘女儿的优点。女儿每做一件事，她都去肯定她。女儿第一次烧菜，尽管难以下咽，但陶女士还是吃得那么津津有味；女儿第一次擦地板，虽然陶女士之后又偷偷擦了一遍，但她依然大大表扬了女儿一番。

在陶女士的赏识下，女儿不但变得越来越自信，也变得越来越勤奋、越来越独立。有时候陶女士很忙，很晚回家，女儿会把饭菜烧好，早上会自己做早餐吃，这是很多同龄孩子都做不到的，陶女士为她感到自豪。当女儿把考试卷拿回家时，陶女士不再只看她的错题，而是从头至尾分析下来，觉得哪些地方做得很好，例如造句很优美，她就会夸奖女儿："这句话写得很生动，妈妈都写不出这么美的句子。"

女儿得到表扬后，非常高兴，同时也懂得认真对待做错了的题目，表示下次一定更努力。陶女士总是不断地去鼓励女儿，"你很棒""你一定行的""妈妈相信你""妈妈为你骄傲"等等……她还经常和女儿一起听成功激励大师演讲的CD，让女儿觉得自己是很棒的。渐渐地，陶女士的女儿在赏识的环境中变得越来越自信，越来越出色。

与男孩相比，女孩的内心通常比较脆弱。这颗脆弱的心承载不了太多来自家长的负面语言，如果妈妈经常挑女儿的毛病，数落女儿的缺点，孩子就很容易变得自卑、沮丧。这就是说，女孩比男孩更需要赏识和肯定，如果你是一位用心的妈妈，不难发现：女孩越表扬越上进，越批评越下滑。因此，只要女儿有好的表现，妈妈都应该用积极肯定的语言对孩子进行一番赏识。这是帮助女孩子树立自信的重要方式。

育女真经

建议1：小心消极的评语打击了女儿的自信

在生活中，有些妈妈评价女儿时常常不经思考，随口说出一些打击孩子自信的话。比如，当女儿衣服没洗干净时，她们会说："都这么大的人了，连衣服也洗不干净，真没用。"当女儿做错了一道简单的数学题时，她们会说："这么简单的题目都不会做，你笨死了。"久而久之，"没用"、"笨"等消极评语就会在女儿的内心扎下根，影响女儿自信心的建立。

妈妈应该知道，13岁前的女孩自我认识能力不足，她们自信心的建立主要依赖于成人的评价，尤其是父母的评价。因此，父母说她们笨，她们就会真的认为自己笨，父母说她们没用，她们会真的就认为自己没用。所以，妈妈在评价女儿时，一定要注意措辞，不妨换一种说法，比如说："你能自己洗衣服，真能干，如果你下次洗衣服的时候，把衣领子多搓几下，相信会洗得更干净。”这样女儿就在肯定自己的同时也认识到了自己的不足之处，下次就会改正过来。

建议 2：及时给女儿鼓励

自卑的女孩子，往往不切实际地低估自己，只看到自己的缺陷，而看不到自己的长处。自卑的女孩子经常背着沉重的思想包袱，从而丧失前进的动力，这样有可能影响她们的一生。所以，妈妈要经常给孩子鼓励，用欣赏的口吻告诉女儿：“你能行！”

在孩子成长的过程中，会不断遇到困难和挫折。如果陪伴女儿成长的妈妈不给予女儿关爱和鼓励，那女儿还指望谁鼓励她呢？“你真行！”“你真能干！”“不要泄气，再努一把力就会成功！”“我真为你骄傲！”“没关系，失败是成功之母！”……这样的鼓励和安慰，能够帮助女儿一点点地建立起自信心。

妈妈必读

对于成长中的女孩来说，赏识可以使她发现自己的优点和长处，激发她的自信心。对女儿进行赏识教育，可以帮助她扬长避短，克服自卑。赏识教育也是一门学问，妈妈要真正懂得女儿的心理，才能做到有的放矢，给孩子带来真正的帮助！

35 少给女儿一些无谓的关心

不经历风雨怎能见彩虹？没有经历磨练怎能变得坚强从容？不少女孩子见到小虫子就紧张，听到打雷就害怕，摔了一跤就哭鼻子，考了不理想的成绩就不去上学。这些脆弱的表现，一部分原因是妈妈过多的关心造成的。

女儿是用来疼的，这是很多妈妈一贯坚持的育儿原则。既然疼女儿，就要给女儿无微不至的呵护，尽量不要让女儿受到伤害。这就导致了妈妈对女儿过分呵护、宠爱，以至于女儿因为没有经历什么磨练，变得意志力薄弱，变得不堪一击。

4 岁的妙晴和小朋友做游戏时不小心摔倒了，她没有哭泣，准备自己爬起来。正在这时，不远处的妈妈满脸惊慌地跑过来，一把将妙晴抱起，喊道："我的宝贝啊，摔疼了没有啊？"妙晴突然放声大哭起来。

在妈妈没有出现之前，女儿没有哭泣，有自己爬起来的意思。可是当妈妈出现了，把女儿抱起来时，女儿却大哭起来。为什么会这样呢？因为孩子从妈妈的惊慌的脸上和大声的问候中意识到"摔倒是严重的事情"，这样一来，她就会产生失落、沮丧的感受，于是在妈妈的呵护下，撒娇般的大哭起来，以求得到更好的保护。

还有一个小女孩，从小对打雷声特别敏感。每次雷电交加的时候，妈妈都会陪在她的身边，否则她就不敢睡觉。而每次妈妈把她抱在怀里的时候，说得最多的一句话是："别怕，别怕，有妈妈在。"有一次，小女孩在上课的时候听见了雷声，竟然吓得哇哇大哭，而此时这个女孩已经 8 岁了。

不少妈妈对女儿胆小、脆弱的性格感到诧异，质疑女儿为什么那么胆小，那么脆弱，却不知，孩子的这些弱点是她们一手造成的。孩子小时候害怕打雷闪电是很正常的，如果妈妈给她讲讲关于雷电的知识，让她了解雷电并不可怕，孩子就会勇敢起来。当孩子摔倒时，父母表现得坦然一点，不去急着扶起孩子，孩子就会从摔倒的地方爬起来。

妈妈对女儿的过分关心和呵护还表现在：女儿要爬滑梯，妈妈却说："不行，那么高要是摔下来怎么办？"女儿要独自一人上幼儿园，虽然只有很近的一段路，但妈妈却说："不行，路上碰到坏人怎么办？"在这些平常小事上，孩子并不需要那么多呵护，过多的呵护和保护反倒会使孩子畏首畏尾，不敢尝试。而一旦遇到不顺心的事情，就会无法面对。所以，如果你想让女儿变得坚强勇敢，就应该改变对女儿过分关心的做法，要放手让女儿去体验、去尝试，使她通过自己的亲身经历不断积累勇气和胆识。

育女真经

建议 1：学会说“不”，让女儿自己长大

面对孩子力所能及的事情，妈妈要学会拒绝，比如穿衣、叠被、换鞋子等，从小培养女儿的动手能力。这对孩子的智力发展，以及劳动习惯和良好的意志品质的培养大有裨益。孩子虽小，但随年龄的增长，总有一天要独立面对生活、参加工作。为此她必须具备独立生活能力和适应社会的能力，而这两个能力要在 13 岁之前就开始培养。

当女孩子哭泣着要求妈妈帮她做事时，妈妈应该学会果断地拒绝，这不仅不会伤害孩子，反而对她有所帮助甚至会影响孩子的一生的发展。当孩子对你过分依赖或提出不合理的要求时，请放心地说“不”，鼓励引导女儿大胆的去尝试、体验、探索，去领悟生活中的乐趣。

建议 2：尊重女儿克服困难的权利，让她感受挫折

13 岁前的女孩由于年龄小、生活经验少，碰到困难容易气馁，此时妈妈如果总是出面帮女儿解决，久而久之，她就会形成畏难情绪和偷懒心理，从而不愿意面对困难。当她将来必须独立面对困难时，她就会显得柔弱不堪，没有勇气和毅力解决困难。

所以，妈妈应该让女儿知道，人的一生不可能一帆风顺，出现挫折、遭受失败是正常的。俗话说“吃一堑，长一智”，挫折能使孩子从中吸取经验教训，学会分析和处理问题，真正地“长大”。女孩子只有品尝了生活的磨难，才能形成坚强的意志品质和战胜困难的勇气。

妈妈必读

当女儿遇到困难，向妈妈求助时，妈妈不妨表现得“冷漠”一点，给女儿独立面对困难的机会，让孩子认识到自己的能力可以应付所遇情况，从而逐渐克服对父母的依赖心理，锻炼独立和勇敢的性格。

36 适当降低对女儿的期望

期望是一种信任，期望孩子有怎样的表现，是因为家长相信孩子能做得到，否则，就不叫期望，而叫强求。妈妈应该明白这个道理，对孩子的期望一定要切合实际，一定要是孩子经过努力能够达到的。

有的妈妈认为，给女儿制定的目标越高，对孩子的激励作用就越强。殊不知，当孩子发现自己倾尽全力却仍然达不到目标时，很容易怀疑自己的能力，进而产生“我不行”的自卑心理，于是变得悲观起来。长期如此，孩子就容易形成自卑和悲观的性格。

慧英是父母和亲朋好友眼中的好女孩，可以说是人见人夸。一个同学羡慕地说：“我们班的荣誉都让她给承包了。”言外之意一听则明。但是，慧英却没有因为获得这些荣誉而开心，她整天郁郁寡欢，不和同学们玩，而是埋头学习。

原来慧英的父母对她的期望特别高，要求她每次必须考第一。一次慧英考了第一名，但是第二名与她仅差 1 分，爸爸妈妈非常担心，于是千叮万嘱：“你必须加倍地努力，不然别人就超过你了。”慧英表示，她很羡慕班上学习处于中等的同学，他们活得潇洒，而自己活得实在太累了。每天她都如履薄冰，生怕有哪方面做得不够好，让父母和老师不满意。

慧英的妈妈说：“我知道孩子很努力，很辛苦，但我们希望她成为学习中的佼佼者，将来考上清华北大，所以，我们现在才会严格要求她，我们也是为她好啊！”

在爸爸妈妈的期望下，慧英强迫自己努力、努力、再努力！永远争第一！慧英上初三的时候，因精神分裂而休学了。

对孩子期望太高会给孩子增加很多心理压力，一旦孩子达不到目标，就会充满失落和沮丧，从而丧失信心，严重的还会产生心理问题。所以，父母应该适当降低对孩子的期望；否则，不但影响孩子自信乐观的性格的形成，还会影响孩子健康成长。

谈到降低对孩子的期望，有的妈妈可能认为那样会放松对孩子的要求，使孩子变得懒散，没有上进心。其实不是这样的，降低对孩子的要求，是指在考虑孩子现有能力的情况下，给孩子一个适当的期望，这个期望是孩子稍稍经过努力就能达到的。这样的话，孩子每次达到妈妈的期望，妈妈都给予他适当的表扬，孩子的自信心就会逐渐增强。

孙女士和杨女士是同事，有一次，两人聊到了孩子。在得知杨女士对 10 岁的女儿期望特别高之后，孙女士便建议她降低对女儿的期望，但杨女士说："那不行！如果我降低了对她的要求，她会变得不思进取的，将来怎么能考上重点大学呢？考不上重点大学还有出路吗？"

孙女士温和地对她说："降低对孩子的期望，并不是放松对孩子的要求，而是让孩子轻松一点，这样可以取得'退一步，进两步'的效果。"

杨女士觉得好奇，忙问："此话怎讲？"

孙女士说："适当降低对孩子的期望，父母就会发现孩子比自己预想的要好，就会不由自主地赞扬孩子，这样一来，就会激发孩子前进的动力，不断取得好成绩。而孩子取得进步，父母就更加满意，从而进入良性循环。"

杨女士若有所思地点点头，接着又问："可是，要把期望降低到什么程度呢？"

孙女士告诉她："这要看孩子的具体情况，比如孩子现在在班里排第 15 名，你就把期望值定在 20 名上，这不就满意了么？"

杨女士抱着试一试的态度，降低了对女儿的期望，两个月后，她惊喜地发现，女儿的成绩有了明显的进步，而且她脸上的笑容也多了起来，空闲的时候女儿还会哼着流行歌曲，这是以前不曾有过的现象。

妈妈对女儿的期望，就像跳高运动员面前的横杆一样，横杆太高，就很难跳过去，当屡次跳不过去时，自信心就会受到打击，就会不再相信自己的能力。横杆太低，跳得太轻松，就没有挑战性可言，时间长了，还会滋生骄傲的情绪。只有当横杆的高度经过一定的努力能轻松跳过去时，才能受到激励，自信心得到增强。

···· 育女真经 ····

建议 1：拓宽期望面，不要只局限于智能与学业

很多妈妈对女儿的期望，局限于智能与学业，把考多少分，在班里排多少名，作为衡量女儿是否有前途的标准。但事实上，衡量一个孩子是否成功的标准有很多。在很久以前的罗马，有个小学生因为学习成绩不好而郁郁寡欢。父亲为了开导他，特意将其带上罗马一座高高教堂的塔顶。然后让孩子往下瞧，告诉孩子：“通向广场的路不止一条，生活也是一样。假如你发现这条路达不到目的地，那就走另一条路试试！”这是一位聪明、豁达的父亲，他以一种恰如其分的方式，表达了对孩子的期望。你也可以成为这样的家长，学习这位父亲对孩子的宽容和激励方式吧！

建议2：你的期望应与女儿的能力水平及志向爱好相符合

很多妈妈只从自己的好恶出发，一厢情愿地替孩子设计出一条成才之道，形成对孩子的期望。有些妈妈对孩子期望的高低也会出现攀比的心理，但现实是不以人的意志为转移的。如果妈妈对孩子的期望不符合孩子的实际情况，往往会事与愿违。

明智的妈妈在对孩子有所期望的时候，先应评估一下孩子的智能特点、兴趣范围、个性特征。妈妈应该明白，有些行业上的成功，靠的不仅是智力水平，非智力因素也是非常重要的。你应该看看女儿是否具备这些非智力因素，或许你可以通过一定的培养使女儿具备。

建议3：表达适度，激发动机

妈妈对女儿充满期望的同时，还应该将期望转变为激励，促使女儿达到妈妈的期望。很多孩子知道父母对自己的期望，却没有将这种期望转变为行为，这个时候妈妈就应该想办法激发孩子的动机，明确地告诉孩子你对他的期待，希望他达到怎样的水平。但是不能在孩子耳边喋喋不休地唠叨，你可以在一个适宜的时间与场合，与孩子一起探讨一下父母对孩子的期望，其效果远远胜过一日十次的重复。

妈妈必读

望女成凤是很多妈妈的心愿，哪个妈妈不对女儿满怀希望、充满憧憬呢？但是妈妈应考虑女儿的具体情况，尊重女儿成长与成才的规律，让孩子一步一步地走向目标。适度降低对女儿的期望与要求，才能让孩子自信乐观地学习、快快乐乐地成长。

37 给女儿进行正确的挫折教育

每个人在生活中都免不了遇到挫折和失败，女孩子也一样，挫折与失败是她们必经的路途之一。对于妈妈来说，培养女儿面对挫折和失败的勇气，适当地让女儿受点挫折是很有必要的。

美国儿童心理卫生专家指出："有十分幸福童年的人常有不幸的成年。"反过来，我们也可以说，童年的不幸也许会成就成年的幸福。"穷人的孩子早当家"这句谚语道出了一个道理，即不利的生活条件容易磨练一个人的意志品质，挫折能把一个人锻炼得更坚强、更成熟。

方女士准备带她 6 岁的女儿去野外露营。临行前，她对女儿说："你觉得应该带什么东西去野营呢？自己收拾一下行李吧！"

女儿收拾好行李后，方女士检查了一番，发现她带的衣服少了些，还没有带手电筒，但方女士没有指出来。

到了野外，女儿发现带的衣服少了，冷得直哆嗦。方女士就问她："你为什么带少了衣服呢？"

女儿说："我以为野外的天气和城里的天气一样，没想到这里比城里冷多了。下次野营的时候我一定多带几件衣服。"

方女士说："是的，如果你先了解一下这儿的天气，就不会冻着自己了。"

到了晚上，女儿没有手电筒，看着妈妈打着手电在草坪上观察小动物，女儿羡慕极了，她主动对妈妈说："妈妈，我想到带手电筒了，但是在出发时忙来忙去，就把它忘了。"

方女士说："你一定要记住，如果不细心地对待每件事，你就会尝到粗心的苦头。"

女儿说："我明白了，以后我知道该怎么做了——出门之前列个物品单子，这样就不会忘掉东西了。"

"没关系，妈妈把你忘了的东西都带来了。"说完，方女士把东西拿出来，女儿高兴地跳了起来，并亲吻了母亲。

通过一件事情，让女儿尝点苦头，又让女儿明白多个道理，是一个不错的教育方法。年幼的女儿第一次出游，少带了东西，这是很正常的。面对这种情况，母亲没有立即指出来，而是让女儿吃点苦头，从而接受教训，获得经验。

常言道："人非圣贤，孰能无过。"对于不谙世事的孩子来说，妈妈要允许他们有过失，甚至给他们"制造"一些犯错误的机会。日本的很多家长就是这样做的，他们提倡对孩子进行"挫折教育"，从小就培养孩子的吃苦能力，锻炼孩子坚强的意志品质。每到冬天，家长会让孩子少穿衣服在风雪中摸爬滚打，不少孩子嘴唇冻得发紫，浑身发抖，但家长们站在一旁，置之不理。日本还提倡"穷留学之风"，让大城市富裕的孩子到偏远的山区、村寨接受艰苦的生活磨练，以培养孩子吃苦耐劳的精神和坚韧不拔的毅力。

日本家长为何这么重视对孩子进行挫折教育呢？一位日本学者解释说："任何事情都要靠自己的努力去争取，挫折教育能磨练孩子的意志力，孩子在失败中能学会本领，将来他们才能自立自强。"日本家长对孩子进行挫折教育，对中国妈妈培养女孩子很有借鉴意义，在女孩子 13 岁之前，妈妈适当给她们制造一些挫折和困难，让她们接受磨练，孩子就会在挫折中慢慢坚强起来。当她们今后遇到困难时，她们就会勇敢地面对，学会独立解决。

育女真经

建议 1：不要让孩子过分享受安逸

如今，很多独生女家庭，父母把女儿当做"小公主"来养育，什么都为女儿考虑好了，致使女孩子感受不到危机与挫折。这样下去，她们就成了温室里的花朵，变得脆弱而不堪一击。所以，妈妈一定不能过度溺爱女儿，不要让女儿从小生活在安逸的环境中，而要适当地给女儿制造挫折，让女儿接受磨练，以此来锻炼女儿的意志品质。

建议 2：给女儿的挫折教育要适当

妈妈给女儿设置的挫折必须有一定的难度，能让女儿产生挫折感，但又不能太难，否则她无法克服，就容易产生自卑感，不利于女孩子自信心的建立。同时，女孩子每次面临的难题也不宜太多。适度和适量的挫折能使她们感到有挑战性，当她们攻克了一个又一个困难时，她们的自信心、坚强的品质以及独立解决问题的能力自然会得到培养。

妈妈必读

著名诗人泰戈尔曾经说过："只有经历地狱般的磨练，才能练出创造天堂的力量；只有流过血的手指，才能弹出世间的绝唱。" 13 岁之前的女孩正是接受磨砺的最佳时期，做妈妈的应该收起自己的"保护伞"，适当给女儿制造一些挫折，使其在挫折中获得成长。

38 教女儿坦然面对挫折

挫折让孩子哭泣、沮丧、自卑，在女孩看来，挫折是个不好的事物。作为妈妈，应该帮助孩子纠正这种观念，让孩子认识到挫折是朋友，只要坦然地面对，就能从中获得成长和进步。

挫折是好还是坏，关键在于怎么看。如果把挫折当成朋友，那么它会帮助孩子成长和进步；如果把挫折当成敌人，那么它就给孩子的成长和进步制造了阻碍。身为母亲，当你发现女儿在遭遇挫折后沮丧、失落时，有必要告诉孩子："挫折没有什么可怕的，只要你坦然面对，你就能变得更坚强、更成熟。"

黛安娜·罗斯 8 岁的时候，有一天，她从学校哭着回家。当时她满脸通红，她告诉母亲，有个男孩打了她一个耳光，她尽力躲避，但是没有躲开。母亲抚摸着她通红的脸，问她："他们为什么要打你？"

她回答："我没得罪他们，他们就是叫我'黑鬼'，然后就打了我。"

母亲的脸色突然变得非常冷峻，显然她非常生气："你以后永远不要让别人叫你黑鬼并且打你。嘿，听着，我要你反抗和斗争，为你应该拥有的一切而斗争。"

一个星期后，在学校里，仍然有一些小坏蛋跟黛安娜·罗斯过不去，骂她骂得非常难听，然后就笑着跑了。她知道，他们就是希望她不痛快，但是她没有哭泣。

从那时起，她做出了一个决定，她要反击那些欺负她的人，正如母亲所说的那样，她一定会获胜。她一定不会再让自己难堪了。对她来说，至关重要的是，面对他人的不公正的待遇时她不再躲避，而是懂得要自强、要反击。

这应该算是她人生中的一个重大转折点。

黛安娜·罗斯正是在母亲的教导下，直面成长道路上的挫折，才成为日后的传奇歌手，如果当初她在众同学的欺负下退缩了。很难想象日后她会是一个什么样的人。

遭遇挫折并不可怕，可怕的是一个人从此失去了重新站起来的勇气。因此，妈妈要注重教育孩子坦然面对挫折，这样才能在突然遭遇厄运时迅速调整自己的心态，去从容面对，而不是"钻牛角尖"，走"死胡同"。

一个从小生活在妈妈的呵护下的女孩，当她进入社会后就会像失去羽翼的小鸟，无法展翅高飞，一点点挫折和打击都会让她措手不及，成为致命的伤害。在这个充满竞争压力的社会，妈妈很有必要在女儿13岁之前，让她拥有坦然面对挫折的心态，这样她才有可能顺利适应将来的生活。

育女真经

建议1：让女儿适当受一点批评

现在很多家长都崇尚赏识教育，使女儿成长在甜言蜜语般的夸奖中。当然，夸奖是必需的，但应该适度，批评也是必须的，因为批评可以让孩子更好地意识到自己的不足。在日常生活中，让女儿适当受点批评，适时往女儿头上泼盆冷水，有助于女儿及时认识错误，清醒头脑，积极改正。

建议2：培养女儿面对挫折的积极态度

要让女儿知道在其成长的过程中，要经历的挫折很多，诸如：和伙伴相处时发生小冲突，跑步没有别人快，甚至没有像别人一样受到老师的表扬等等这些，都会让人心里很不舒服，觉得自尊心受到损伤。但这一切是不能回避的，告诉女儿不能因为和同伴发生冲突便不再和别人玩，不能因为跑步跑不过人家就不跑了，更不能因为没得到老师的表扬就不上幼儿园。要让女儿明白，只有学会正确面对挫折，面对生活中的不开心，从失败中吸取教训，从挫折中总结经验，才可能获得成功。

建议3：引导女儿变挫折为动力

当女儿在生活中遭遇挫折时，如果没有进行恰到好处的引导，这样对她的发展也是不利的。因为，女孩子是比较敏感的，当她在经历挫折时，常会产生消极心理和抵触情绪，所以妈妈应引导女儿分析受挫折的原因，从中汲取教训，并想办法克服困难。

当她克服了困难时，妈妈应及时地给予鼓励和肯定。这样，她就能体验到成功的喜悦，增强克服困难的信心。如果女儿不能独自克服困难，妈妈应给予适当的安慰，帮助她分析受挫折的原因，鼓励她主动对待挫折，使之在挫折的锻炼中造就自己坚强的性格，那么，她的能力便会随着这些经验的积累而逐步提高。

妈妈必读

挫折是人生不可缺少的组成部分，妈妈要帮女儿树立正确的面对困难的态度，培养女儿战胜困难的勇气和信心，使女儿在困难面前不逃避、不抱怨，以坦然、积极乐观的态度微笑着面对。

39 鼓励女儿自己拿主意

尊重女儿应该体现在日常生活的小事上，小至出门穿什么、吃什么，大至以后主修什么科目、选择什么行业，家务的分配及压岁钱、零用钱的分配等都由孩子自己拿主意。但许多妈妈不放心，常在中途插手接管，反而弄巧成拙，不妨在一旁协助，为女儿作澄清或分析的工作，女儿会感激不尽的。

关于女儿的很多事情，妈妈都应该把决定权交还给孩子。不要认为女儿小，就代替她做决定，那样对培养女儿的自主性是不利的。如果女孩子没有主见，而是一味听从父母的安排和命令，她的独立性和自信心也就丢失了。

美华在小学三年级之前，一切关于她的事情都由妈妈包办。在学校里，老师说什么，她就做什么；同学讲什么，她就信什么。

为了改变女儿的盲从和依赖心理，妈妈为她创造了很多锻炼的机会。比如，买衣服的时候，妈妈让美华选择自己喜欢的款式、颜色的衣服；买书包时，无论是米奇卡通公主系列的，还是史努比减负系列，都由美华自己决定；买文具、课外书等也是这样。

开始时，美华有些不适应，动不动就问妈妈哪一种更好，妈妈就对她说："你自己决定吧，你觉得哪个好就选哪个。"

就这样，从买东西开始，美华渐渐有了自己的主意。后来，当妈妈和她有不同的想法时，她会对妈妈说："妈妈，我认为我选的这个样式比较好，因为……"简直像个小专家一样，将自己你的想法解释得头头是道。

如果你想让女儿成为一个优秀的人，就不能忽视培养她的独立性。一个孩子想要独立，首先必须思想独立，即有独立的想法，有自己的主意，懂得自己做决定。对此妈妈可以给女儿创造一些做主的机会，比如，在不影响孩子饮食均衡的情况下，妈妈可以让女儿自己选择吃什么。不必强迫孩子今天吃苹果，明天吃香蕉，完全可以让孩子自己挑选。当周末来临时，妈妈可以问女儿："周末你有什么打算啊？准备怎么玩啊？"鼓励女儿自己做规划、做决定。

一个真正具有独立想法的孩子，既懂得自己拿主意、做决定，还懂得在不同意他人意见的时候果断地拒绝。这就是遇事不盲目的主要表现，如果你的女儿懂得说"不"，说明她是一个有独立想法的人，这样她才不会轻易受到别人的影响而改变自己的想法。在日常生活中，鼓励孩子说出自己的想法，敢于对别人说"不"，对培养孩子独立自主的品质有重要的意义。

育女真经

建议 1：尊重孩子的自我意识

自我意识强的女孩子，往往喜欢独自钻研、探索，而对父母的一些强制性做法，表现出极强的反抗，不愿意按照大人的旨意去做事。如果妈妈事事都强制孩子按大人的意愿去做，就会压制孩子的主观能动性，从而导致孩子胆小怕事，不善于创新，当然更无法自强自立。

建议 2：不要强迫孩子做事情

每个父母都希望儿女成才，年轻的父母更是望子成龙心切。在女儿的智力投资上不惜一切，有的父母强迫孩子们学画画、学写字、学弹琴，还硬性规定孩子每天必须画几小时、写几小时的字或弹几小时的琴。一个三四岁、五六岁或七八岁的孩子正是对外界一切都感到新奇，是最贪玩的时候，如果父母强迫孩子做他们不喜欢做的事情，孩子怎么会快乐呢？而且经常强迫孩子，会使孩子变得没有自己的想法，即使有自己的想法，也没有勇气表达出来。

建议 3：尊重孩子自己的决定

妈妈对女儿的尊重，体现在给女儿发表意见的机会，并支持孩子合理的决定上。这种做法并不仅仅意味着支持孩子的一个决定，它同时还传达给孩子这样的信息：你有决定自己的事情的权力，只要你的决定是合理的，我们就会支持你。这样就会使孩子感到妈妈的信任，自信心就会得到鼓舞，独立性也会得到锻炼。

妈妈必读

妈妈要充分尊重女儿，把她看做是独立的个体，让她充分体验独立的感觉。只有这样，女孩的自尊心和自信心才会得到充分的发展，成为一个有较强独立意识的人。

40 让女儿做自己该做的事

为了培养女儿的独立能力，妈妈要相信自己的女儿，放手让她去去尝试、去体验、去做自己该做的事情，这样才能让女儿摆脱依赖心理，使她对自己充满信心。这样女儿在长大成人后才能把握住自己的命运之舟。

“妈妈，快点把我的书包收拾好，不然我就要迟到了。”

“好的，妈妈马上就收拾，你别着急。”

“妈妈，我今天弄了一点墨汁到新裙子上，怎么办？”

“哦，等做完晚饭，我就帮你清洗干净。”

“奶奶，我想吃苹果。”

“好的，乖乖，你坐着别动，我去洗一下，削完皮后再给你。”

“爷爷，我想喝可乐。”

“哦，冰箱里已经没有了。你等一下，我到楼下去买。”

“爸爸，这道题我不会做。”

“别着急，爸爸来帮你做。”

“爸爸，我们老师布置了一篇科普方面的作文，主要是写航空航天方面的，可我一点也不会呀！”

“没关系，这难不倒爸爸。我上网查些资料，然后整理好给你，不就是一篇作文吗？”

“爸爸，我们学校组织夏令营，去内蒙古草原，我想去。”

“没关系，去吧。我和你妈妈这段时间挺忙，没时间去照顾你。不过，我会让你小姑陪你的，她刚好有假。”

……

以上这一幕幕经常在我们的生活中出现。被娇生惯养的独生女动不动就把父母或爷爷奶奶“指挥”得团团转，如果哪方面没有“伺候”到位，不是哭就是闹，再不然就是以不上学相要挟。面对这种现状，许多妈妈惊呼：女儿怎么啦？什么时候才能“断奶”呀？然而，其实造成孩子不能独立的原因，主要是家长的包办代替和过分呵护，使得孩子没有自己的事情自己做的意识，这样独立能力就没有机会得到锻炼。

梦琪的爸爸妈妈平常工作都很忙，没有时间照顾她，就把7岁的梦琪送到了爷爷奶奶家，并在那里上学。

一次，妈妈利用出差的机会去看望梦琪，发现梦琪放学后进门时空着手，书包在接她的爷爷背上。进门后没有换鞋就往沙发上一坐，爷爷赶忙为她拿来拖鞋，蹲在地上为她换鞋，奶奶从冰箱里拿来雪糕递到她手上，梦琪悠然自得地享受着这一切。

“梦琪，你怎么不自己背书包，自己换鞋，自己拿雪糕呢？怎么能够让爷爷奶奶侍候你呢？”妈妈问。

“怎么啦，是爷爷奶奶自愿的。”

听了梦琪的话后，妈妈明白了怎么回事。晚上等梦琪睡了后，梦琪的妈妈和两位老人家进行了沟通，请他们以后不要做梦琪应该做的事情，而要让她自己去做。两位老人在梦琪妈妈耐心的说服下，意识到自己全方位为孩子服务对孩子成长不利，于是，从那以后他们不再为梦琪代劳了。

一开始，梦琪非常不适应，经常哭闹、撒娇，但爷爷奶奶坚持不帮忙，梦琪只好自己动手，比如收拾书包、自己背书包、自己倒水、自己换拖鞋等等。一段时间以后，梦琪克服了依赖心理，学会了自己的事情自己做，而且觉得这样也挺好的。

事实证明，家长长期把女儿置于自己的保护之下，为女儿包办代替一切是不明智的，这就好比把孩子放在浅水池里，一刻也不松手地托着、护着，这样的孩子是永远也学不会游泳的。只有放手让女儿去做自己的事情，才能培养女儿的自立精神。有了独立的意识，孩子在遇到困难时，才不会一味地等父母帮忙，才会积极思考解决问题的办法。

···· 育女真经 ····

建议1：免去孩子的各种“特权”

爱默生说：“坐在舒适软垫上的人容易睡去。”那么，妈妈为什么不“撤掉”孩子座椅上的软垫，让他坐硬木椅子或站着呢？或许这样孩子就有可能为了让自己坐得舒服点而去行动，去发挥自助自立的精神，不再依靠任何人。当父母逐一免去孩子的各种特权时，孩子明白自己没有“靠山”、没有“后路”后，就会自动抛弃心里的那根“拐杖”而独立行走。梦琪的妈妈就是这样做的。

建议 2：对孩子独立的表现表示肯定

当女儿不用吩咐就主动地做一些适合她那个年龄阶段的事情时，妈妈要及时肯定和表扬她；当女儿主动提出要做某一事情时，在有安全保障的前提下，妈妈要支持。如果在做事的过程中，孩子确实遇到了难以克服的困难，妈妈可以适当地进行指导或帮助，但切忌说“算了吧，还是让我来做”或“我早就知道你会干不好的，以后就别再逞能了”之类的话；否则，孩子会感到很受打击，从而对自己失去信心，以后遇事就不再愿意积极去尝试了。

妈妈必读

对女儿自立能力的培养，是把她从一个无行为能力的小孩，培养成一个能自食其力的劳动者的过程。让女儿从小养成自立的品格，比多认几个字、多会几道算术题重要得多，因为这将会影响到女儿的一生。

41 鼓励女儿参与家庭事务

妈妈经常和女儿谈论家里的事情；父母讨论家庭事务时，把女儿叫过来一起商量，听听女儿的意见。这样做，能培养女儿的主人翁精神，影响孩子积极地去做家务，渐渐地孩子的独立性就得到了培养。

一个没有家庭观念的孩子，是不会主动去做家务的，她的动手能力和独立性也就得不到锻炼。因此，想让孩子积极做家务，就有必要培养孩子的主人翁精神和参与意识。

爸爸妈妈商量新房子装修的问题时，特意把8岁的女儿茉莉叫过来，问她：

“女儿，你想把房间的墙壁涂成什么颜色呢？”

“你想把书柜和床摆在哪个位置呢？”

“你认为什么款式的沙发比较好呢？”

对于这些问题，茉莉总是积极地发表意见。虽然有些意见显得幼稚可笑，但爸爸妈妈一点都不嫌弃，对于那些比较合理的意见，爸爸妈妈会采纳，还肯定她的想法。

通过装修房子这件事，茉莉感到爸爸妈妈对她特别重视，因此很受鼓舞，自信心也增强了许多。从那以后，茉莉在家里显得活跃了许多，她做完作业后积极地打扫卫生、收拾房间、帮妈妈洗碗，变得越来越独立、越来越懂事。

给女儿参与家庭事务的机会，是尊重孩子的表现，能让女儿感到父母对她的信任和肯定。这会增强孩子的自信心，激发孩子的家庭责任意识，从而使她积极地承担家务活动。

值得妈妈注意的是，孩子思想不成熟，考虑问题不全面，提出的想法有时候非常幼稚可笑，对此妈妈不应该当面嘲笑孩子、否定孩子，而应该用赏识的心态对待孩子的意见，不管孩子的意见是否可取，妈妈首先要对孩子积极思考的精神表示肯定。对于孩子提出的科学性的建议，妈妈千万不要吝啬表扬，应该当场表扬孩子，这样可以激励孩子更加积极地去思考。

社会心理学家约翰·迪法兰和尼克·史汀曾询问过100名学龄儿童：“你认为怎么样才算是一个快乐的家庭？”孩子们给出的答案不是金钱，也不是大房子，更不是大屏幕的电视机，给出最多的答案是：与家人一起做一些事。由此可见，让孩子参与到家庭事务中，会让孩子感到非常快乐。

看看那些生活条件比较艰苦的孩子，他们从小就参与到家庭的事情中，与父母共同承担家庭责任，家庭责任感和独立解决问题的能力都得到了锻炼。现在普通家庭的生活水平直线上升，水准越来越高，孩子参与家庭事务的义务也解除了。女孩子不需要为家庭的温饱问题担心，不需要为家务活操心。当她们想尝试一下家务劳动，妈妈会说：“别管闲事，好好读书就行了。”这样孩子的责任感、独立意识就逐渐淡漠了。

妈妈应该明白，让女儿参与家庭事务，可以锻炼她的生活能力，有助于培养她的自信心。还能提升孩子的思考能力和决策能力，为孩子提供的参与机会越多，孩子就会在参与的过程中得到更多的锻炼，变得更独立。因此，在女儿 13 岁之前，鼓励孩子参与到家庭事务非常重要。

····· 育女真经 ·····

建议 1：家庭中的事情与孩子共同商定

妈妈在繁忙的工作、家务中，应挤出时间陪女儿听故事、打球、做游戏、放风筝等。在处理家政，尤其是有关孩子自己的事情时，妈妈应与女儿讨论，征求女儿的意见，或直接由女儿决定。鼓励女儿为家里做一些力所能及的事情，比如扫地、叠衣服、择菜、取牛奶、倒垃圾、盛饭等。有关孩子和家庭的一些事情，妈妈可以和孩子共同商定，这样可以培养孩子的参与意识和独立性。

建议 2：让孩子充当一些有意义的角色

无论在家庭还是学校，都要想办法让女孩充当一些有意义的角色，使她感到自己的行为对集体所产生的重要性，同时也培养他们战胜自己的弱点，增强自信心和独立的能力。在日本，从幼儿园开始，孩子们就轮流担任老师的助手，帮助老师组织各种活动，以锻炼他们的能力，孩子们参与的积极性非常高。

同样的道理，妈妈在家里可以让女儿成为自己的小帮手，比如洗菜的时候，收拾碗筷的时候、整理家务、打扫卫生的时候，都可以让女儿一起参加，母女一起劳动，既锻炼孩子的动手能力，还可以培养亲子感情，可谓一举两得。

妈妈必读

在家里，妈妈不让女儿参与家庭事务，其实是给女儿“温柔一刀”，会让女儿觉得自己是个局外人，自己很无能。相反，让女儿在家庭中充当一个有意义的角色，不仅可以锻炼她的动手能力，还能让她感到自己的行为对家庭的重要性，从而增强她的责任感和自信心。

第五章

13 岁前，培养兴趣广泛的博雅女孩

兴趣是最好的老师，在 13 岁之前，让孩子拥有自己真正感兴趣的事情，对她来说是一件幸运的事情。兴趣是学习和做事的动力，一个兴趣广泛的女孩，才会成为一个优秀的多面手，才会充满学习的热情和进取的动力，最终成为一个渊博而高雅的人。

42 培养女孩的多种兴趣爱好

日本教育家木村久一说过："天才，就是强烈的兴趣和顽强的入迷。"想让女孩子成为优秀的人，就应该在她13岁之前，培养她的多种兴趣爱好。

广泛的兴趣、爱好，对女孩的一生有巨大的影响。当女孩子有自己的兴趣，并以此为乐的时候，她就会表现出极大的热情和学习欲望，在以后的日子里她才不会因为一无所好而觉得无聊。

培养女孩的多种兴趣爱好，妈妈就要有包容的心态，不要轻易以自己的喜好来否定孩子的兴趣。如果只是按照自己的想法和喜好来评价女儿的兴趣，为女儿安排未来发展的道路，就很容易逼走孩子真正的兴趣。

有个小女孩，偶然发现蚯蚓断成两半后，两半都在蠕动。她感到特别好奇，就把断了的蚯蚓分别放在两个有土的瓶子里，想观察一下断了的蚯蚓还能不能活。妈妈见了很生气，说："一个女孩子，摆弄什么泥巴，没出息！"随后，妈妈把两个瓶子扔出了门外。

当女儿对新事物萌发兴趣时，妈妈却以"小女孩应该干干净净，做点小女孩该做的事"为由，强制阻止了孩子的观察、探索行为。她或许想象不到，这一骂、这一扔，有可能就埋没了一位女生物学家。

其实妈妈不但不能阻止女儿对新鲜事物的好奇，还应该努力培养女儿对新事物的好奇，因为好奇心的背后，是兴趣的萌发，只要你用心引导孩子，孩子就会产生强烈的学习兴趣。

爱因斯坦曾经说过："兴趣是最好的老师。"当孩子对某一事物产生兴趣时，他就会积极地去探索、去研究这个事物。研究得越深，就有越多的发现。坚持下去，就可能取得了不起的成就。

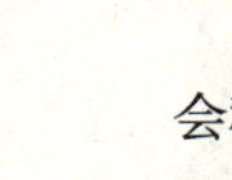

育女真经

建议 1：利用成就满足法培养女孩的兴趣

有种比较有效的兴趣培养法，叫“成就满足法”。这种方法并非给孩子施加压力，让孩子去频繁参加比赛以求获得成功，而是指在日常家庭或小圈子里，让孩子的兴趣得到有成效的体现，满足孩子对特长的成就感，从而激发孩子对兴趣的学习热情。

比如，如果你的女儿对钢琴非常感兴趣，你不妨让她经常在家人面前弹奏曲子，等她弹完，大家给予热烈的掌声和积极的肯定。特别是当亲朋好友来家拜访时，你让孩子在客人面前表现一下，在得到客人表扬后，孩子一定会更加兴奋，对发展自己的兴趣会更加有热情。

又比如，如果你的女儿对中国象棋很感兴趣，你可以经常和她对弈，让孩子经过一定的努力后获得比赛的胜利，鼓励孩子通过不断努力提升与不同家庭成员对弈的水平，让孩子逐步体会到下棋带来的快乐和成就感，从而有效激发并保持孩子学棋的兴趣与积极性。

建议 2：利用情景刺激法培养女孩的兴趣

如果你希望培养女儿某种兴趣，而女儿对这个兴趣有明显的排斥，这时候你绝对不能强迫她继续去学习，而应该暂时冻结她对该兴趣的学习。但是在冻结期间，你可以适当地在孩子面前提到：某某小朋友对该种兴趣多么浓厚，进步如何快，活动如何丰富，学得如何快乐，以此来刺激女儿对该种兴趣的学习。通过类似的情景回忆与刺激，再辅之正面的激励，就可以让女儿重新找回对该种兴趣的学习热情和信心。

建议 3：利用正面激励法培养女孩的兴趣

在培养孩子的兴趣时，孩子可能一开始挺有学习热情的，但过了一段时间，兴趣就大减，这时候该怎么办呢？很多妈妈总是抱怨孩子兴趣变得太快，其实真正该做的是，在孩子兴趣下降的时候，及时激励孩子，帮助孩子找回热情与信心。妈妈可以运用正面事例的激励来鼓励女儿保持长久的学习兴趣与热情。

妈妈必读

作为妈妈，不能只欣赏女儿的兴趣，还要善于发现并努力培养女儿的兴趣。而且不管你的女儿的兴趣是什么，只要这个兴趣不是干坏事，你就有理由支持女儿，鼓励她将兴趣发展成一种能力。

43 尊重并支持女儿的兴趣

兴趣是学习的动力，一旦孩子对某件事物产生了兴趣，强烈的求知欲就会进一步促使孩子主动地学习，取得事半功倍的效果。当你发现女儿有了某种兴趣时，首先要做的是尊重女儿的兴趣爱好，其次就是支持她追求兴趣。

一个没有兴趣的人，只能为了生存而复制这个世界，而不会创造出神话。想让女孩在快乐中成长，在成长中快乐，妈妈一定要先尊重孩子的兴趣，别一不小心扼杀了孩子的天赋。

慧颖从幼儿园回来，低着头，一脸的不高兴，妈妈拉住她的手问究竟。慧颖说："上课的时候，老师让小朋友们说出自己最崇拜的人。我说我最崇拜的人是动画片里的奥特曼。但老师没有表扬我，小朋友都笑话我，我很难过。"

慧颖喜欢奥特曼妈妈是知道的，她的衣服、鞋子、书包，甚至文具盒上都有奥特曼的图案。慧颖经常看奥特曼动画片，每当她看到奥特曼打败怪兽时，就很兴奋，说长大了要像奥特曼一样厉害，也要去打败怪兽。

妈妈安慰她："女儿，妈妈支持你崇拜奥特曼，每个人都有自己崇拜的人，但不一定都要崇拜伟大的人，只要那个人身上有值得你学习的地方，你就可以崇拜。奥特曼正直、勇敢，敢于和坏蛋做斗争，这是你应该学习的。妈妈为你感到高兴……"

听了妈妈的一番话，慧颖脸上洋溢出笑容。

身为妈妈，要知道孩子的兴趣往往带有浓厚的个人色彩，他们的兴趣很单纯。不管他们喜欢绘画，还是喜欢音乐，或者喜欢奥特曼，父母都应该尊重孩子的兴趣和爱好。兴趣是没有好坏之分的，所谓的好坏只是家长个人的看法。任何一个方面的兴趣和爱好如果引导得当，都可以带来良好的效果。例如，慧颖最崇拜的人是奥特曼，可是妈妈没有嘲笑她，而是鼓励她向勇敢的奥特曼学习。每当慧颖在学习中遇到了困难，妈妈就对她说："奥特曼遇到困难绝不会放弃。"这样就可以鼓励慧颖继续努力思考，解决难题。

当然，尊重并不是完全放手不管，而是在尊重孩子兴趣的基础上，支持孩子、引导孩子和教育孩子。在这一点上，妈妈可以借鉴一下著名的国际象棋大师谢军的母亲的做法。

小时候，谢军对国际象棋产生了兴趣。后来她面临着一个两难选择：要么去棋队，要么继续上学放弃下棋。她想上学更想去下棋，因为她明白只要自己往棋盘前一坐，就会无比的畅快、兴奋。而妈妈，这位毕业于清华大学自控系的电子工程师，既不想让女儿断送学业，也不想限制女儿兴趣的发展。

于是，妈妈和谢军进行了一次郑重的交谈，那时谢军才12岁。妈妈问谢军："你很喜欢下棋，对吗？"妈妈当时特别严肃，严肃得让小谢军有点儿害怕，但她依然点点头。"那好，不过你要记住，下棋这条路是你自己选择的，既然你选择了下棋，今后，就要对自己的选择负责任！"之后谢军走上了国际象棋这条路，并取得了了不起的成绩。

试想，如果当年妈妈强迫小谢军放弃下棋，硬逼她读书，压制她对国际象棋的爱好，那么，我国也许就少了一位出色的棋手。不可否认，谢军的成功，与母亲的明智是分不开的。

作为妈妈，应该支持女儿对她感兴趣的东西进行学习、探索和研究，而不是粗暴地干涉。如果你的女儿对音乐有兴趣，你却强迫她学习法律；如果你的女儿喜欢画画，你却强迫她学习计算机……这就很容易使孩子对那些不感兴趣的东西，没心情学，学不好，而且自身的潜力也会被埋没。

···· 育女真经 ····

建议 1：明确对女儿兴趣的支持态度

当你发现孩子的某种兴趣后，不妨明确地表示："女儿，你有某某方面的兴趣，妈妈非常高兴，希望你热爱它、发展它，希望你快乐地追求这个兴趣。"这种支持性的言语是对女儿兴趣的最好尊重和鼓励。当孩子得知了妈妈的态度，就不会有所顾忌和担忧，就会放开手脚去追求自己的兴趣。

比如，一个女孩喜欢画画，只要看到白纸就在上面涂鸦，甚至有时候忍不住在墙壁上画画，这时候妈妈能明显看出来孩子对画画很感兴趣，那么就不妨告诉女儿："你对画画感兴趣妈妈很开心，希望你继续对画画投入热情，妈妈想说的是，你可以在白纸上随便画，但不要在墙壁上画。因为那样会弄脏墙壁。"相信当你对女儿说了这番话后，孩子会更加开心地画画。

建议 2：用行动支持女儿的兴趣爱好

支持女儿的兴趣爱好，并不能只停留在口头上，总是说"我支持你，我支持你"，却没有丝毫的行动表示，那是没有意义的。毕竟追求兴趣需要一定的物质条件，比如孩子喜欢画画，如果妈妈对孩子说"我支持你"，却不给孩子买画笔和画纸，这又谈何支持呢？如果孩子喜欢弹琴，妈妈却不给孩子买琴，孩子的兴趣怎么能得到发展呢？

明智的妈妈应该做到不仅在嘴上支持孩子，还应该在行动上支持孩子。如果女儿喜欢扑蝴蝶，明智的妈妈会给女儿准备一只扑蝶网，和她一起到大自然去抓蝴蝶，并趁此机会教她一些有关蝴蝶或其他昆虫的知识。回家之后，妈妈可以教女儿把蝴蝶制成标本，然后和女儿一起对标本进行分类、存档。有机会的话，还可以给女儿提供一些图文并茂的有关蝴蝶的书籍。在这种支持下，没准儿孩子将来就会成为一位昆虫学家。

妈妈必读

兴趣，是一个人走向成功的钥匙。一个人在自己不感兴趣的事情上，是很难取得成绩的。只有在自己感兴趣的事情上才会充满热情，才会全身心地投入，才会勇于克服所遇到的困难。因此，妈妈要尊重并支持女儿追求兴趣、发展兴趣。

44 创造有利于兴趣培养的环境

贫瘠的土地难以长出好庄稼，不良的家庭环境不利于孩子兴趣的培养。古人云："近朱者赤、近墨者黑。"良好的家庭环境是孩子兴趣发展的沃土，这一点对 13 岁前的女孩的影响非常大。

只有肥沃的土壤才能长出好庄稼，只有良好的家庭环境才更有利于孩子兴趣的培养。因此，妈妈应该为女儿创造有利于她兴趣养成的环境，使孩子从小就成长在一个喜爱学习、便于学习的环境当中，这样天长日久、耳濡目染，孩子自然而然就会产生学习的兴趣。

嘉玉 3 岁的时候，妈妈就给她买了很多连环画；4 岁的时候，妈妈又给她买了一些童话书，之后还买了寓言、科幻小说等书。嘉玉家不但书多，而且爸爸和妈妈也喜欢读书。嘉玉从小就生长在这样一个书的世界里，自然而然就对阅读产生了浓厚的兴趣。不管是图画书，还是纯文字的书，只要嘉玉看到书，她就会拿起来认真地翻阅。

父母是孩子最好的老师，这句话一点都不假，在嘉玉身上，我们看到了父母对她的影响。因为父母有看书的习惯，加之父母为她创造了一个浓厚的书香氛围，使得她耳濡目染，自然而然地对阅读产生了兴趣。

父母是家庭环境的一部分，是家庭环境中的人文景观，他们与家庭中的实物景观密切结合，共同营造了一种家庭氛围。有些父母喜欢打牌，一有空就在家里打牌，孩子从小就看着爸爸妈妈搓麻将、打扑克牌，久而久之，也就对这类娱乐活动产生了兴趣，长大后很容易变得像他的父母一样。可见，环境对孩子的影响有多大。如果你想让女儿形成良好的兴趣，就应该重视为她营造一个相应的环境氛围。

日本教育家铃木曾表示，如果你希望孩子将来能对拉小提琴产生兴趣，就应当在孩子小的时候，有意识地让孩子多听著名的交响乐、唱片，经常带孩子去看别人拉小提琴，使孩子渐渐地对音乐产生兴趣，产生自己也想拉小提琴的愿望。等孩子稍大一点，你可以给孩子买个小提琴，请专业的老师给他一些指导和帮助，再加上孩子的练习，必然能取得很好的效果。先给孩子创造形成某种兴趣的条件和环境，使孩子有了兴趣，再让孩子接触这方面，的确是培养孩子的最佳途径。

育女真经

建议1：发挥父母的引导作用

父母的表现就是一道独特的风景，父母爱笑、热情，女儿从小受到影响，也很容易养成乐观的性格。父母喜欢唱歌，经常哼唱小曲，女儿从小受到影响，慢慢地就对音乐产生了兴趣。父母爱上网打游戏，女儿从懂事的那天起，就看到父母坐在电脑前面打游戏，孩子自然而然会对网络游戏产生好奇。

很多妈妈知道看书、微笑是好习惯，知道打牌、玩网游是坏习惯。她们希望自己的女儿养成好习惯，不希望女儿养成坏习惯，却忘了自己的榜样作用。正所谓身教重于言传，妈妈的表现对孩子的教育意义和不良影响也是最大的。因此，妈妈应该做到以身作则，才能帮助孩子形成良好的兴趣追求。

建议 2：在家里布置一些实体物品

如果你想培养孩子对写作的兴趣，不妨在家里放一些类似于《读者》、《小故事大道理》的书籍。你可以不将这些书整齐地摆在书柜里，而是分散开来，放在家里的不同角落里。要知道，小孩子是非常好奇的，当他们不小心找出了角落里的书时，就会带着强烈的好奇心去翻阅，当他们发现书里的内容不错时，就会继续读下去，从而从书中受到了积极的影响和启迪，慢慢就对这类书籍产生了兴趣。久而久之，在写作方面就不再犯难了。

妈妈必读

妈妈应该明白，家庭环境主要由两部分因素组成，第一是父母的表现，第二是家庭内部的实物环境，两者结合在一起就形成了家庭氛围。想让家庭环境对孩子的兴趣培养有利，就需要从这些方面努力。

45 利用好奇心培养女儿的兴趣

好奇心人皆有之，13 岁前的女孩的好奇心更是非常强烈，这种好奇心是她们了解新知识、学习新技能的驱动力，因此，妈妈可以充分利用女孩子的好奇心来培养她们的兴趣。

伟大的物理学家爱因斯坦曾对传记作家塞利希说："我没有什么特别的才能，不过喜欢寻根刨底地追究问题罢了。"可见，是爱因斯坦对于不解的问题的强烈好奇心，促使了他怀着浓烈的兴趣去探知物理世界的。

牛顿对树上掉下的一个苹果十分好奇，继而产生了研究的兴趣，最后发现了万有引力；瓦特对烧水壶上冒出的蒸汽十分好奇，继而产生了研究的兴趣，最后发明了蒸汽机；伽利略对摇摆不定的吊灯十分好奇，继而产生了研究的兴趣，最后发现了单摆。还有那神奇的潘多拉盒子，之所以那么有吸引力，就是因为宙斯说不能打开，反而勾起了人们的好奇心……

无数事实证明，是好奇心促使人们对未知的世界产生了兴趣，从而有了前所未有的发现，促进了人类的进步。没有哪个孩子没有好奇心，13岁前的女孩子更是有着强烈的好奇心。当她们对某些东西表现出好奇心时，正是妈妈培养她们这方面兴趣的最佳时机。

静秀是某市的十佳少先队员。别看这个小姑娘文文静静的，但是她对新鲜事物有着强烈的好奇心。小时候，静秀拿到什么玩具就想拆开看看。静秀的妈妈非常明智，从来没有责怪她，只是说："你怎么拆开的，就怎么再装上。"

在妈妈的支持下，静秀每次玩玩具的时候就特别小心，把拆开的零件按顺序放好，琢磨完后再重新组装起来。就这样拆了装，装了再拆，从中发现了玩具小汽车的制造"秘密"。

后来妈妈特意收集了一些旧电器，给静秀当做实验的材料。每次静秀都会兴奋地将旧电器拆开，然后想办法找出电器不能使用的原因，把坏的部分修好。

有时候静秀会遇到难题，妈妈也看在眼里，急在心里。于是妈妈给静秀买了相关的电器修理的书籍，静秀如获至宝。认真阅读后，静秀学到了很多电器修理知识。静秀的修理技术越来越好，邻居家有电器出问题了，静秀都会积极帮忙，深得左邻右舍的好评。

生活中，有的女孩喜欢拆东西，喜欢不停地问为什么，如果妈妈没有了解这是孩子的好奇心使然，就很容易将孩子的行为看做淘气、捣乱的表现，就有可能采取批评和冷漠的态度对待，这样一来就会扼杀孩子的兴趣，挫伤他们求知的积极性。

有些妈妈经常说："孩子提问，别去理他，问来问去，烦死人了……"殊不知，爱提问是孩子强烈求知欲望和探索精神的表现。如果妈妈懂得抓住孩子的好奇心，引导孩子对相关事物产生更大的兴趣，那么妈妈就不会对孩子感到厌烦，而是为孩子兴趣的发展感到高兴。

····育女真经····

建议1：引导孩子观察新事物

好奇是儿童的天性，有了好奇，就有了探索未知事物的强烈欲望，这本来就是对未知事物的一种兴趣。妈妈在发现女儿对某种事物产生兴趣后，应该加以引导，使孩子的兴趣越来越浓。有一对母女，母亲每天都要带着女儿到外面散步。这种散步，不是简单的走走，而是一边和女儿说话，一边教育女儿。当妈妈发现女儿对路边的野花产生好奇时，就会向女儿讲解野花的生长特点和作用；有时女儿在路边捉小虫，妈妈会告诉女儿有关昆虫的知识。就这样，这位妈妈通过一块石头、一草一木等实用素材给女儿提供了生动的教育，满足了女儿对新鲜事物的好奇心，激发了女儿探究大自然的欲望，培养了女儿对生物学的兴趣。

建议2：经常给女儿提供新鲜玩意儿

爱因斯坦曾说："当我还是一个四五岁的小孩，在父亲给我看一个罗盘的时候，就经历过这种惊奇。这只指南针以如此确定的方式行动……这种经验给我一个深刻而持久的印象。"

从伟大人物的童年经历中我们可以发现，经常让孩子接触新事物，对激发孩子的好奇心，挖掘孩子的兴趣有很大的帮助。父母可以经常给女儿提供一些新鲜的玩意儿，比如，爸爸妈妈到外地出差，在当地发现一个很新鲜的东西，就给女儿带回来，或许女儿看了之后就充满了兴趣，然后再对女儿的这种兴趣进行引导和培养。

建议3：培养女孩兴趣的稳定性

我们知道，孩子的兴趣大都比较广泛，但是也非常多变。他们往往今天对这个感兴趣，明天又对那个感兴趣，兴趣缺乏持久性，见异思迁。有的孩子在发展兴趣的过程中一碰到困难就想放弃，又想改学其他较容易的，这样做只会一事无成。

妈妈要努力教育女儿，将兴趣长时间地保持在某一对象或某些对象上。只有持久而稳定的兴趣，才能成为一种巨大的驱动力，才能经受艰苦的环境考验，才能进行富有创造性的劳动，最后取得良好的成绩。

妈妈必读

妈妈应善于从女儿好奇的事物中挖掘出女儿的兴趣爱好，尽量耐心地对女儿提供帮助和引导。伟大的发明家爱迪生之所以成就非凡，就是因为从小他的母亲充分肯定了他的发问精神，并加以培养。

46 让女儿"被兴趣"不可取

随着生活水平的提高，家长对孩子的教育问题越来越重视，都希望孩子多才多艺，于是把孩子送进各种各样的兴趣班。在这个过程中，很多孩子是被动地接受，因此学得并不快乐。

每个孩子都有自己的兴趣，但是很多妈妈总喜欢站在成人的角度、站在自己的立场，根据自己的喜好来培养孩子的兴趣，强迫孩子去学这个学那个，结果往往事与愿违。

陈女士和丈夫没读过什么书，没少吃没文化的亏，在工作中处处受限，日子过得很不舒坦。当他们有了女儿时，就把希望全部寄托在女儿身上，发誓一定要把女儿培养成多才多艺的孩子。

陈女士想来想去，觉得字如其人，要想学好文化知识，首先要把字写好，于是想培养女儿对书法的兴趣。在未经女儿同意的情况下，把女儿送到了书法培训班。但是女儿对练习书法根本不感兴趣，心静不下来，总是写着写着就想去外面玩。

陈女士见女儿不认真练字，非常生气，强迫女儿坐在桌前练字。有时候女儿实在不想练字了，结果总是被陈女士打骂一顿。受了皮肉之苦后，女儿只好乖乖练字，但她一点都不快乐。

陈女士想培养女儿对书法的兴趣，这种想法是好的，但是没有尊重女儿的意愿，使女儿感到非常压抑。这种现象，在现代家庭中非常普遍。不少妈妈为了把女儿培养成多才多艺的全能型人才，不惜把女儿送到钢琴、舞蹈、音乐、绘画等兴趣班，但是孩子真的对这些感兴趣吗？有些妈妈却不得而知，因为她们根本没有询问女儿的真正兴趣。

一些孩子受不了妈妈的逼迫，表面上答应好好学习，实际上却对那些兴趣班充满了排斥和厌倦。表面上按时去兴趣班学习，实际上心却不知飞到哪里去了。当妈妈发现这种情况后，明智的妈妈懂得放手，让女儿做自己喜欢做的事情；不明智的妈妈却怀着恨铁不成钢的心态教训孩子，结果孩子不但学无所成，还影响了母女情感。

虽说妈妈在培养女儿的兴趣的过程中起着重要的作用，但关键还是看孩子有没有学习的意愿。常言道"强扭的瓜不甜"、"强按牛头不喝水"，任何事情都是勉强不来的。妈妈应该明白这个道理，学会尊重女儿真正的兴趣，而不要让女儿"被兴趣"。一旦"被兴趣"，孩子就没有心思和精力去发展自己真正的兴趣了，这样一来真正的兴趣可能被埋没，得不偿失。

育女真经

建议1：尊重女儿，把选择的权力给女儿

在兴趣的选择上，妈妈尊重女儿的最好表现就是，在给孩子报兴趣班之前，和女儿平等协商一下，把决定权交给女儿。比如，你觉得作为一个女孩子，有必要培养对舞蹈的兴趣，想把女儿送进舞蹈班，事前就应该和女儿好好谈谈，征求女儿的意见。如果女儿对舞蹈没有兴趣，你就不要勉强她去学，因为这样做很可能既花了钱，也没落到好，还会影响女儿真正兴趣的发展。

建议2：不要强迫女儿放弃某一兴趣

有些妈妈发现女儿的兴趣"不正当"时，就会产生反感，强迫女儿放弃那个兴趣。比如，有个女孩子对爬树很感兴趣，她的妈妈觉得这不像一个女孩子所为，觉得女孩子应该文静一点，不应该做那些不适合女孩子的事情。于是警告女儿：不准再爬树！

女儿虽然答应了不再爬树，可是她看到树时，忍不住就爬了上去，正巧被妈妈发现。结果被妈妈暴打了一顿。

与这个女孩相比，另外一个女孩就幸运多了，她也爱爬树，但是她的妈妈从来没有斥责她，而是问她爬树做什么，她说爬树是为了看星星，通过观察星星的变化，她能预测第二天的天气。妈妈听到她这样说，高兴地抚摸着她的头，对她充满了肯定。

当你发现女儿有“奇怪”的兴趣时，不妨耐心地了解她兴趣背后的真实想法，这样才能更好地引导孩子。比如，在得知女儿爬树是为了看星星后，妈妈可以告诉女儿："如果你想看星星，可以到楼顶上去看，因为爬树很危险，而且很容易弄脏衣服。"相信你这样引导孩子，孩子很容易接受。

妈妈必读

在培养女孩兴趣方面，妈妈应该多和女儿进行沟通，了解女儿真正喜欢什么，真正对什么感兴趣。孩子虽小，也有自己的想法和喜好。妈妈只有尊重女儿的兴趣，她才会自主地发展兴趣，才能享受追求兴趣过程中的快乐。

47 帮女儿克服兴趣培养中的困难

面对孩子兴趣的频繁变化，聪明的妈妈不会横加干涉，即使想对孩子提一点建议，也会在综合考虑孩子各方面条件的基础上，以商量的口吻和孩子探讨兴趣转移的得失，而不是强迫孩子坚持下去。如果说服不了孩子，她们会尊重孩子的选择。

很多妈妈发现女儿的兴趣转移很快，没有恒心，为此她们非常生气，其实大可不必这样。儿童心理学家表示，儿童的兴趣总是处于不断的变化之中的，而且年龄越小，这种变化越频繁。这种变化在心理学上叫做“兴趣转移”，又叫“偶然性兴趣”。这是由于儿童在生理上的发育还不成熟导致的，但是孩子持续稳定的兴趣又是从偶然性兴趣开始的。如果妈妈能对女儿的偶然性兴趣及时引导，就有利于孩子兴趣的持续发展。

女儿上小学三年级的时候，学校兴趣班报名，她想报篮球班，钱女士和丈夫都对女儿表示支持，但她们心里清楚女儿不一定能吃得了那个苦。

果然，两个星期后，女儿就苦着脸跟钱女士说：“妈妈，打篮球真没劲。老师整天让我们跑步、学兔子跳、做仰卧起坐，太累了。”

钱女士笑着对女儿说：“女儿，老师那是在锻炼你们的耐力和弹跳力，这是打好篮球必备的基本功。我相信你一定能克服这些小困难，而且只有克服了这些困难，你的球技才能得到提高。”

在鼓励女儿加把劲儿的同时，钱女士还特意为女儿买回了一个篮球，鼓励她和邻居家的男孩子一起玩。此外，钱女士和丈夫还常去看女儿的训练、比赛，经常同她谈论篮球。渐渐的，女儿成了球队的明星，从一名替补球员变成了首发球员，一年后居然成了篮球队的队长。

孩子的兴趣发展，往往呈现这样一个过程：在最开始的时候，孩子往往对某个事物的兴趣很浓，可以说达到了痴迷的境界。但是经历了一段时间后，孩子的这个兴趣就骤然减弱，很多孩子干脆放弃了这个兴趣。

在 13 岁之前，孩子的兴趣之所以频繁变化，首先是因为孩子好奇心强，总想多接触不同的事物，其实这样有利于孩子发现自己真正的兴趣。作为家长，当你发现孩子想学习什么，就应该尽量满足他们的要求，可以给他们提供相应的条件。因为只有在这个反复多变的过程中，你才会发现孩子哪一方面比较有天赋。

孩子对某件事感兴趣是一件好事，但是坚持不懈地培养这个兴趣却很难做到。13 岁前的女孩意志力不够坚强，在她们兴趣培养的过程中，难免会出现遇到困难就退缩的现象，如果你确信孩子找到了真正的兴趣，却因为没有恒心坚持而打算放弃时，你应该及时帮助孩子克服兴趣培养中的困难。

兴趣的培养是一个艰难而曲折的过程，重要的是持之以恒地发展兴趣。妈妈可以告诉女儿，如果时断时续，是不可能把兴趣培养起来的。比如，有的人吉他弹得很好，但是如果半年不弹，技巧肯定会退步，严重的话还会淡忘这一兴趣。要让女孩子明白兴趣的培养要持之以恒，要让这个兴趣成为生活的一部分，这才是真正意义上的兴趣。

···· 育女真经 ····

建议 1：从培养稳定兴趣的角度出发帮助孩子

如果你的女儿的兴趣转移了，而你又想帮助她将这种兴趣稳定下去，就要多肯定孩子和鼓励孩子，哪怕她在学习的过程中只进步了一点点。比如，如果你想让女儿坚持培养弹琴或跳舞的兴趣，那么当家里来客人时，你可以鼓励女儿当着客人的面弹上一首曲子或跳一段舞，客人的掌声和夸奖对女儿来说是一种极大的肯定和认可，从而使她对所学的东西产生热情和积极性。

建议 2：从培养坚持性的角度出发帮助孩子

当你发现女儿对某件事情开始丧失兴趣时，你可以通过观察，关注孩子学习过程中的情绪变化，然后和女儿进行沟通，比如问她："最近你在学什么呀？你喜欢吗？"如果你发现女儿的兴趣从学弹琴转移到学画画，你应该从孩子很浓的画画兴趣中去观察发现与弹琴相关联的兴趣，并把它们联系在一起。让孩子在高高兴兴的活动过程中，去接触和了解新认识的目标兴趣的内容，从而使兴趣产生转移。

妈妈必读

妈妈应该明白，在 13 岁之前，女儿的兴趣变化较快，这是很正常的现象。如果你发现女儿对某件事确实没有兴趣了，你也没有必要强迫她必须坚持。你可以在与孩子沟通后，帮助她将兴趣转移到其他方面。

48 培养女儿对体育的兴趣

适当的体育锻炼可以促进全身血液循环，保障骨、脑细胞获得充分营养，从而促进生长激素的分泌及肌肉、韧带和软骨的生长。作为妈妈，培养女儿对体育的兴趣，有助于女儿养成锻炼的习惯。

很多妈妈认为女孩子不像男孩子一样需要强壮的体魄，只要有足够的营养就可以保证体格健康，所以让女儿把更多的精力放在学习上面。实际上，营养是一个方面，而体育锻炼也是不可或缺的。

吴女士家的生活条件比较好，女儿被养得白白胖胖的。在女儿 10 岁之前，吴女士一直没有重视教育女儿进行体育锻炼。可是到了女儿 10 岁那年，女儿的体重已经严重超标，身高 1 米 5，体重已经达到了 70 千克，而且经常生病。

吴女士和丈夫带着女儿到医院检查，医生告诉他们："你们的女儿由于营养过剩，加之缺乏锻炼，导致出现肥胖现象。身体越肥胖，越不想动，这样就越容易胖，体质也越来越差。建议让孩子多吃些清淡的蔬菜，多活动，多锻炼。"

医生的话简直说到了吴女士的心坎里，她说："医生，你说得太对了。我的女儿是那种比较文静的孩子，平时不太爱说话，也不爱运动，放学回家不是放下书包做作业，就是抱本课外书看。到了寒暑假更是懒得出门，整日在家做作业、看电视、上网。"

医生说："你们看，问题就出在这里，吃得好，运动得少，不胖才怪呢！你们要多陪孩子锻炼，在锻炼中孩子的体质会逐渐增强，也会慢慢地减轻体重。"

人们常说生命在于运动，健康在于锻炼，体育运动是身心健康的保证之一，健康是一切事业的基础。每个孩子的天性中都有一些运动的因子，尤其是在童年的时候更是如此。女孩子也一样，妈妈不应该阻止女儿参加体育运动，不能为了刻意将女儿培养成淑女而强迫孩子表现得文静。事实上，淑女也并非一味的静而不动。

培养女儿对体育的兴趣，妈妈应该在女儿13岁之前就重视起来，而且越早培养，孩子越容易对体育运动形成稳定的兴趣。1岁多的幼儿已能站立和独立行走，在鼓励她们行走的同时，还要有意识地通过玩具锻炼她们手的动作，可以搭小积木和套圈；2岁左右的孩子，行走已不成问题，可以进行跳跃、攀登、投掷、上下台阶等方面的锻炼；3岁的孩子，可以让她们随意跑跳，迈过简单的障碍物，双脚交替上下楼梯等。

随着孩子年龄的增长，体育锻炼的项目也应不断增加，长时间的耐力性强的活动不宜过多，应把锻炼的重点放在可增强灵敏度的项目上。还要多带孩子到户外去活动，呼吸新鲜空气，接受阳光照射。

当孩子长大一点时，妈妈可以帮助女儿增加对体育运动项目的认识，循序渐进地教给她一些体育知识，让她懂得各种体育运动对身体的益处，尤其是各种体育运动在竞赛中有什么乐趣，以激发和引导女儿的兴趣。比如，可以在同女儿看电视的时候，共同欣赏一场精彩的女排赛，通过评价球星精湛的球艺、队员们密切的配合、各种体育运动技巧的巧妙运用等等，让女儿感悟体育运动的妙不可言，从而激发她参与该项活动的兴趣。

育女真经

建议1：让女儿选择喜欢的运动项目

培养女儿热爱运动的习惯，妈妈要根据女儿的兴趣、特长来考虑她应该尝试的体育运动项目。不要强迫女儿从事某种自己认为很好的体育运动。不管妈妈认为这项体育运动多么好、多么有趣味，那是妈妈的事情，而女儿可能并不这样认为。如果妈妈强迫女儿去做，她就很难从运动中享受到乐趣，反而可能会对运动产生反感心理。

建议2：和女儿一起享受运动的乐趣

家长要以自身的言行带动女儿，如果爸爸妈妈都热衷于锻炼，孩子就会受到积极的影响，变得热爱运动。运动不仅是完成肌肉运动的一个过程，也是一个非常重要的情感经历。

由于许多女孩都是独生女，缺少玩伴，妈妈就不可避免要充当这一角色——女儿的玩伴，如与女儿一起踢毽子、打网球、跳绳等。妈妈多参与到和女儿一起的运动中，当女儿有了进步时，妈妈应及时表扬她，这样更可以激发女孩对运动的兴趣。

妈妈必读

一个人在 13 岁之前养成了对体育运动的兴趣，能影响其今后的一生。因此，作为妈妈，应该在女儿 13 岁之前，努力培养女儿的运动观念，让女儿掌握一些运动的技能，养成热爱运动的习惯。

49 让绘画赋予女孩感悟美的能力

绘画是一种观察力的表达，是内心情感的抒发。它可以培养孩子的想象力、观察力、记忆力，提升孩子感悟美的能力。在 13 岁前，培养女孩子对绘画的兴趣，有助于孩子更好地感受生活的美好。

女孩学习绘画，对培养她的气质有非常重要的作用。绘画不仅仅是让孩子在纸上画东西，更重要的是通过绘画来培养孩子的能力。绘画能让“小公主”敞开心扉，使她通过绘画抒发内心的情感，把自己对周围世界的认识表现出来，从而培养孩子的审美情趣和修养。

很多从小培养孩子绘画兴趣的妈妈对此感慨颇多：“在女儿接触绘画的时候，她开始养成了仔细观察的习惯，生活中的花开花落，她都会第一个发现。”“女儿不到 4 岁就开始接触绘画。现在，她的审美能力得到了很好的培养，她不仅很会搭配服装，还经常指导我的着装：妈妈，你应该穿短裙，长裙把你修长的小腿遮住了。”

由此不难看出，在绘画的过程中，女孩的审美能力、观察能力得到了很大程度的提高。因为绘画之前，要学会观察美、体悟美，才能在绘画中展现出生动形象的视觉盛宴。女孩在刚开始对绘画感兴趣时，画画的时候往往只停留在形象片面、单调的层面上。这时，妈妈可以因势利导地引导孩子想象，因此鼓励孩子“涂鸦”是必需的。

女孩在 1 岁半的时候，妈妈就可以鼓励她尝试着乱涂乱画，这是孩子画画的起步。当然，此时她并不懂得表现什么，只是把随意涂画当做一种游戏。这是“涂鸦”阶段。这个阶段的孩子对“涂鸦”感兴趣是天性使然，因为这种无拘无束、自由自在的涂抹能带给她快乐，她们自然乐此不疲。

在这个过程中，妈妈不必过多地干预，但可以在旁边鼓励鼓励——“宝宝画得挺好的”。如果妈妈对女儿“涂鸦”干预过多，要求过高，往往会让孩子受打击，也让自己失望。这样一来，孩子的兴趣就慢慢淡薄，甚至不肯再拿笔画了。

当孩子自由自在地涂涂画画一段时期后，妈妈可以指导孩子观察身边的事物，然后把它画下来，把孩子从盲目的“画”着玩，诱导到绘画活动中来，教孩子画自己喜爱、感兴趣的东西。时间长了，孩子就会渐渐对绘画产生越来越浓的兴趣。

···· 育女真经 ····

建议 1：不管孩子画得如何，请赏识孩子

一般来说，孩子到了三四岁时，喜欢到处乱涂乱画，而且女孩的“涂鸦”欲望往往比男孩更强烈。其实这正是孩子学习绘画的启蒙阶段。妈妈在孩子绘画的启蒙阶段的态度如何、采取的方法如何，直接关系着孩子今后对绘画的兴趣到底有多浓厚。

有一次，妈妈下班回家，4 岁的女儿菲菲跑了过来，把自己刚画好的画递给妈妈。妈妈拿着画，看了半天也没看明白，就问女儿：“菲菲，告诉妈妈这是什么呀？”“是猫呀。”菲菲得意得说，妈妈在菲菲的提示下，再看看画，发现确实有几分神似，于是夸赞道：“嗯，确实挺像的，妈妈为菲菲感到高兴！”菲菲得到了妈妈的肯定，非常高兴地走开了——继续去画画。

当女孩对画画表现出兴趣时，最初的时候她最需要肯定和赞赏。如果能像菲菲的妈妈那样赏识女儿、支持女儿，给孩子恰当的肯定，孩子就能受到很大的鼓舞，这样可以促使孩子对绘画表现出更大的热情和兴趣。

建议2：带孩子接触大自然，引导她多观察、多感悟

绘画需要素材，想象力也需要素材。因此，想让孩子的画富于艺术气息，就应该让她多关注生活、关注大千世界。

你可以带着女儿到广阔的天地里去寻找和观察一切美丽的东西，比如名胜古迹、园林美景、潺潺溪流、烂漫山花、叽喳虫鸟，这些都是孩子积累绘画灵感和素材的好去处。你可以和女儿坐在草地上，让女儿闭上双眼，静静倾听大自然的美、感悟大自然的美。你也可以给女儿安排一些明确的观察任务。例如，带女儿去动物园观察老虎时，可以要求女儿观察老虎的颜色、条纹、眼睛的形状、尾巴的长度以及老虎怒吼时露出几颗牙齿等。当孩子接触的事物多了，就会引发更多的思考和想象，就会有更多的绘画热情。而教会孩子学会观察，则是提高绘画能力的最有效途径。

妈妈必读

妈妈对孩子的画要抱着欣赏的心态，当孩子画完给你欣赏时，不要毫不在意地看一眼，然后不做任何评论。要知道，这样做是一种满不在乎，孩子的绘画积极性就会受到打击。正确的做法是，每次看完孩子的画后，询问孩子这幅画想要表达的内容，然后肯定孩子的想法，鼓励孩子继续创作。

50 让舞蹈赋予女孩优美的姿态

每个女孩都是天生的舞者，她们在很小的时候，常常手舞足蹈、蹦蹦跳跳，以此来表达内心的情感；她们梦想着有朝一日，成为舞台上闪耀的明星。做妈妈的要懂得如何让女儿对舞蹈的兴趣保持下去。

很多女孩在很小的时候，都曾经做过这样的"梦"：穿上薄薄的纱裙，戴上美丽的装饰，在荧光灯闪烁的舞台上翩翩起舞……很多妈妈也有这样的想法，在女儿13岁之前，把女儿送到舞蹈班。

然而，也有一些妈妈认为，体形好的孩子才能去跳舞；还有一些妈妈认为，学跳舞会让孩子变"八字脚"，还会长不高；更有甚者，认为女孩小时候学舞蹈对骨骼发育不利……其实，这些担心是没必要的。看看那些能歌善舞的女孩子吧！她们从小在舞蹈的塑造下，增添了美丽气质，锻炼了体力，磨练了毅力，丰富了想象力。可以说，舞蹈对女孩来说有着非常重要的意义。

具体来说，舞蹈能给女孩子带来这样一些好处：

首先，可以促使孩子形体优美。13岁之前，女孩经过舞蹈训练，比如挺胸、抬头、收腹等，能使她们站得直，形体优美，还可以纠正驼背、端肩等问题。

其次，可以促使孩子动作协调。舞蹈需要身体各部位协调配合，这可以锻炼孩子的动作协调性，使孩子更有节奏感。

第三，可以增强孩子的肢体灵活性、柔韧性。经过一段时间的舞蹈训练，孩子的力量控制、稳定性、耐力等方面的身体素质都会得到提高。

第四，可以培养孩子的审美情感。舞蹈通过音乐、动作、表情、姿态表现内心世界，可使孩子艺术感受力得到熏陶，使她们热爱生活，并能欣赏美、体验美。

第五，可以培养孩子的自信心。舞蹈能培养孩子的表演能力，使孩子经过锻炼不怯场，拥有更好的心理素质。

总而言之，让女孩在13岁之前练习舞蹈，是修炼女孩优美气质的重要途径，可以使女孩变成一个有气质、高雅的人。因此，如果你想让孩子成为一个多才多艺、更具个人魅力的女性，就应该从小就注重培养女孩子对舞蹈的兴趣。

育女真经

建议 1：发现并培养女孩的舞蹈天赋

一般来说，一个女孩是否有舞蹈天赋，是可以通过她的表现观察出来的。具有舞蹈天赋的女孩，在 4 岁之前，就会有所表现。比如，她会对舞蹈充满兴趣；她的动作协调、轻盈、优美、灵活；她的动作与音乐一致；她的脚走、跑、行进、跳跃时，富有节奏感，灵活自如；她能利用手和手臂的结合，做出多种动作；她喜欢模仿演员的肢体动作；她喜欢看舞蹈节目；她愿意与小朋友一起表演等等。

当然，如果你的女儿没有表现出舞蹈天赋，你可以在日常生活中加强培养，使其对舞蹈产生兴趣。比如，经常让女儿观看少儿舞蹈表演节目，使孩子有机会直接感受舞蹈美，激发她对舞蹈的兴趣。

建议 2：让孩子在音乐中感受节奏感

有的女孩由于性格内向，不好意思跳舞，这时候妈妈可以利用音乐来刺激孩子自觉地动起来。作为妈妈，可以一边唱歌跳舞，一边讲故事，并配上动作。另外，还可以让孩子边听音乐，边拍手，通过有节奏的音乐唤起孩子的情感，拨动她的心炫。这种方法往往很奏效，孩子见妈妈欢快地唱着、跳着，也会慢慢地受到影响，继而和妈妈一起欢悦地跳舞。

妈妈必读

美国早期儿童音乐舞蹈家约翰博士曾经说过：“如果我们是为了让自己高兴而跳舞，我们就会更多地去关注身体活动本身所带来的快乐，去关注与共舞的同伴进行空间的、身体的、目光的交流所带来的快乐。”这就告诉我们，舞蹈是一件快乐的事情，如果你的女儿因为舞蹈变得不快乐，就应允许她放弃。

51 让音乐赋予女孩灵动的气质

音乐是一种情感艺术，即便是一首最简单的儿歌，也饱含了丰富的情感，表达了一定的思想内容。欣赏、学习音乐，对陶冶女孩子的情操、修炼女孩子的情绪调节能力、开拓孩子的思维等都大有益处。

音乐是人生必不可少的组成部分，每个人都需要一定的音乐爱好，作为女孩子更是如此。为什么这么说呢？

首先，音乐能够陶冶孩子的情操。一首动听的歌曲、一段优美的旋律，都能让孩子心旷神怡，从中享受乐趣、体会快感。

其次，音乐可以提升女孩子的素养。音乐才能是一种重要的能力，是一个人才能的重要组成部分。在我国的不少地方，就有对山歌的习俗。如果孩子不懂音乐，那么会少很多兴趣相投的朋友。

第三，音乐可以抒发孩子的情感。记得有一首歌叫《我多想唱》，虽然表达的是一种想唱而不敢唱的情感，但其实还表达了一种希望通过音乐来抒发情感的愿望。每个人都有喜怒哀乐的时候，通过音乐来抒发内心感受，能促使心态平和。

第四，音乐可以缓解孩子的压力。现在的孩子，承受着较大的学习压力，在这种情况下，父母让孩子欣赏一下优美的音乐，对缓解学习压力很有帮助。

综上所述，妈妈有必要引导孩子对音乐产生兴趣。而且越早让孩子接触音乐，就越有利于孩子对音乐产生兴趣。如今有很多妈妈，在怀孕的时候就开始进行音乐胎教，这样做一方面是为了提高孩子的智力，另一方面也是为了促使孩子尽早地接触音乐。

很多妈妈都有培养女儿音乐兴趣的意识，有的妈妈说："我给女儿报了钢琴班，有空还会带她去听听音乐会，倒不是希望她将来成名成家，就是觉得一定的艺术修养对女孩的成长很有好处。"有的妈妈表示："我让女儿学乐器，并不是要求她一定要掌握什么技能，只是想培养她的气质和艺术修养。"

妈妈们有这样的教育意识，无疑是科学的、合理的。音乐作为一种表达心灵感受的语言，并非一定要成为孩子成功成名的特长，它完全可以成为一种休闲娱乐的工具，成为陶冶情操、修养身心的营养品，可以使女孩拥有一种与众不同的灵动气质。

但随着音乐教育的普及，家长们也产生了无数的烦恼。有的妈妈表示："想让女儿尽早接触乐器，可又担心孩子不感兴趣，没有天分。"有的妈妈说："乐器的种类太多了，真不知道哪一种最适合我的女儿。"还有的妈妈说："花了血本买钢琴，初学钢琴时孩子很好奇，有很大的兴趣去学。可是枯燥的学习使孩子很快产生了抵触情绪。"

那么到底该怎样培养女孩对音乐的兴趣呢？

···· 育女真经 ····

建议1：学习音乐不一定要有音乐天赋

一般来说，有音乐天赋的女孩往往表现出下列特征：喜欢听音乐、喜欢唱歌；能准确地定音；容易记住曲调，还能顺利唱出或演奏出这个曲调；能很快地学会识谱等。

虽然天赋对于孩子学习音乐有很大的影响，但这并不代表没有音乐天赋的孩子就无法学习音乐。妈妈没必要把学习音乐搞得那么严肃，因为音乐更重要的是给孩子带来快乐，并提高孩子的艺术修养。

此外，如果妈妈有意识地在孩子6岁之前，注重对孩子的天赋加以引导，有助于为孩子日后学习音乐奠定良好的基础。例如，有位母亲通过下面的做法，给女儿创设了一个良好的音乐环境：

我想培养女儿的音乐才能，于是经常让音乐伴随着她的活动。比如，起床时，我会给女儿播放活泼、有力的乐曲；吃饭时，我会播放优美、轻快的乐曲；临睡前，播放一些安静的、舒缓的乐曲；即便在给女儿讲故事的时候，我也会播放一些和谐的乐曲做伴奏，目的是增强情感的渲染。有时，我还鼓励女儿跟着音乐的节拍做动作，例如打拍子、踏步、跳舞等。

这位母亲的做法是明智的。如果孩子从小生活在一个充满美妙音乐的环境中，她的节奏感和对音乐的感悟力就会获得很大的提升。

建议2:正确引导,选择适合女儿的乐器

小孩子学东西,经常只有三分钟热度,想让她有信心地学下去,选择合适的乐器很关键。在选择乐器时,儿童音乐教育专家提出了这样一些建议:

3岁以下的孩子,肺活量小,不适合学习吹奏乐,因此最好不要选择吹奏类的乐器。4～5岁的孩子,可以开始学钢琴、电子琴、手风琴等键盘乐器;一般来说,学习键盘乐器一年,基本掌握了音准和节奏感后,再转学弦乐器会更好。5岁半以后,可以让孩子学习小提琴、古筝等。

在帮助孩子选择乐器的时候,妈妈要尊重女儿的兴趣。因为兴趣是孩子学习动机的主要来源,妈妈不能把自己的意志强加给孩子,强迫孩子学习。这样做,只会适得其反,很容易使孩子对学习乐器感到厌倦。

妈妈必读

培养女孩的音乐兴趣要注意循序渐进，不可急于求成，不能用成人的标准来要求孩子。如果在孩子没有兴趣时硬逼孩子，只会适得其反。妈妈不妨让女儿在玩中学,当女儿有了点滴进步时,要及时鼓励表扬。

第六章

13 岁前，培养善于交往的随和女孩

和谐的人际关系是一个人最大的资本。在 13 岁前，培养女孩子的交往能力，她才能在今后与人打交道的过程中表现得游刃有余，从而拥有良好的人际关系，才能受到别人的欢迎，这样一来，她才会生活得快乐。

52 让女儿克服腼腆

腼腆是人际交往的障碍，会直接影响孩子与人沟通的效果，使孩子今后在生活中很难享受到快乐的人际交往。因此，妈妈要在13岁前努力帮助女儿纠正腼腆的毛病。

人们常常这样形容某些男孩："你怎么像个姑娘一样"，从这句话中就能看出很多女孩确实有羞答答的特点。比起男孩，女孩更容易害羞，这是一个不争的事实。想必很多妈妈也深有体会，常听到一些妈妈说：

"我家女儿太腼腆了，让她在亲朋好友面前唱歌、跳舞、讲故事，她总是低下头，紧张得半天开不了口。"

"我的女儿从小就害羞，家里来了生人，她就会躲到爸爸妈妈的背后，把脸藏起来。"

"我的女儿在幼儿园里不敢表现自己，回答问题不积极，不主动找小朋友玩……我问她为什么？她总说不好意思，但是在家里她非常活泼。"

很多女孩在家里活泼大方、能说会道，可是到了别人家里，或碰到陌生人，就会局促不安、羞羞答答、不知所措。对此，妈妈们觉得很无奈："这孩子，在家里挺能的，怎么出来就变样了？"

为什么会出现这种现象呢？国外的儿童心理学家曾针对孩子腼腆、害羞的问题做了一个调查，结果发现：5个小学生中就有2个腼腆的孩子，程度会因年龄不同而略有差别，其中60%以上为女孩子。

腼腆、羞怯是一种逃避行为的常见形式，其表现是多种多样的。在日常生活中，我们常常会看到这样的现象：有的女孩在路上遇到熟人因怕羞故意躲避；有的孩子不敢在大庭广众之下讲话，一讲就会脸红舌硬。上述情况在心理学上称为羞怯心理。对于害羞的女孩，妈妈要多加关注、多加引导，不要乱给孩子"贴标签"。

有位妈妈每次带女儿出去，就会给女儿打"预防针"：见到叔叔阿姨、爷爷奶奶要主动问好，要积极回答人家的问题……可是女儿根本做不到，偶有巧遇她会把头转向别处，如果对方是高大的男性，她会干脆趴在妈妈身上给人家一个后背。这时，妈妈总是不好意思地向对方解释："这孩子太害羞了。"渐渐地，女儿越来越害羞。

殊不知，当孩子认同了“负面标签”时，就会认为自己就是这个样子了，这时，害羞就成为了女孩一种有意识的行为。因此，正确的做法应该是从正面鼓励孩子，让孩子找回自信，这样孩子才有可能变得开朗大方。

···· 育女真经 ····

建议1：创造平等和谐的交往氛围

妈妈不能总在孩子面前摆出“长道尊严”的面孔，更不能经常训斥孩子。家庭中的大事，可以尽可能多地让孩子知晓，有些事情可以让孩子“参政议政”。当一些事情涉及孩子的问题时，妈妈更应该想到孩子，听听她的意见。这样一来，在与父母的沟通和交流中，孩子就会慢慢放开自己，慢慢地，当她与其他人交往时，也就不会那么害羞了。

建议2：鼓励孩子大胆地走出家门

想让女孩不那么害羞，家长应该尽可能多地为孩子打开生活空间。适当地带孩子进入自己的社交圈，外出做客时，尽可能带孩子参加。有空的时候带孩子去儿童游乐场，去那些儿童比较多的公共场合，当你的孩子看到其他孩子很大胆、玩得很开心时，她也会受到感染。然后你再寻找机会，鼓励孩子主动与陌生的小朋友说话。这样的机会多了，孩子就会慢慢变得大胆起来。

建议3：家长要多关怀、鼓励孩子

当孩子羞答答地想表现自己时，妈妈要及时给孩子鼓励。即使孩子在妈妈的鼓励下没有付诸行动，妈妈也不要责怪她，要尽可能给孩子积极的评价，绝不能用“你真害羞”之类的话给孩子泼冷水，打击孩子的自信心。

妈妈必读

有些女孩只是比较含蓄内敛，但经过妈妈在别人面前不断重复“这孩子太害羞”的暗示后，再加上亲戚朋友的不断议论，她就真的变得害羞起来。因此，妈妈一定要注意，不要在言行上给孩子以消极的暗示。

53 给女孩的内心注入热情

热情是人际交往中不可或缺的东西，有了热情，才能营造热烈的气氛。如果孩子总是冷冰冰的，说话不温不火，做事不紧不慢，就会给人一种冷漠的印象，这绝对是女孩子与人交往过程中的障碍。要想孩子获得人缘、获得快乐，妈妈就要想办法清除这个障碍。

生活中，有些女孩不爱笑，不爱和人打招呼，说话的语调、表情始终是一个样。尽管她们内心善良，外表纯真，但仍然会给人留下冰冷的印象。

凌雪的爸爸妈妈都是文化人，平时在家的时候，总习惯于伏案看报、看书或工作，很少和凌雪谈心、聊天。爸爸经常板着一副严肃的面孔，在家里他说的话，凌雪只有洗耳恭听的分儿，没有发表意见的权力。妈妈是个工作狂，她宁愿在工作上花掉1个小时，也不愿意花10分钟与女儿交流。因此，凌雪的家庭氛围非常沉闷。如果没有事情要说，他们即使和凌雪在一起待上一天，也说不了几句话。刚开始，凌雪还有兴趣和妈妈谈谈自己在学校的事情，可后来她发现妈妈对她的事情根本不感兴趣。慢慢地，凌雪也学会了沉默。

在课堂上，凌雪很少主动举手回答问题，偶尔被老师叫起来回答问题时，她也只有三言两语。老师知道，她并不是不知道问题的答案，而是她不想说话。在课间休息时间，其他同学三三两两聚在一起有说有笑，打打闹闹，可凌雪却一个人呆呆地坐在座位上。偶尔有同学和凌雪聊天或讲笑话，但凌雪总是反应冷淡。渐渐地，大家都不愿意和凌雪说话了。凌雪在班级体这个热情的海洋里，成了一座孤岛。

内心冷漠的孩子不能融入到学校的集体生活中去，不能和老师、同学、同伴心灵相通，看不到集体活动的乐趣，看不到人的心灵深处那些高尚美好的东西，看不到结交朋友的快乐，她们内心深处充满孤寂、凄凉和空虚。

因为冷漠，孩子的热情和活泼的天性会被压抑，造成心灵的麻木。冷漠的心态容易使孩子把自己从人与人之间互相依赖的密切联系中割裂开来，以一种不以为然的、讥讽的、嘲笑的眼光看待人际交往，形成“事不关己，高高挂起”的生活态度，甚至成为玩世不恭、消极混世的自怜者。

其实冷漠是一种情感的萎缩。孩子冷漠的背后是爱与被爱的缺乏。因此，改变冷漠要从身边的小事开始。比如，每天多和孩子聊聊，多给孩子一个微笑，多给孩子讲一个关于热心的故事等。这样做，可使孩子得到爱与热情所带来的充实和快乐。

育女真经

建议 1：给孩子感受“热情”的机会

社会上有一些不良的风气，给孩子带来了一些负面影响。如果孩子每天看到、听到的，都是别人受到伤害、被人欺骗等可怕的事情，那么，孩子就会在无形中把自己的心门关闭。比如，妈妈经常给孩子讲身边的人被骗的故事，教育女儿不要和陌生人说话，那么孩子就会对陌生人失去好感。当她与陌生人接触时，就会表现得异常冷漠。因此，妈妈应该多让女儿看到社会和生活中美好的事物，比如带孩子参加拯救灾民的义演活动、“希望工程”的助学捐款活动等，使孩子受到热情的感染。

建议 2：营造富有人情味的生活氛围

环境对孩子的成长有很大的影响。这里所说的环境，包括家庭环境和社会环境。如果女孩从小就生活在富有人情味的家庭环境里，能感受到父母的爱和关怀，能感受到身边的人的痛苦，了解别人的需要，并且在别人需要时主动伸手援助，那么，她就不容易变得冷漠了。当孩子主动与人打招呼、主动将自己的玩具给哭泣的小朋友玩时，妈妈要及时表扬这种热心的行为，使孩子继续保持与人交往的热情。

妈妈必读

冷漠是人际交往的障碍，它会使女孩关闭心门，不愿意与人交往。冷漠的孩子的心是冰凉的，不可能保持愉快的情绪，与积极的情感背道而驰，是不可能有个好人缘的。因此，在 13 岁前，妈妈要给女儿的内心注入热情。

54 鼓励女儿积极参加集体活动

对于13岁的女孩来说，集体就是班级、小组、少先队、学校以及假期里的活动小组。鼓励孩子在这些集体中学习、生活，与其他孩子交往，有助于孩子逐步形成集体主义的意识。

每个妈妈都希望女儿学习成绩优异，为此她们督促孩子抓紧时间学习，这可以理解，可是有的妈妈却在重视孩子学习成绩的同时，限制了孩子参加集体活动，特别是反对孩子与学习成绩不好的孩子来往。这样就使孩子与人交往的机会减少了很多，连一些令人愉悦的集体活动也会错失。

有一天，10岁的梦秋告诉妈妈，说班里有个女同学要过生日，邀请她参加周末的聚会，还要一起出去玩。然而这个请求遭到了妈妈的断然拒绝，妈妈表示小孩子不能早早就参加聚会，因为那个环境会把人带坏。梦秋不高兴，妈妈就批评她："只知道玩，学习怎么没见你这么积极？"

但是梦秋不想放弃这次集体活动，于是她借口学校要补课，从家里"逃"了出去。那天上午，梦秋和同学们在聚会上玩得特别开心，当天下午他们一起去动物园玩，一直玩到动物园快要关门的时候才回家。

回到家里时，梦秋发现妈妈已经等候她多时。原来妈妈见女儿中午没回家，就去学校了，发现学校当天根本没有补课，于是就想到女儿一定是参加同学聚会了。梦秋回家后，被妈妈痛骂了一顿，妈妈越想越气，最后忍不住打了她，说她学会了撒谎。

后来，同学们知道了梦秋因为参加集体活动挨了打，都表示以后有活动不要让梦秋参加了，免得影响她和父母间的关系。从此梦秋有了一种被集体抛弃的感觉，经常闷闷不乐。

生活中，有些妈妈没有意识到集体活动对孩子的重要性，不希望孩子参加集体活动，尤其是同学聚会。她们认为"只要学习成绩好，同学老师就会把他当个宝，朋友自然少不了"。其实，这种想法是不对的，成绩优秀固然讨人喜欢，但是如果女孩子只知道死读书，而对集体活动不闻不问，或是很少参与，就会失去锻炼交往能力的机会。

女孩的学习和成长是离不开集体的，不论是班集体还是伙伴之间的小团体，都是女孩快乐成长的舞台。当孩子和集体中的成员打得火热时，她就能在集体中找到归宿感，这样孩子才不会有被集体抛弃和冷落的感受。没有哪个女孩可以成为一个孤独的快乐者，孩子不可能在人生舞台上独舞，因为她的喜怒哀乐需要与大家分享和交流。

在这个独生子女居多的社会，孩子缺少了与兄弟姐妹的交流机会，更需要与集体中的伙伴交往。因此，鼓励孩子积极参加集体活动显得尤为重要。在 13 岁前，让孩子对集体活动充满热情，有助于孩子融入集体，锻炼人际交往能力。

育女真经

建议 1：为孩子创造共同活动、共同体验的环境

给孩子提供必要的玩具、游戏材料、游戏环境与游戏时间，让孩子与亲朋邻里间的孩子通过游戏交往，鼓励他们参与社会及学校、班级组织的各种类型的活动。妈妈还可以利用节假日带孩子游园、郊游踏青、参观游览、走亲访友，有意识地给孩子创造与集体频繁接触的机会，增进孩子对集体活动的认识与了解，提高孩子参与的热情和积极性。

建议 2：引导孩子在集体活动中发挥主动性

根据孩子的能力、爱好、兴趣、特长组织集体活动，让女孩在活动中展现自己的个性。鼓励女孩和同伴之间互相鼓励，相互协助。妈妈应该明白，集体活动能够加深孩子们间的友谊，能给孩子提供发挥特长、帮助别人、服务于集体的机会。因此，越是鼓励孩子在集体活动中发挥主动性，孩子的能力越能得到发展。

建议 3：帮助孩子建立友情，培养合作能力

平时家长可以和孩子开展合作游戏。比如“两人三足”、赛跑、下棋等，让孩子懂得有些事需要合作才能完成。接着，可以让孩子自己找朋友，跟小朋友一起活动，用同伴的热情与积极性感染孩子，影响孩子。另外，在集体活动中还要给孩子提出具体的要求，分配具体任务，活动项目也应该有利于孩子间的合作。

妈妈必读

妈妈应当积极了解孩子在集体中的表现，鼓励孩子参加集体活动，耐心倾听孩子活动后的感受，引导孩子在集体活动中遵守纪律、团结互助、勇挑重担，从而帮助孩子克服狭隘自私、害怕吃亏等错误思想。

55 教女儿学会倾听和接纳

与人交流不仅仅要说，还要学会听。从小培养女孩的倾听能力，可以帮助孩子懂得尊重别人，还能让她变得更有亲和力。而且只有认真倾听才能发现别人好的意见，才有机会接纳，并虚心学习。

有些家长发现，女儿在与同龄人的交往中，表现得过于活跃。或许你会说，表现活跃不是一件好事吗？可是如果孩子活跃到只知道说话，不懂得倾听别人，那么就不是一件好事了。因为只知道滔滔不绝地说，不懂得倾听，对别人是一种不尊重。

赵女士是一个尊重孩子的妈妈，她很少强迫女儿做她不愿意做的事情，而且她平时鼓励女儿积极发表观点。在她的教育下，9 岁的女儿思维活跃、能言善辩、口才流利。

但是渐渐地，赵女士发现女儿有个毛病，那就是在别人说话的时候，她不愿意倾听，要么做自己的事情，要么直接打断别人，滔滔不绝地表达自己的观点。有几次，女儿和伙伴说话的时候，她都因为没有倾听，把伙伴气走了。

赵女士意识到问题的严重性，于是把女儿叫到身边，对她说："女儿，你说话的时候，希望别人认真地听吗？"女儿点点头，得意地说："当然希望别人听我说话啊，因为我口才好，大家都喜欢听我讲话。"

赵女士笑着摸摸女儿的头，说："不错，你口才的确很棒，不过妈妈想告诉你的是，如果你说话的时候，别人爱搭不理的，不愿意听，你会有什么感受？"女儿嘟嘟小嘴，说："我会生气的，我和别人说话，别人却不听，太气人了。"

"是的，你说得太对了，可是别人说话的时候，你却好像不太愿意听，你觉得别人会生气吗？"女儿犹豫了一下，不知道怎么回答。赵女士说："女儿，妈妈发现你有个毛病，那就是不懂得听别人说话，你知道吗？别人的想法有时候很独特，你如果不听，怎么知道他们的想法好不好呢？"

女儿似乎明白了什么，点了点头。

对于孩子来说，学会倾听，意味着学会心灵与心灵之间的沟通。因为"倾听"虽然只是一种谈话的方式，但它却在人与人的关系中，蕴涵着巨大的信任。美国一位资深外交官曾对周恩来总理在外交活动中注意"倾听"的风格留有深刻的印象。他说："凡是亲切会见过他的人几乎都不会忘记他。他身上焕发着一种吸引人的力量。长得英俊固然是一部分原因，但是使人获得第一个印象的是眼睛。你会感到他全神贯注于你，他会记住你和你说的话。这是一种使人一见之下顿感亲切的罕见的天赋。"

教孩子学会倾听，一方面是为了对别人表示尊重；另一方面，也是为了发现别人一些好的想法，然后虚心地接纳。从这个角度来说，教孩子学会倾听，有助于培养孩子虚心学习的习惯。毫无疑问，一个虚心接受别人意见、接纳别人观点的女孩会显得更有亲和力。

…… 育女真经 ……

建议1：让孩子明白倾听的重要性

告诉孩子，要倾听老师的教导，倾听长辈的忠告，倾听同学的意见。倾听是一种认可，是一种赏识，认真地倾听别人，别人才会把自己的想法说出来，这样你才能更好地借鉴别人的观点。

建议 2：接纳别人好的意见，排除不好的意见

教女儿学会倾听，使孩子从别人那里获得好的观点，从而借鉴、学习别人。可是如果孩子只知道接纳别人的观点，却失去了自己的主见，那么后果将是很可怕的。比如，孩子可能被人要弄、被人利用来做坏事，因此妈妈们要让孩子学会有选择地接纳别人的意见，对于不好的意见，要坚决排除。

正确的做法是既有主见，又能吸收别人的合理意见，并对自己的行为做出某种调整。这样的孩子对自己和他人的意见具有较强的分辨能力，不至于刻板生硬地固守己见。善于听取别人的建议和意见是合作的基础，但是应该让孩子明白，如果自己不同意，就应该学会与别人交流和商量。

妈妈必读

让孩子学会倾听，并非逆来顺受，而是要具体问题具体分析。对那些混淆是非、造谣中伤、无中生有的无聊倾诉，则要教育孩子学会甄别，学会说“不”，必要的话，还要给予严厉的批评，坚决制止。

56 如何与不喜欢自己的人相处

在生活中，当女孩遇见一些对她不太友好的人时，如果她不用同样的态度回应别人，而是以友善的态度尊重对方，这样会给她赋予独特的人格魅力，有助于她获得好人缘。

每个人都希望自己走到哪里都受人欢迎，但这只是一种美好的愿望，因为现实中我们不可能让所有的人都满意。同样的道理，女孩也会遇到不喜欢自己的人。作为妈妈，你是让女儿逃避那些不喜欢自己的人呢？还是让她学会与他们交往呢？

有的妈妈会对孩子说："别人不喜欢你，那你就别和他交往，何必找气受！"有的妈妈会对女儿说："别人不喜欢你，你还是应该以诚相待，争取被别人喜欢。"有位母亲就选择了后面一种教育方式，她在女儿10岁那年，给女儿讲了一个故事，告诉她要学会与不喜欢自己的人相处。故事是这样的：

在美国的一个小镇上。街边有一家咖啡店，主要销售饮料和咖啡。身手麻利的女招待安娜是这家咖啡店里的招待员。一天，在咖啡店客流高峰的时候，一个叫露西的女孩走了进来，她找了一个座位，坐在那里耐心地等待安娜来招呼她。片刻之后，安娜匆忙地过来了，她问露西："你需要什么？"

露西问："一杯带冰淇淋帽的甜饮料要多少钱？"

安娜说："75美分。"

露西把手上所有的硬币数了一次，数过来，数过去，数了好几遍。安娜失去了耐心，她转身离开了，去照顾别的客人。

过一会，安娜过来了，还是不耐烦地对露西说："钱数好了没有？"

露西说："我恰恰只有75美分，不过，如果我只要一杯甜饮料，不要上面的冰淇淋，那需要多少钱？"

这时安娜的脸色可难看了，她用生硬的口气告诉露西："50美分。"

露西说："那好，请你给我来杯甜饮料。"

安娜一声不吭地将饮料递给露西，然后拿着钱转身走开了，她听到身后的露西有礼貌地说："谢谢。"

忙完了一阵后，安娜再去注意那个女孩时，发现她已经离开了。于是她过去收拾桌上留下的空杯子，当她拿起杯子时，发现了一枚25美分的硬币在杯子下面。原来这是露西省下来留给她的小费。

身为妈妈，应该告诉女孩："当别人不尊重你、不喜欢你时，你不应该用同样的态度对待别人，而要学会以德报怨、以诚相待。因为如果你用同样的方式对待别人，那么你很难改变你在别人心目中的印象。相反，别人会认为自己看对人了，他本来就觉得你是这样一个人，果然你还真是这样。但是，如果你用真诚友善的态度尊重对方，那么对方会为自己对你的误解感到惭愧，这时你在对方心目中的印象就变了，变得让他肃然起敬。”

值得妈妈注意的是，教女儿尊重不喜欢自己的人，目的不是讨好别人，也不是为了让别人感到难堪，而是为了展示真实的自己，让别人自然而然喜欢上自己。

育女真经

建议 1：让孩子懂得与不喜欢自己的人相处的必要性

妈妈应该明白，女孩子终有一天要离开父母的怀抱，独立面对纷繁复杂的世界，要与许多人打交道。特别是在与陌生人打交道的时候，人们很容易以貌取人，凭借外在形象给人轻易下定论。因此，你的孩子遇到不喜欢自己的人是正常的，如果你在 13 岁之前，就教女儿学会以诚待人，尊重不喜欢自己的人，那么孩子就知道怎样与不喜欢自己的人相处，这样才会获得更好的人缘。

建议 2：让孩子明白与不喜欢自己的人相处的好处

当你的女儿向你诉说“为什么有人讨厌我”时，你可以告诉她：“有人不喜欢你，说明你有不完美的地方，这就是你进步的空间，需要你去不断完善自己。如果你能正确对待别人对你的不喜欢和不接纳，那么就能获得一份积极进取的动力。”当然，让别人喜欢你的孩子，并不是要她改变自己的原则去迎合别人的口味，你只需让孩子对别人以诚相待即可。

建议 3：让孩子明白逃避不是办法

在人际交往中，当女孩遇到不喜欢自己的人时，父母完全可以教孩子不要与对方来往，但这样孩子就少了一个与人交往的机会，倒不如让孩子尊重他们，其实这也是在尊重自己。如果因为别人对自己不友好，就和别人“对着干”，那么只能让人际关系越来越坏。相反，通过自己的实际行动，表现出自己真实的品质和能力，才有机会让对方“醒悟”，即使我们的尊重换不来对方的半点反思，那也没有关系。因为在我们尊重一个不喜欢自己的人的同时，可以换来周围更多的人的敬重。

妈妈必读

告诉女孩：如果别人不喜欢你，你不要生气，而要对他以诚相待；如果别人欺负你，你应该原谅他，这样可以锻炼你的胸怀，提升你的亲和力，可以让你“广结善缘”。如此坚持下去，别人将会逐渐被你的真诚所打动。

57 引导女儿学会与人合作

与人合作的能力，是当今世界人才的重要素质之一。任何一个人的力量都是有限的，只有让孩子在合作中接受锻炼，她的能力才会有提高，才能适应今后的社会竞争。

在当今家庭中，许多家长把孩子视为掌上明珠，对她们百依百顺，使女儿只知道自己，很少想到别人，逐渐养成了“以我为中心”的不良心理，变得任性、脾气大、不懂得与人合作，这些缺点已经成为大多数独生女心理品质上的弱点。如果妈妈不在女孩 13 岁前，教孩子学会与人合作，将会影响孩子今后的人际交往。

一天，女儿的班主任给李女士打来电话，说了她女儿雯雯的事情：

手工课上，同学们用积木搭高楼。这是一个需要互相配合、合作完成的游戏，每组两人，由同桌的两人共同完成。

雯雯和同桌一个女孩是一组。可是她却不愿意和同桌一起做，并且把积木都搬到了自己的桌子上。

“你为什么不把积木分给她？”老师问雯雯。

“这是我的东西。”雯雯说道。

这时，老师以商量的语气对雯雯说：“这个游戏必须两个人共同合作才能完成，你俩一起搭，一起完成，好吗？”

“老师，我不愿和她一起搭，我自己一个人就能搭。”

雯雯决意自己来完成，但是一个人的力量怎么也没有办法往更高的层次搭，最后失败了。而同桌小女孩非常生气，之后的几天都不跟雯雯玩。

宁愿自己一个人单干，也不愿意和别人合作，这已经是很多独生子女的毛病。她们习惯了“以自我为中心”，什么时候都想当主角，容不得别人分享与共处。这些毛病如果不在孩子13岁之前纠正，等孩子长大了，就难以纠正了。因此，妈妈应该引起重视。

培养女孩子的合作精神，首先要给她一些思想准备，妈妈可以从家务劳动中着手培养女儿，告诉女儿人与人之间相互帮助的必要性。妈妈在做饭的时候，可以叫女儿过来帮忙，事后对女儿的帮忙表示肯定和感谢，比如说：“没有你的协助，妈妈会很辛苦的。”使孩子意识到帮助别人是快乐的事情。长期这样做，能在孩子的心中建立起家庭是一个团体的概念，每个人都要各司其职，相互帮助，才能生活圆满。

育女真经

建议1：为孩子创造一个良好的家庭氛围

可以想象，在一个整天充满争吵声的家庭中，很难培养出一个具有和谐人际关系的女孩。因此，家长必须处理好家庭成员之间的关系，为孩子创造一个良好的家庭氛围。在与邻居、亲朋好友相处的时候，要热情、平等、谦虚、礼貌。这样孩子才会以父母为楷模，逐步养成尊重别人、爱护别人的良好品德。

建议2：帮助孩子树立平等的观念

在家里，妈妈要平等地对待孩子，鼓励孩子参与到家庭事务的讨论中来，尊重孩子的意见，告诉孩子：“你与别人交往的时候，也应该平等待人，这样别人才愿意与你合作。”让孩子懂得，在人格上，人与人之间永远是平等的。只有这样，人与人之间才能互相信赖、和睦相处。

建议 3：训练孩子合作思维的方法

要使女孩明白：在合作中不能只想着自己需要什么，而要以整个活动的需要为主，从而训练孩子的合作思维。在家庭生活中，可以让孩子和父母进行合作，在合作中，妈妈不能无限度地迁就孩子的愿望，尽管有时孩子的愿望本身是合理的，但是它却意味着父母要做出过多的牺牲。

建议 4：让孩子学会求同存异

合作中离不开商讨，难免会有意见分歧的时候，如果不能解决好分歧、达成一致，合作将很难进行。因此，妈妈应该让孩子知道，一个人的价值只有在集体中才能得到体现，当自己的想法与别人的想法不一致时，要学会和别人友好协商，学会求同存异，要以团队的目标为重，客观地看待别人的意见。

妈妈必读

引导孩子学会与人合作，培养孩子的团队精神，这是孩子将来适应社会生活必须具备的素质。团队合作精神，指的是团结一致、互帮互助，为了一个共同的目标坚毅奋斗到底的精神。这种精神，一定要在孩子还小的时候就要进行培养。

58 让女儿学会正确面对误解

每个人都渴望被人理解。但是由于思考角度、认识水平不同，人与人之间难免会出现误解。成人都避免不了被误解，何况孩子呢？因此孩子被别人误解是正常的，妈妈应该教会孩子直面误解，正确处理。

人们常说："理解万岁。"被人理解是快乐的事情。反之，如果被人误解或是被人冤枉，那就是一种痛苦了。孩子也希望得到理解，当他们被人误解、冤枉时，也会感到难过和苦闷。

常女士说，她的女儿在地上捡起了一支笔，那是前排同学前天丢失的，于是她将笔交给了那位同学，不料却被误解。那位同学说她做贼心虚，才主动交还赃物。女儿被冤枉了之后，回到家里放声大哭。

看到女儿痛苦的样子，常女士也很难过，她耐心地听女儿诉说内心的感受，并不时抚摸女儿的脸蛋，为她擦眼泪。女儿哭了一会儿后，心情平静了很多，这时常女士对她说："妈妈相信你，也支持你，你做了好事，这是值得肯定的。"孩子听了这些话，紧紧地抱住了妈妈。

常女士问女儿，"要不我明天去学校把这件事向老师讲清楚？"女儿说不要，常女士高兴地说："在学校有事要自己解决，这样才是一个能干的好女孩。"然后常女士让女儿明天和老师谈谈，把事情说清楚，让老师在班里为自己解释一下。

当女孩被同学或同伴误解时，她会感到非常委屈，而且很可能会哭鼻子，这时候妈妈千万不要责怪孩子："都这么大了，还好意思哭。"如果这样批评孩子，孩子会感到更难受，因为被误解后，孩子最需要的是支持和理解。作为家长，应该充当孩子的支持者和倾听者，鼓励孩子将实情和不满表达出来，体会孩子的内心感受。这样才是对孩子最好的安慰。

在孩子被误解后，她会觉得没有安全感，这时候妈妈要满足孩子追求安全的心理。你可以给孩子热情的拥抱，给孩子亲昵的抚摸，给孩子轻声的鼓励，无论是轻拍孩子的肩膀，还是说句"我相信你"，都能给孩子带来勇气。

值得妈妈注意的是，当孩子被人误解、冤枉了，你不需要急着帮孩子"平反"，而应该鼓励孩子自己处理事情。如果家长听了孩子的哭诉后，不与孩子进行心灵上的沟通，而是直接拿起电话与老师辩论一番，或者第二天到学校去找老师面谈，替孩子表达不满，那么结果只能让老师和同学对你的孩子敬而远之。因为这样做会把孩子置于同学及老师的对立面，也不利于孩子提高处理人际关系的能力和自我抗压能力。

那么，在女孩的成长过程中，当她被人误解和冤枉的时候，好妈妈应该怎么做呢？

育女真经

建议1：认真倾听孩子的诉说

当孩子被误解并感到难过时，妈妈应该让孩子叙述整件事情的经过，中途尽量不要打断孩子的话，。在孩子叙述的时候，妈妈要积极回应孩子，比如："哦，是吗？""你说的意思是……""是的，你接着说……"等等，这样，让孩子觉得自己被重视、被尊重了。

建议2：对孩子的遭遇表示同情和理解

尽量去理解孩子内心的感受，并对孩子表达真诚的同情，然后给孩子提出建议或想法，给孩子一些安慰和鼓励。有位母亲在女儿被误解后，利用生活中的小事告诉了女儿一个道理：

她将一个玻璃杯盛满水，然后把一只筷子插在里面，让女儿看。女儿发现筷子弯曲了，但她把筷子拿出来后，孩子又发现筷子是直的。女儿感到非常奇怪，这时候她便对女儿说："女儿，你就像水中的筷子一样，别人看起来弯曲了，但实际上你是直的。只要这杯水干了，别人对你的误解就会彻底消失。"这个小故事所折射出来的道理，一下子惊醒了哭泣中的女儿，使她更有信心面对误解。

建议3：鼓励孩子坚强面对误解

妈妈应该鼓励孩子处理自己的事情，例如，让孩子忘记不愉快的事情，鼓励孩子用实际行动为自己"洗冤"，通过热情主动帮助他人，重新获得同学们的认可等。

妈妈必读

误解就像人们看到的杯中的筷子一样，看似弯曲的，实则是直的。当你把这个道理告诉女儿时，所表达的含义是：妈妈相信你是"直的"，妈妈理解你的心情，你也应该相信自己，相信别人只是一时没有看清你。这样无形中会给孩子增添面对误解的勇气。

59 幽默的女孩容易受人欢迎

幽默感是一个人最高贵的品质之一，也是一个人人生最高的境界。一个女孩子如果具有幽默感，那么她将拥有更多的朋友，拥有乐观处世的心态，拥有一份轻松的心情，她的生活将会充满七彩阳光，她的人生将会充满欢声笑语。

幽默是孩子生活中的七彩阳光，培养孩子的幽默感应该从13岁之前开始。经常和孩子分享幽默的故事，培养孩子对幽默的感悟能力，自然而然能在孩子的心田撒下幽默的种子。而幽默的孩子总能给同伴带来欢乐，更容易受到同伴的欢迎。

朱女士是一个对生活充满激情的人，谈吐也很幽默。她的女儿在她的影响下，小小年纪就很有幽默细胞，常常让人开心不已。

记得有一次，朱女士下班回家，静涵高兴地对她说："妈妈，我长大了要买一辆车。"妈妈问她："你想买什么车啊？"静涵说："我要买的那款车叫做'老师爱死你'。"朱女士当时没回过神来，想了半天，都没想明白，就问静涵："什么叫'老师爱死你'啊？"静涵说："妈妈啊，这是世界著名的车子啊，你居然不知道？"在静涵的提示下，朱女士终于明白女儿说的是"劳斯莱斯"。

还有一次，朱女士回到家，有点闷闷不乐。静涵见状，说要给妈妈讲个故事。然后，静涵站在妈妈跟前，给妈妈讲起螃蟹的故事来。说是有一天，一只小螃蟹在路上横着爬，它的妈妈说它爬错了，应是竖着爬，就去教小螃蟹，没想到最后螃蟹妈妈也是横着爬的。然后，静涵一本正经地对妈妈说，这个故事说明了一个人自己有缺点不知道还去说人家的缺点。这个简短的笑话逗得妈妈捧腹大笑，觉得静涵真是妈妈的"开心果"！

像静涵这种在幽默的家庭环境中成长的孩子，性格中也就自然而然地充满了幽默的因子。幽默的孩子大多会成为伙伴中的焦点，有利于培养她的领导和组织才能，这样会使孩子在这个复杂的社会里生存得游刃有余。

幽默风趣既是一种戏剧性的艺术形式，也是一种适应环境的人生态度，在人与人的交往中，更是一种沟通的技巧。培养孩子幽默的情趣，是赋予孩子独特个性的神奇魔力。那么，父母如何把孩子培养成一个人见人爱、幽默风趣的人呢？

育女真经

建议 1：营造幽默的家庭环境

妈妈可以在家里搞一些活动，比如，让全家人聚在一起比赛讲笑话。父母讲完之后，要鼓励孩子讲。经常举行这样的娱乐活动，能营造轻松幽默的家庭环境，对培养女孩的幽默感很有利。

建议 2：用幽默的方式培养孩子

在日常生活中，妈妈要有意识地运用幽默的方式去培养女儿。比如，女儿玩完洋娃娃总会把洋娃娃胡乱一丢，不会主动整理玩具。这时，妈妈可以幽默地说："玩了这么长时间，你的娃娃是不是也累了？要不，你把她送回家吧，让她好好休息一下，明天再跟你一起玩，好不好？"这样的语气很容易让孩子接受。

建议 3：丰富女儿的幽默词汇

丰富的词汇有助于表达幽默的想法。如果词汇贫乏，语言的表现能力太差，那也无法达到幽默的效果。父母平时可以给女儿多讲讲幽默故事、机智故事、脑筋急转弯等等，训练女儿思维的敏捷性，丰富她的词汇。

建议 4：注重幽默的高雅性

儿童心理学家劳伦斯·沙皮罗强调，幽默有时候被人们用来欺负和侵犯他人。父母要帮助孩子区别敌意和非敌意的幽默，时常提醒孩子：幽默要友善，不要伤害他人；幽默要有礼貌，不要嘲讽他人；幽默要仅限于语言，不要有过激的行为。

妈妈必读

幽默来自人丰富的内涵，随着知识面拓宽，阅历增加，举止谈吐自然会有所改变。在培养女儿幽默感的时候，妈妈不要操之过急，要保持耐心。真正的幽默感是从生活中、从学习中，一点点地积累起来的，自然而然表露出来的，而不是讲讲笑话、油嘴滑舌就算幽默。

60 教女儿学会关心和友爱

关心是一种付出，关心是一种奉献，关心是一种美德，让女孩从一点一滴的小事做起，学会关心他人，学会照顾他人，孩子才会相应地被人关心。“爱人”是帆，“爱己”是船，只有彼此的推动和支撑，才能使孩子间的友谊长存。

天下父母，不关心、不关爱子女的，恐怕不多。可是生活中，不懂得关爱父母、关爱他人的孩子，却为数不少。尤其是在独生子女家庭，父母含辛茹苦地把孩子拉扯大，到头来却落得形单影只。这种说法绝非夸张，如果妈妈不重视在女孩 13 岁前培养她关爱他人的习惯，孩子就真的可能变得无情无义。

曹女士的女儿丽雯 8 岁了，家里人对她非常宠爱。最近，曹女士发现女儿表现出一些不好的现象：每当让丽雯把好吃的东西拿给爷爷奶奶吃，或叫她帮爷爷奶奶拿东西时，她总是蛮横地扭过头去不理会，还念念有词：“自己的事情自己做。”

在一次回家的路上，有个三四岁的小孩子摔倒了，曹女士和丈夫鼓励丽雯上前把小弟弟扶起来，没想到她置之不理，还说：“真笨，连走路都不会走！”

“六一”儿童节，女儿的学校发出了“献爱心，帮助贫困孩子读书”的倡议，曹女士和丈夫得知后，经过商量决定资助一个和女儿同龄的男孩，帮助他完成学业。当他们兴高采烈地把这个想法告诉女儿时，她却极为不满：“妈妈，你有那么多的钱为什么不给我买衣服穿，买东西吃，难道你不爱我了吗？”

曹女士说：“怎么会呢？”她又说：“那我做错了什么吗？”曹女士说：“没有啊！我爱你和这件事没有关联啊，爱是一个无限的空间，没有亲近和距离的。在这个世界除了亲情的爱，还有朋友的爱……”

要想让女孩学会关心和照顾别人，仅靠一两次说教是没用的，而应从小就向孩子灌输爱心，同时父母要用行动来影响孩子，为孩子创造一个充满爱的家庭环境。在日常生活中，妈妈应该有意识地引导孩子学会分享，学会对身边的人表示关心，比如爷爷奶奶身体不舒服，妈妈应该和孩子一起照顾老人家；如果听说孩子的同学成绩不理想，而你的女儿成绩不错，你可以鼓励孩子帮助同学。长期这样做，孩子就自然而然知道关心和照顾同伴。

育女真经

建议1：引导孩子通过关心他人体会快乐

让女孩尽早体会关心他人和被他人关心的快乐，是孩子学会关心他人的心理基础。在生活中，妈妈要鼓励孩子关心他人，比如，小朋友不小心摔倒了，妈妈应鼓励孩子去把小朋友扶起来。对孩子关心他人的行为，妈妈要做到细心观察，及时发现，当面表扬，让孩子体会到关心他人的快乐。

建议2：帮助孩子练习关心和帮助他人的基本技巧

妈妈要向孩子讲述、示范哪些行为和表情是他人寻求帮助的信号，让孩子懂得体察别人的需要。同时还应该让孩子学会在不妨碍他人的情况下，给他人提供关心和帮助。为了让孩子做到这点，妈妈可以在日常生活中多给孩子提供练习和实践的机会，教孩子如何正确表达关心及向别人提供帮助。鼓励孩子自己寻找办法，培养孩子的勇气、信心和爱心。

建议3：温和地惩罚孩子的自私、攻击行为

当你发现女儿粗暴地抢夺同伴的玩具或其他物品时，应该立即告诉她这种行为是不对的，告诉孩子没有人喜欢和自私霸道的人交朋友，使她明白不良行为的后果。如果孩子的自私和攻击行为不是很严重，妈妈可以采取“冷处理”，假装视而不见，而当孩子表现出的友好行为时则大加赞赏，进行高度的强化，这样就能让孩子明白怎样的行为是正确而受人欢迎的。

妈妈必读

前苏联教育家苏霍姆林斯基说过："良好的情感是在童年时期形成的，如果童年蹉跎，那么，失去的将永远无法弥补。"帮助孩子从小养成关爱他人的习惯，教孩子与他人友善相处，是一件重要的事情。

61 引导而不是阻止女儿交网友

"连三岁小孩都会上网了"，用这句话来形容孩子对网络的接触和了解一点都不为过。网络世界充满新奇的事物，对孩子有强烈的吸引力。当那还未满13周岁的女儿上网交友时，很多妈妈会忐忑不安，担心女儿上当受骗，甚至陷入网恋的陷阱。

上初一时，冯悦经常去网吧，还在网上认识了一个朋友，两个人聊得非常投机，他们很快就见面了。见面后，冯悦才知道她的网友也是当地的，是一个年龄和她差不多的女孩。网友经常带着冯悦到处游荡，结交了一些社会上的不良青少年。在他们的影响下，冯悦学会了抽烟、喝酒，耳朵上还扎了好几个耳孔、挂了耳环。迷失自我的冯悦在老师和父母的引导和教育下，走出了重重"迷雾"。她后悔不已地说："学生真的要慎重交网友，我现在后悔死了。"

不去网吧上网，孩子就不会变坏吗？显然不是，很多家长不让女儿去网吧，但又不能不让孩子接触电脑，于是给孩子配了电脑。但是由于孩子的自制力和辨别是非的能力有限，也很容易迷恋上网。

一项调查显示，75.45%的家长担心孩子会在网上交到不好的朋友，一些家长说，听说过很多青少年受网友骗的事，心里特别紧张。另外，一些色情网站的存在，也让家长们心神不安。因此，一旦发现孩子在网上看了不该看的东西时，家长往往会严厉斥责孩子。可是这样做并不一定有效。

初一女孩红艳上网看色情网站被爸爸妈妈发现，结果被爸爸妈妈痛骂一顿，继而爆发了亲子大战。当时妈妈怒火中烧，当场砸掉了电脑。这件事发生后，红艳内心也有过悔意，但想起爸爸妈妈那么粗暴的态度，她又产生了怨恨。

在安静了几天之后，红艳的脑海里再次浮现了色情网站上的图片和视频，于是经常躲着爸爸妈妈，偷偷地去网吧上网看色情内容。在色情内容的刺激下，红艳很快找了个男朋友，并与之发生了关系。几个月后，红艳怀孕了。她的妈妈得知这件事后，气得当场晕过去……

如今，在城市里，几乎每个孩子都使用过电脑，网络已经成为了孩子生活中的一件“玩具”。网络可以是孩子们学习的助手，可以是孩子们获取信息的一种渠道。但是网络中内容庞杂，客观上存在某些不利的因素，很容易使孩子受到不良影响。于是，有些家长视网络为洪水猛兽，极力反对孩子交网友、玩网游，但又苦于无良策来应对，因此非常苦恼。

育女真经

建议 1：不要过多干涉孩子上网聊天

大多数家长对 13 岁之前的孩子上网持反对态度。他们愿意让孩子学电脑这项基本技能，但上网聊天、交友、打游戏不行，耽误学习。很多家长为了不让孩子沉迷网络，基本不让孩子上网，即使上也要在旁边监督。其实这种做法是不可取的，因为堵不如疏，越阻拦，就越容易激起孩子对网络的好奇。

建议 2：正确看待网络对孩子的影响

孩子交网友并非都是坏事，网友中也有许多思想健康、品德高尚的人，孩子可以从他们身上学到有益的东西。有些孩子平时不喜欢说话，但是他们愿意在网络中倾诉自己的心里话，获得网友的心理支持和安慰，这对孩子而言是有好处的。如今聊天工具已是一种普及的沟通工具，学会网络沟通也有助于提高孩子人际交往的能力。

建议3：适当聊天可以，但不要轻易见网友

有的女孩被网友迷上了，为了见网友而离家出走，让人担忧。因此，对于女孩上网，家长不但要有时间限制，更要有内容的把关。当然，最好的方法是疏而不是堵，并非什么网也不能上，而是要有选择。孩子交网友、见网友也需要家长把关，家长要告诉孩子网络的虚拟特点。如果女孩要求见网友，家长要尽量劝阻，实在不行，应陪同孩子前往。

妈妈必读

网络并非洪水猛兽，网友也绝非全是坏人。作为家长，妈妈应该积极学习电脑操作技巧，尝试上网交友，以便更好地理解孩子对网络的痴迷，同时能和孩子有共同语言，甚至可以和孩子成为网友，在现实生活中不好意思说的话，在网上说，也是一个不错的沟通渠道。

第七章

13岁前，培养知识丰富的才识女孩

中国古语有云："女子无才便是德。"实在有失偏颇。在这个男女平等的现代社会，才识、才气是一个优秀女孩子必备的素质。作为一个有着明智思想的妈妈，应该努力把女儿培养成一个知识丰富的人，帮助孩子涉猎并积累不同领域的知识。

62 有求知欲，才有学习动力

有欲望才会有行动。想让孩子爱上学习，并以学习为乐，就应该先让孩子产生学习的欲望，这样孩子才会乐此不彼地畅游于知识的海洋，成为自由成长的“鱼儿”。

你是否发现自己的女儿总喜欢向你提问？有些问题还非常好笑，你是怎样应对的呢？如果你对孩子的问题不冷不热地回答，那么你有没有考虑：她为什么问你而不问别人呢？

其实，孩子问你问题，是因为相信你能给予解答，如果你不告诉她，将会令她失望。爱问问题是孩子求知欲强烈的表现，如果你不重视，就容易打击孩子的求知欲，对培养孩子积极思考、热爱学习是不利的。

所以，作为一位明智的妈妈，应该尊重孩子的每一个问题，给孩子一个认真的答复，这不仅可以让孩子学到知识，还可以密切亲子关系，让孩子更加信赖妈妈。

星期天，贾女士正在与丈夫商量事情，7岁的女儿走了过来。她手里拿了一本达尔文的《进化论》的少儿读本，书中用生动的笔调描述了生物进化的过程，并且配有极为有趣的插图。

“妈妈，进化论中说人是由猴子变来的，这对吗？”女儿问道。

“我不知道是否完全对，但达尔文的理论是有道理的。”

“可是既然人是由猴子变的，那么为什么现在人是人，猴子仍然是猴子？”女儿问。

“你没有看见书上是这样写的吗？猴子之中的一群进化成了人类，而另一群却没有得到进化，所以它们仍然是猴子。”贾女士说。

“这恐怕有问题吧。”女儿怀疑地说。

“什么问题？”

“既然是进化，那么猴子们都应该进化，而不光是只有一群进化。”

“为什么这样说？”

“我觉得另一群猴子也应该得到进化，变成一群能够上树的人。”

这时，贾女士有点不耐烦了，但想了想，调整了一下自己的心态，耐心地继续回答女儿的问题。

“那是不可能的，因为事实上是猴子当中的一部分没有得到进化……”贾女士说。

“为什么？”女儿仍然不放过这个问题。

于是，贾女士只能尽自己所知向她讲明其中的原因：“据我所知，一群猴子由于某种原因不得不在地面上生存，它们的攀缘能力逐渐退化，而又学会了直立行走，经过漫长的进化变成了人类；另一群猴子仍然生活在树上，所以没有得到进化。”

“我明白了。可是为什么要进化呢？如果人能够像猴子那样灵活不是更好吗？”女儿突然又问了另一个问题。

“虽然在身体和四肢上猴子比人灵活，但人的大脑是最灵活的。”贾女士回答道。

“大脑灵活有什么用呢？又不能像猴子那样可以从一棵树跳到另一棵树上。”女儿说道。

“身体灵活固然好，但只有身体上的优势是远远不够的。大脑的灵活才是最重要的，因为只有这样才能创造出文明。”

“为什么要创造文明？”女儿接着又问道。

“因为文明代表着人类的进步。”贾女士说。

……

女儿的问题一个又一个地如潮水般涌来。她的很多问题在成年人看来非常可笑而毫无根据，但即便这样，贾女士也尽量不让她失望。

贾女士的做法值得我们学习，面对女儿源源不断的奇怪问题，她没有回避，没有敷衍，而是积极地对待。虽然她没有给女儿实质性的答案，但是对引发孩子思考，保护孩子的求知欲很有帮助。也就是说，在无法回答孩子问题的情况下，也应该以赏识的心态对待孩子的提问，从而更好地呵护孩子的求知欲、激发孩子去积极地思考。

育女真经

建议 1：给孩子一个认真的答复

在 13 岁之前，女孩有强烈的好奇心。生活中那些在大人们看起来很平常的事，她们也会问个不停。这时，妈妈千万不要感到厌烦，要知道女儿好问是好事，说明她有强烈的求知欲和思考意识。千万不要打击女儿的好奇心。要尊重孩子的问题，给孩子一个认真的答复。这里的答复既可以是专业的回答，也可以是积极赏识，毕竟妈妈也有不懂的问题。

建议 2：不要敷衍孩子的问题

如果妈妈不能马上回答孩子的问题，应该把问题记下来，通过查询后尽快把答案告诉孩子，以此激发孩子好问的精神。千万不要因为孩子的问题太过幼稚而嘲笑或者敷衍孩子，这样会使孩子渐渐失去提问的兴趣。告诉他们“等一下再告诉你”，“让我先考虑一下”，承认自己无法回答不是什么羞耻的事情。这样可以让孩子知道自己没有被忽略，得到了应该的尊重，同时也可以让孩子学会等待和谅解他人。有些女孩不管妈妈是否有空，便要求立刻回答，这个时候正好可以教育孩子学会尊重别人和有耐心，让她们明白不是什么问题都可以立即有答案的，这需要有耐心。

建议 3：给孩子提问的机会

如果你的女儿比较胆小，不太爱问问题，那么你就应该采取相应的办法，激发她的求知欲和好问的精神。比如，你给孩子出一道题，让孩子去思考答案，过了一段时间后，你问孩子想好了没有。如果她还没想好，你可以问她是不是遇到了困难，是否需要帮忙，鼓励她把困难讲出来，再给她一些引导和帮助，使其意识到提问和思考的好处。这样多次下来，孩子也就懂得问问题和积极思考。

妈妈必读

面对孩子提出的问题，妈妈应该和孩子积极沟通，耐心地回答孩子的问题。妈妈每满足一次女儿的求知欲，她的智力水平就会提高一步。女儿的求知欲不断得到满足，其智力水平也就能够不断得到提升。

63 给女儿创造良好的学习环境

同样是学习，在吵闹、时而被打扰的环境中学习，和在安静、学习氛围浓厚的环境中学习，这两者的学习效果是大不一样的。妈妈应该给女儿创造安静、欢悦的学习环境，使她学习有效率，学得轻松快乐。

家庭环境对孩子学习的好坏及良好习惯的形成是至关重要的，妈妈万万不可大意。有的妈妈让女儿在屋里做作业，自己则在客厅里看电视，一边看一边大声说笑。不一会儿，孩子想出来看电视，妈妈却斥责孩子："快回去写作业。"

其实，在这种情况下，孩子非常不愿意回房间做作业，她的心思都在电视上了，她会想：妈妈在那看什么呢？怎么会那么高兴呢？我也想看看！这种情况对孩子的最大影响就是容易让孩子养成无法专心学习的毛病。

有段时间，王女士发现女儿的同学苗苗和甜甜经常放学后，和她一起回来，在自己家里做作业。王女士原以为她们是一起讨论问题，后来一问才知道，原来那两位同学嫌家里太吵了环境不好，这才和她女儿一起来她们家做作业。那两个女孩很认真地对王女士说："阿姨，你们家的学习环境真好，我们要是长期在这样的环境下学习，成绩一定能提高很多。"

经过了解之后，王女士得知那两个孩子的家庭环境的确很糟糕，不适合孩子在其中学习，一个女孩的父母喜欢打麻将，家里一天到晚都有场子。妈妈经常不做饭，看到孩子饿了，就随便在门外的小摊上买两个包子，再不然就买一碗粥、一根油条。孩子在自己的房间学习，都能听到客厅里的抓牌、洗牌的哗啦声。另一个孩子的妈妈是个大嗓门，在家说话跟吵架似的，一天到晚喋喋不休地说个不停，而且走路的脚步声特响。

想想自己的家，王女士感到很欣慰。自从女儿上学后，她就和爱人专门开过家庭会议，研究讨论如何为孩子创造一个良好的学习环境，因为女儿在好的环境中学习，才能取得事半功倍的效果。经过一段时间的摸索，她逐渐养成了习惯，那就是在孩子学习的时候小声说话、不看电视。就连打个电话，也会到门外，或者把房间的门关起来打。

家庭环境和孩子的学习成绩，这两者之间有某种必然的联系。举个简单的例子，家里整天麻将声稀里哗啦地响着，孩子在学习的时候怎么能集中注意力呢？或许有的妈妈说："这样可以锻炼孩子的抗干扰能力。"

此话听起来颇有几分道理，其实不然，因为13岁的女孩心智尚不健全，对于嘈杂的声音的抗干扰能力不像成人那样强，在她们学习的同时，还要分心去抗干扰，试问这样能取得好的学习效果吗？只有让家里保持安静，孩子才能静下心来学习。

值得妈妈注意的是，为女儿创造良好的家庭环境，并不只是创造安静的家庭环境，而应首先让家庭和睦，气氛融合，充满温情，这样孩子才有安全感和被爱的感觉。如果爸爸妈妈经常吵架，孩子会提心吊胆，也没法静下心来学习。妈妈要知道，家庭人际关系如果不和谐，经常吵吵闹闹，对孩子是一种心理干扰、情绪压力，孩子会产生焦虑、恐惧、厌烦等心态，无法安心学习。

…· 育女真经 ·…

建议1：女儿学习时不要和她说话

在生活中，有些妈妈感觉孩子学习比较累，想为孩子节约一点时间。在孩子学习的时候，顺便和孩子聊一聊近期的学习情况、和同学的相处情况。有的妈妈则时不时端着水果或点心过来问孩子吃不吃。这些表面上是关心，但实际上却分散了孩子的注意力，打断了孩子的思路。

建议2：在家接待客人不能影响孩子

家里有时候会有客人来访或邻居串门，大人们在谈话的时候，如果声音过大，也会影响孩子学习的效果。因此，妈妈应该有意识地注意和减少这种情况的发生。比如，朋友聚会，招待亲戚，尽量安排在周末。因为这时候，孩子作业已经完成，必要的时候，还可以和孩子一起接待客人，或鼓励孩子邀请小朋友来玩，这不但不影响孩子的学习，还可以引导孩子学会交往，加强对社会的认知，增加社会实践能力，有利于孩子成长。

建议3：不要在孩子面前争吵

生活中，爸爸和妈妈难免有观点不同的时候，能在孩子面前沟通和讨论的，就在孩子面前沟通；不方便在孩子面前沟通的问题，就要回避。因为大人们的争吵会影响孩子的心理，在孩子面前，家长应该有意识地表现出对家庭成员的尊重，为孩子的健康成长创造一个良好的氛围。

妈妈必读

孩子能否快乐、有效率地学习，能否茁壮成长，是妈妈的一大责任，创造一个良好的学习环境就是万丈高楼的基础工作。所谓细节决定成败，如果妈妈在家庭生活、工作、学习等诸多细节上注意，尽量给孩子创造好的环境，对孩子学习、成长可以起到事半功倍的效果。

64 培养女儿主动学习的意识

让女儿在学习中做自己的主人，可以促使其自我意识的觉醒，培养其独立的自我行为。当一个人在自己的意识支配下独立地言论和行为，这种言论和行为对自己的成长才是真正具有价值和意义的。

自我意识是成就人生最根本的力量，是事业成功最强大的推动力。不敢说自我意识强的人都能够成才，但可以说，没有自我意识，就难以自主地学习，也就难以成才。让女儿在学习中做自己的主人，可以促使她自我意识的觉醒，培养其独立的自我行为。

当8岁的洋洋想玩电脑时，妈妈会对她说："请先做你该完成的事情。"该完成的事情除了当天的作业，还有半小时的钢琴练习。对于洋洋玩电脑游戏，妈妈之前是有些顾虑，担心玩电脑会影响她的学习。但同时妈妈又考虑到，电脑是现代社会信息交流的重要工具，早一点接触电脑，对孩子很有好处。她相信只要把握好时间和内容，对女儿利多弊少。

但洋洋小小年纪就有自己的想法，还做不到自控，对此妈妈和洋洋商量了一下，制定了一个家规。如果每晚洋洋能在九点以前完成她所有的任务，那么她可以自由地安排剩余的时间，看电视或玩电脑，但每次玩电脑不能超过半小时。洋洋同意了。

新家规执行的第一天。妈妈下班回到家，看见洋洋在玩积木。吃完饭，已经快八点了。洋洋丢下饭碗，马上去做作业。做到八点四十，作业终于做完了。然后她弹了半个小时的钢琴，已经到了九点十五。这个时间已经超过了上床睡觉的时间，洋洋急哭了。虽然她很想玩电脑，因为已经九点钟了，她不得不洗脚，上床睡觉。

第二天妈妈下班回家，一进门，就看到洋洋在做作业，她告诉妈妈作业快做完了，妈妈有些惊讶。吃完饭后，洋洋做完最后几道题，稍事休息就开始弹钢琴，弹完钢琴一看表，才刚好八点半，她正好可以玩半个小时的电脑。

从那以后，洋洋学会了合理安排自己的时间。每天放学后回到家，第一件事情就是做作业。而且她还懂得了由易到难地解题，先做容易的题，把难题留在后面，这样学习更有效率。

每个人都希望自己是自由的，不希望自己受到别人的限制和干涉。13岁前的女孩也渴望有自主权，能选择自己喜爱的东西，许多妈妈却往往忽视孩子的这一正当要求，尤其是在学习上经常逼迫孩子按自己的意愿去进行。

学习是孩子自己的事情，谁也无法替代。作为妈妈，当你在教育女儿读书的时候，不要对其志趣横加干涉和阻挠，只需激发女儿的学习积极性，使她明白学习的目的，做一个自主学习的人。

育女真经

建议1：激发孩子学习的兴趣，调动孩子自主学习的积极性

俗话说“兴趣是最好的老师”，如果想让孩子从被动学习变为主动学习，就应该激发孩子对学习的兴趣。有了兴趣，孩子就会从“要我学”变成“我要学”。比如，想让女儿爱上写作文，妈妈可以收集一些美丽的诗文，经常在女儿面前朗诵，让女儿感受到文字的优美，并鼓励女儿只要加强学习，也能写出这么美的句子。这样孩子就有兴趣写作文了。

建议2：帮助孩子树立明确的学习目标和学习计划

有目标才有前进的方向，有计划才有持之以恒的动力。妈妈可以帮助女儿制定学习目标，比如，语文考多少分。再给孩子制定一个学习语文的计划，让孩子每天朗诵一篇散文、背诵一首小诗。这样坚持一段时间，孩子就会养成学习的习惯，有了习惯，孩子也就知道自觉地学习了。

建议3：以表扬和鼓励为主，让孩子尝到成功的喜悦

想调动孩子学习的积极性，就要经常给孩子肯定和表扬，让孩子看到自己的点滴进步，让孩子在表扬中获得成功的喜悦。肯定和表扬是一种激励，这种激励能使孩子增强学习的欲望，变被动为主动地去学习，收到事半功倍的效果。如果想让孩子提高作文能力，不妨给孩子表现的机会，比如，把孩子写的好的作文挂在客厅的墙壁上，让大家都有机会欣赏，让孩子在众人的夸奖和赞誉声中得到心理的满足，这样就会激发孩子向着更高层次发展。

妈妈必读

让女儿从被动学习到主动学习，这中间需要妈妈的激励。有激励，孩子才会有动力，才会产生主动学习的心理，而这种心理将成为孩子在学习中主动学习的永久的动力。所以，妈妈要努力调动孩子的主动性，让孩子成为学习的主人。

65 做女儿学习的好伙伴

学习需要一种氛围，这种氛围需要妈妈和孩子一同创造。怎么创造呢？妈妈不妨和孩子一起学习，因为一起学习可以相互影响，使孩子把妈妈当成榜样，当成伙伴，有问题一起探讨又可以增进亲子感情，可谓一举多得。

人们常说"身教重于言传"，在家里如果爸爸妈妈热爱学习，经常读书看报，那么无形中就会给孩子积极的影响。13 岁前的孩子可能不太懂为什么学习的道理，但她们看到父母认真学习，自然 0 会积极效仿。长期熏陶，孩子自然也会喜欢读书看报。

妈妈可以和孩子一起学习。比如，吃完晚饭后，孩子在做作业时，妈妈可以捧一本书，坐在客厅的沙发上，或坐在书房的书桌前。孩子看到妈妈在认真阅读，会很自然地提醒自己好好学习。

虹英已经上小学二年级了，在这个学期里，虹英感到学习越来越累了。因此，放学后不愿意做作业，总想着看动画片。一天妈妈对她说："虹英，你现在是小学生了，不能每天想着看电视了，放学后要先把作业做完了。"

没想到虹英不高兴地说："妈妈，你们都能看电视，为什么我就不能看？"

妈妈一听，女儿竟敢和自己顶嘴，马上叫道："我们不用上学，不看电视做什么，你是个学生，学习是你们的首要任务。"

虹英当时不再说话，妈妈知道她意识到错了，就没再说什么。

晚上躺在床上，妈妈越想女儿的话，越觉得自己不对：是啊，为什么我可以看电视，而女儿不可以呢？我是一个合格的母亲吗？

从那以后，在女儿学习的时候，妈妈再也不看电视了，而是看一些有关文学和人生的书。很快虹英就感觉到妈妈的变化，她见妈妈看书看得那么认真，觉得自己也应该认真地学习。渐渐地，她养成了主动学习的习惯。

一段时间后，妈妈觉得和女儿一起学习，虽不能说教学相长，但这种氛围对女儿有好处。从此以后，在虹英学习的时候，妈妈坚持不看电视，而是看书。而到了周末，妈妈和虹英一起看电视，边看边交流，她们成了一对快乐的母女。

妈妈是女儿的最好榜样，和女儿生活在一起的时时刻刻，妈妈都应该意识到自己的一言一行随时都有可能会影响孩子，妈妈应该时刻检点自己的言行，给女儿以示范，做女儿的榜样。在女儿学习的时候，如果爸爸妈妈也学习，就能制造一种学习的家庭氛围。而且遇到了问题，女儿更愿意向爸爸妈妈求教，这样父母和孩子之间就多了交流，还可以激发孩子的学习欲望。

每天晚上吃完饭，收拾完碗筷，陪孩子玩上十几分钟，放松一下心情。如果孩子有作业，就开始做作业。做作业时，妈妈无论是坐在边上看报纸，还是看杂志或书籍都可以。这样做一方面可以给孩子创造一个安静、独立的学习空间；另一方面，能对孩子起到榜样示范作用，使孩子全身心地投入到学习中去。

···· 育女真经 ····

建议1：营造学习的氛围

妈妈在工作之余要多关心女儿的学习，要以身作则，和她一起学习，营造有着浓厚书香气的家庭氛围。和女儿一起学习，并不是限制女儿自由发展的空间，越组代庖式的学习，而是为了更好地给女儿营造一种轻松学习的氛围。如果妈妈与女儿一起参与到学习中去，一起探讨一些学习中的问题，或者向女儿提出一些问题，让女儿帮助解答，这样还可以激发她的学习兴趣。大多数孩子都喜欢阅读，如果妈妈可以跟孩子一起阅读书籍，对某些知识还可以一起讨论，这样不但有助于加强亲子关系，同时自己也可以学习更多的知识，何乐而不为呢？

建议2：和女儿开展比赛

妈妈可以与女儿开展比赛，让她觉得不是只有她才需要学习，这样才会引发女儿的乐趣，还可以和妈妈拉近彼此的关系。妈妈也在可以在工作之余参加一些进修学习，并和孩子比赛，比比谁的考试成绩好，谁能够控制自己学习完了之后再看电视，考得好的还能得到奖励。

妈妈必读

好学的妈妈才会有好学的女儿，光要求女儿努力学习，自己却没有学习的意识，这种散漫的心态必然会影响到女儿的学习积极性。培养女儿的学习热情，妈妈应与女儿一起学习。

66 教女儿向课堂要效率

很多孩子上课开小差，没有抓住课堂珍贵的45分钟，课后做题又不会，这样很容易影响孩子的学习效果。而考试的时候成绩糟糕时，还会受到父母的批评，让自信心受到打击。想要避免这种问题，妈妈就要教孩子向课堂要效率。

有些孩子没有意识到课堂的重要性，在上课的时候不认真听讲，认为回家自己琢磨一下就没问题了。这种过于乐观的想法导致他们学习效率低下。要知道，课上认真听讲一分钟，胜于课后自己琢磨一天功。

一般情况下，年龄越小的孩子，听课的效率越低，这与他们的自控能力差有关。所以，在孩子进入小学时，妈妈就应该教女儿认识到在课堂上认真听讲的重要性，再教孩子一些听课的技巧，如集中精力；重视开头和结尾；注意重点和难点；随时记下老师所讲的关键词、句，或是公式、定理；及时提出自己不懂的地方；积极回答问题等等。这些都是提高课堂效率的好方法。

曼妮是一名小学三年级的女生，聪明、活泼，可是令父母头疼的是，曼妮每次做家庭作业时总是要父母帮忙，而且考试的成绩经常是一塌糊涂。妈妈和老师沟通后，才知道曼妮上课时经常开小差。比如，语文老师上课时，她在下面玩“桃太郎”；数学老师上课时她在下面玩“七巧板”。

老师多次批评教育，可收效甚微。有时她即使没有在下面玩玩具，可精力也不集中，不是碰碰左边的同学，就是踹踹前面同学的凳子……了解了女儿在学校的种种“劣迹”后，曼妮的妈妈决心帮助她纠正这些毛病。

首先，妈妈“收缴”了她的玩具，并说明今后只能在家里玩。接着，妈妈开始对她进行耐心细致的思想教育。妈妈告诉曼妮：“上课时一定要认真听讲，思路要跟着老师走；要把与学习无关的东西收进抽屉里；不要左顾右盼；不要说话影响他人。”

最后，妈妈对曼妮说：“如果你在课堂上能认真听讲，课后再进行适当的复习，下次考试时一定能有很大的进步。”曼妮点了点头。

一个星期后，老师给曼妮妈妈打来电话说：曼妮这几天上课的表现比较好，能认真听讲，即使偶尔有点小动作，老师用眼神暗示她一下，她就安静下来又开始听课了。老师还希望曼妮妈妈继续配合学校，帮助曼妮彻底改掉上课不认真的坏习惯。曼妮的妈妈欣然接受了老师的建议。

在妈妈和老师的配合下，曼妮在课堂上听课的效率已大大提高，作业基本上自己能独立完成，考试的成绩也每次都有进步。

曼妮的学习得到提高，说明课堂的听课效率直接影响着孩子对新知识的掌握程度，同时也影响着对旧知识的深化运用和记忆。把握好课堂 45 分钟，是孩子提高学习成绩的一个重要途径。

···· 育女真经 ····

建议 1：告诉孩子上课要专心听讲

上课时，老师总是根据大多数学生可以接受的节奏来讲解，个别学生如果跟不上，就会让听课的效率大打折扣，甚至白白浪费上课的时间。这个道理谁都明白，但是上课听讲不专心的现象还是非常普遍，甚至可以说每个孩子都曾有过上课开小差的经历，区别只在于走神时间的长短和次数的多少。妈妈应该告诉女儿，上课要以专心听为主，适当做些笔记，如果不小心开小差了，要及时把心收回来。

建议 2:鼓励孩子在课堂上积极回答问题

课堂上的回答问题,其实是一种检验,考察自己的临场发挥能力、思维的缜密程度,以及面对问题是否有足够的勇气和自信。这些品质对于考试都是至关重要的,因此,鼓励女儿积极发言,是妈妈应该做的。妈妈可以告诉女儿:“站起来发言没有什么好怕的。答对了,证明你领悟了课堂内容;答错了,说明你还学得不够好,继续努力就行了。不要在意同学的眼光,而且你愿意回答问题,还会受到老师的喜爱。”通过这样的话鼓励女儿在课堂上积极发言。

建议 3:教孩子养成做课后小结的习惯

在课堂上,老师讲出来的知识,仅仅是老师的知识,只有通过学生的消化吸收,做出小结,才能变成学生自己的知识。妈妈要数女儿养成做小结的习惯,把知识装进了自己的头脑,并且做出初步的整理,把老师讲的知识,链接到自己的头脑里。

妈妈必读

妈妈要教育女儿在上课时紧跟老师的思路:老师讲课时,要边听边想,同时记下老师所讲的重点和难点,做到眼到、心到、手到。这样一节课下来,孩子就能基本掌握老师所讲的内容了。课后也就不会学得那么费劲了。

67 让女儿快快乐乐地学习

如果你问女儿:"做什么最不快乐?"孩子很可能说:"做作业最不快乐!"如今,孩子厌学,不喜欢做作业的现象非常普遍。学习压力太大,作业太多,爸爸妈妈的期望太高,都是孩子厌学、不快乐的原因,对此,妈妈应该引起重视。

如今的社会竞争太激烈了，父母看着孩子不认真学习，就感到担心：真糟糕，社会竞争这么激烈，我的孩子居然不好好学习，将来进不了一流的大学，找不到好工作，怎么有竞争力呢？于是父母将这种焦虑和担忧投入到孩子身上。这样一来，孩子自然学得不快乐。

有个上五年级的女孩子在作文中写道：

学习中的痛苦是每个人都会品尝到的，我也不例外。体育课上，那令人厌烦的疲倦，带给我的是痛苦；而语文、数学和英语里那些死记硬背的东西，更是带给我痛苦。每次考试前，我都得在家“啃”书。我把复习资料放在左侧，随着时钟“嘀嗒嘀嗒”的声音，右侧的书慢慢多起来。妈妈还拿来复习卷让我做，说是巩固一下知识，做得我小手直发麻。

在上课时，我们就如同一只只离开了蓝天的小鸟，被笨重的笼子永远关了起来，失去了自由。下课铃响了还拖堂，把我们仅剩的自由时光都剥夺了。

当学习变为一种痛苦时，我们只能硬着头皮继续，除此之外似乎没有别的办法。我也试图让学习变为一种乐趣，但死记硬背怎么也感受不到学习的快乐，不知是我不适应学习，还是我的学习方法有待改进，总之为了应试考试而进行的任何学习，对我来说都是巨大的痛苦。

看了上面这个孩子的独白，你再观察一下自己的女儿，问问她学习快乐吗？她可能也会告诉你，她一点儿都不快乐，因为功课压力太大了，她没有时间去做自己喜欢的事情，作业太多了，她得做到很晚才能做完。

妈妈应该知道，如果女儿学习不快乐，她就有可能逃避，或者勉强应对，这样她就会感到忧郁。长期如此，她很容易患上忧郁症，身体的免疫系统会降低。科学研究显示，一个不快乐的人感染到传染病的概率比一般人高，不快乐的人不仅容易生病，而且不容易从疾病中恢复过来。

看到这里，有些妈妈可能震惊了。因为她们以前经常逼孩子上兴趣班、逼孩子写作业。在此提醒妈妈们，不仅要在乎孩子的学习成绩，更要在乎孩子是否开心。要让孩子在学习的过程中保持童真，保持快乐，要让孩子有一个快乐学习的心态。这将会成为孩子一辈子的财富。

育女真经

建议 1:放学回来先吃水果

女孩在学校上了一下午的课,大脑累了,肚子也饿了。孩子放学回家,先让她边吃水果边休息。因为水果里含有果糖,吃了之后会变成葡萄糖,即血糖。这样一来就能给大脑神经细胞提供能量。当孩子大脑工作了一下午正缺乏能量时,这时候从水果中补充能量,就能很好地给孩子注入活力。孩子休息了 15 ～ 20 分钟,大脑有了能量,然后再做作业。

建议 2:让孩子饭前做作业

我们知道,在饱餐一顿后,人往往懒洋洋的,什么都不想干。为什么会这样呢?原因为吃到胃里的食物,需要消化,消化需要血液。这时身体里大部分的血液都流到胃部来加工刚刚吃进的大量食物。这样一来,流向大脑的血液就减少了,大脑就会出现供血不足的状态。

所以,如果你让女儿晚饭后再做作业,孩子很可能不情愿,即使做作业,注意力也不会很集中,大脑效率也低。因此,妈妈应该鼓励孩子在饭前就把作业做完。晚饭什么时候吃,妈妈是可以控制的。妈妈最好在孩子做完作业看动画片的时候做饭,因为如果孩子做作业的时候妈妈做饭,孩子嗅到厨房飘来的饭菜香,食欲就上来了。如果作业太多,那么可以先吃饭,吃完后多休息一会儿再继续做。

建议 3:让孩子在做自己喜欢的事情前做作业

每个孩子都有自己喜欢的事情,比如看动画片、做游戏,或者是体育活动。如果你的女儿喜欢看动画片,你可以对她说:“你必须先把作业做完,做完了才可以看。”如果孩子以前没有这样的习惯,妈妈可以和女儿重新达成协议。假设动画片在 6 点播放,你可以让她 5 点开始做作业。达成协议后,写在纸上,都签个字,贴在门上,每天遵守。

之所以这样做是因为,孩子做作业非常辛苦,大脑很疲劳,做完之后,让孩子做自己喜欢的事情,算是给他们一个安慰、一个奖赏。孩子做作业能和快乐连接起来,这样就愿意学习,也容易形成主动学习的习惯。

妈妈必读

试着去了解女儿的感受，当你能够帮孩子爱上学习、快乐地享受学习时，亲子之间的情感交流就会越来越密切，那样也可以在和谐的亲子关系当中创造和谐的家庭。

68 带女儿去大自然中学习

有位著名的教育家曾经说过："没有亲近泥土的孩子就没有真正的童年。"大自然是孩子学习的大课堂。在大自然中可以观察日月星辰、山川河流、草长莺飞、虫鱼鸟兽、花开花落、皑皑白雪，既可以开拓孩子的视野，增长孩子的见识，激发孩子的兴趣，还有益于孩子的身心健康。

春天的时候，带孩子去观察植被的生长情况和花儿的开放；夏天的时候，带孩子去游泳、爬山；秋天的时候，带孩子去观察硕果和落叶；冬天的时候，带孩子去感受大自然的肃静和寒冷，看雪花纷飞的景象。经常与大自然接触，可以培养孩子生活的热情，丰富孩子的情感，激发孩子探究大自然的兴趣。

罗女士为了开拓女儿的视野，增长女儿的见识，每年暑假期间，都会带女儿外出旅游。2010年的夏天，罗女士和丈夫商量选择了一条避暑的线路，并把目标锁定在云南丽江，让女儿在舒适的气候下尽情体验丽江的壮丽和神秘。

丽江古城是中国罕见的保存相当完好的少数民族聚居地。为了帮助女儿更好地了解当地的文化，出发前，罗女士和丈夫做了充分的准备，寻找了大量有关丽江的资料，并让女儿注意四个看点：民居、文字、古乐和男人。

踏入丽江古城，凡是见到与这些内容相关的景致时，罗女士都会给女儿做特别的介绍。比如丽江的民居，其特色是三坊一照壁、四合五天井、走马转阁楼，将北京四合院和当地土木结构特色融为一体。当罗女士将这些特点一一介绍给女儿听时，她显得特别高兴，比起在家里教她时要轻松得多。

当一路上看到许多纳西族妇女忙里忙外，赚钱养家时，女儿忽然问："妈妈，这里的阿姨为什么都这样能干，比男人还厉害。"于是，罗女士便告诉她，这是纳西族"母系社会"的遗风。在母系社会，完全颠覆了男尊女卑的地位，一切都由女性做主，男性则变成了配角。女儿听后，像是受了一场深刻的教育，一下子成熟了许多。

罗女士还带女儿见识了纳西族的东巴文字，它被誉为世界上唯一保存完整的"象形文字"。1300多个东巴文字，附以1000多种拼写组合，不仅记述了纳西族的历史、文学和艺术，更成为了今天丽江古城的一个奇迹……

在大自然里，孩子可以学到许多在书本上无法学到的东西，栩栩如生的自然事物远远胜过死板的文字和乏味的考试。孩子原本具有好奇和善于想象的天性，所以让他们与大自然接触既可以加深孩子对事物的认识，又能激发孩子的想象力和学习的兴趣。

一个女孩如果拥有丰富的知识，广阔的视野，这样不仅会令她产生一种内在的气质美，还可以使她从容地应对复杂的社会。当她走出校外、走上社会时，她就能利用自己的所见所闻，充实自己的大脑，学会与不同的人打交道。

育女真经

建议1：春看草长莺飞

春天来到，万物复苏，柳树发芽，花儿绽放，小鸟枝头唱着歌，蝴蝶空中跳着舞。天空是那么蓝，山涧里的水是那么清，到处是生机勃勃的景象。

妈妈可以带着女儿到野外，让孩子闭上眼睛，专心听听风声、雨声或是虫鸣，鼓励孩子寻找声音的来源。或者让孩子邀上几个小朋友，带上炊具，到附近或野外郊游。走过田野、爬上山坡，躺在松软的草地上，沐浴着暖暖的阳光，呼吸着新鲜的空气，或采野花，或翻跟斗或观察蚂蚁找食，观察昆虫角逐，让孩子们领略大自然的风光，让孩子去了解春天，春天有什么，春天为什么美丽。

建议 2：夏看虫鱼鸟兽

夏天来临，天气炎热，在上午或午睡后，妈妈可以带着女儿到绿荫树下避暑，到公园中游玩，因为那里环境幽静，是天然的清凉世界，带孩子去那里观察花儿，为孩子讲解各种植物。或给孩子讲故事，或和孩子做游戏，或和孩子捉个蝉，或和孩子挖条蚯蚓，让孩子们观察自然界的植物、动物。妈妈可以给孩子讲解什么是害虫，什么是益虫，哪些虫子生活在树上，哪些虫子生活在土里。这样直观的讲解，比书本上的文字和图片更生动、更易记，孩子会更感兴趣。

建议 3：秋看枝头硕果

秋天来临，天气逐渐转凉，妈妈可以带着女儿到大自然中观察果园和农作物，品尝不同的农产品的味道，分享秋收的喜悦，感知“有耕耘才会有收获”的道理，培养孩子爱劳动的好习惯。妈妈也可以和孩子在公园里进行体育锻炼，做做游戏，蹦蹦跳跳，还可以和孩子一起把不同的植物的落叶捡起来，搜集树上的虫茧，去观察和了解虫子是怎样冬眠的，看看花开花谢，听孩子发表对大自然的感受。

建议 4：冬看皑皑冰雪

冬天到了，天气寒冷，万物凋零，树上光秃秃的。尽管如此，大自然的冬天仍然是一个知识丰富的课堂。妈妈可以带着女儿进入漫天飘雪的户外，和孩子堆雪人、打雪仗，或者让女儿邀请几个好朋友一起玩。当孩子们玩得热火朝天时，自然而然也就忘记了严寒，也增强了他们战胜苦难的信心，锻炼了他们的体质和意志力。

妈妈必读

大自然是最生动的课堂，里面有丰富的知识，多带女儿亲近大自然，让孩子多去接触一下大自然，增长对大自然中各种植物、动物、自然知识的了解，能帮助孩子扩大知识积累，增加生活常识。

69 看重求知而不是高分

是分数重要，还是快乐地掌握知识重要呢？很多妈妈为了要求孩子考高分，逼走了孩子对学习的兴趣，逼走了孩子的快乐，逼得孩子厌学。明智的妈妈懂得，学习贵在学知识，成绩是表象，以这种态度对待孩子，孩子才会快乐地求知、快乐地进步。

“考考考，老师的法宝；分分分，学生的命根。”这是多少年分数教育下人人皆知的流行语。实际上，现在中国家庭父母对子女的教育大都仍属于分数教育。中国家庭分数教育是中国应试教育在家教中的反映。

这种分数教育观念在家庭教育中使父母形成了一个盯着分数不放的错误思想。孩子考了好分，父母在赞赏孩子的同时也跟着无比荣耀，考试分数不仅成为孩子的命根，而且也成为父母的命根。他们把孩子的分数看得很重，并且整天因为分数问题而神经兮兮，使孩子生活得很不快乐。让我们来看看下面这幅可能大家都比较熟悉的场景：

那天，丽雅从老师手里接过数学试卷，糟了！ 59分，丽雅垂头丧气地回到家中，胆怯地靠在门旁边，眼睛紧盯着脚尖：“妈妈，我只得了59分。”

“啪！”一记耳光落在丽雅的脸上，妈妈的眼睛瞪得像铜铃，额上的皱纹形成了一个倒立的“八”字，左手叉腰，右手抓起苍蝇拍，照着丽雅的屁股上就是一下，嘴里说着：“你这个不争气的东西，我辛辛苦苦送你上学，你不好好读书，才考了个59分，我看你疯了……”一碗不知什么滋味的饭是丽雅和着泪水咽下去的。

“不争气的，还不去洗碗！”

“不争气的，还不去扫地！”

……

一段时间后，丽雅通过努力学习，终于考了100分。她哼着小曲像小燕子似的“飞”进家门，“妈妈，你看100分！”

“叭！”一个响亮的吻印在了丽雅的脸上。丽雅妈妈那大大的眼睛眯成一条缝，额上的皱纹变得舒展了，双手紧抱着丽雅，嘴巴笑得合不拢："哈哈哈……我的女儿真好，真乖。"

午饭是小鸡炖蘑菇、鱼汤……

"别，碗不要洗了，油星子会溅到你衣服上……"

"别，地也不要扫了，灰尘会迷了你的眼……"

……

像丽雅妈妈这样的家长可不少。当孩子考试分数高时，妈妈就高兴，眉飞色舞。当孩子考试分数低时，妈妈就生气，情绪低落。对于这个问题，所有的家长都应该想一想：把孩子送到学校，到底是为了学习知识，还是为了得高分？

虽然说分数的高低在一定程度上能反映出孩子学习的效果，但是学习效果好的孩子，不一定能在考试中将所学的知识表现出来，考试成绩好的孩子也不一定善于运用所学的知识解决现实的问题。因此，单从分数上来看孩子，是非常片面的。

如果妈妈太在乎孩子的成绩，那么孩子的学习就会失去快乐。一旦没考好，就会被骂得狗血喷头，因此考试的时候孩子很可能提心吊胆，这样也不利于发挥。妈妈应该明白，孩子考的分数不是不重要，但是孩子的身心健康更重要。父母一定要把握好这个"度"，不要再逼迫孩子去争分了。因为用孩子的身心健康和快乐去换分数，一点都不值得。

…… 育女真经 ……

建议 1：不要过分看重分数

尽管分数可以客观地显示出孩子对所学知识的掌握程度，但它并不是衡量一个人的标准。因为一些平时学习用功、成绩也相当不错的孩子，也不能保证每次考试都能取得高分。如果孩子运气不佳，正好赶上自己感到棘手的题，也可能会考得一塌糊涂。这时如果父母只关心分数而对孩子训斥，孩子就会变得垂头丧气，对学习失去信心。其实，孩子未必就那么差，只不过在试卷上没有发挥出来而已。

建议 2：不要紧盯孩子的课内学习

妈妈不要把眼光仅仅盯在孩子的课内学习上，盯在孩子的作业上，而应该让孩子扩大知识面。孩子作为社会的一个成员，应该了解社会所发生的事情。如果孩子领会到生活的一切时间和空间都是她学习的课堂时，那这个孩子的将来一定会是成功的。

妈妈必读

通过死记硬背、埋头苦学虽然可以得到高分，但这样的学习根本没有快乐可言。妈妈应该明确：知识重于分数，让女儿上学是为了让她求知，培养孩子的学习能力，而不是单方面以孩子考试分数来衡量学习的好坏。

70 让女儿养成阅读的习惯

在女孩 13 岁之前，要帮助她养成阅读的习惯。阅读，是学习语言的重要途径，同时能给孩子带来情感、想象、表达等多方的愉悦体验。通过大量图文并茂的读物，帮助孩子从口头语言向书面语言过渡，对她们的思维、语言、想象、个性、习惯等方面都有益处。

莎士比亚曾经说过："人的美丑是先天带来的命运，有没有素养则是书籍造就的命运。"他指出阅读会决定一个人后天的命运。英国教育部长布朗奇也曾表示："每当我们翻开书页，等于开启了一扇通往世界的窗，阅读是各种学习的基石。在我们所做的事情中，最能解放我们的心灵的，莫过于学习阅读。"

毫无疑问，书籍是人类的朋友，是帮助孩子增长见识、增长知识的好朋友。在 13

岁之前，努力培养女孩阅读的兴趣，可以开发孩子的智慧，让孩子懂得更多的道理，从而变得更加成熟和优秀。

在美国，有个小女孩，她的阅读能力强，因此成为了一个有名的小才女。她就是美籍华裔孩子邹奇奇。

美国《世界日报》曾报道，当一般的小女孩抱着洋娃娃，嚷着看米老鼠之际，年仅13 岁的邹奇奇，就以流畅、真挚的笔触，展开了神奇的作家之旅。

邹奇奇所写的《飞舞的手指》一书，厚近三百页、逾十二万字。书中以古代及中世纪历史事件作短篇故事背景，表达了她对政治、宗教及教育等的见解。因而在美国被喻为小小的文坛巨人。

邹奇奇之所以能成为小小文坛巨人，就是因为她有超强的阅读能力。据奇奇的母亲讲："她三岁半就开始阅读篇章较长的书籍，尤其是对历史、战争之类的书着迷。她一分钟能阅读九百余字，每日能看三本小说。"邹奇奇说："如果没有新书在手，我会坐立不安；如果没有写作，我会倍感无聊。阅读和写作让我的生活变得更精彩！"

奇奇惊人写作天分及对阅读的狂热，被美国媒体视为天才，英国《每日镜报》形容奇奇是"世界上最聪明的女孩"。

阅读是学习的基础，也是孩子认识社会和自然界的重要方式。孩子的阅读能力往往决定其学业成就，同时也是其未来成功的基本条件。

作为一个明智的妈妈，让女儿在 13 岁之前养成阅读的习惯，对孩子的才气培养和思维能力都非常重要。此外，阅读还有很多好处，它可以提升一个人的品位，可以让一个人对陌生的世界多一些了解，还可以改变一个人的思想……

…… 育女真经 ……

建议 1：尽早开发女孩的阅读潜能

美国的阅读问题专家乔治·史蒂文斯曾经说过："教育史上危害最大的错误认识，即各种阅读教育都应当放到孩子 6 岁以后进行。"

前苏联著名的心理学专家苏霍姆林斯基也曾经说过："孩子的阅读开始越早，阅读时思维过程越复杂，阅读时对智力发展就越有益。7 岁前就学会阅读，就会练就很重要的一种技能——边读边思考边领会。”

一般来说，0～3 岁是培养儿童对阅读兴趣和学习习惯的关键阶段；3～6 岁则应侧重提高儿童的阅读和学习能力。因此，好妈妈要尽早让女儿开展阅读，让阅读伴随女儿的成长。

建议 2：妈妈要和女儿一起阅读

很多妈妈在对于孩子的教育投资所花费的金钱很多，但是却不知道多花一些时间陪伴孩子一起阅读。一些妈妈认为只要给女儿买了书，让她自己去看，就是为孩子提供了阅读的环境。其实孩子更需要在一个单独的环境下，由妈妈陪伴着一起阅读。

建议 3：选择适合女儿的课外读物

有些妈妈在对于女儿的阅读材料的甄选上，并没有一个标准。往往不是考虑到儿童的认知发展水平和阅读能力，仅仅是紧跟市场。这样造成了女儿在阅读的过程中知识体系建构混乱，而超越儿童阅读能力发展的学习，也给孩子带来负担。妈妈应根据女儿的特点有针对性地为女儿选购与其年龄、兴趣、爱好和能力相适应的图书。

建议 4：分享女儿读书的快乐

妈妈可以经常和女儿讨论与交流书籍、电影、电视、报刊中的内容，和女儿一起分享读书的快乐。如果女儿在阅读中提出问题，尽量回答，但有时可以不作答，引导她自己从书籍中找答案，同时认真听女儿分析，尽可能让女儿自己发表见解并给予肯定。

妈妈必读

培养女儿阅读的习惯不是为了教女儿认字，也不是知识灌输，而应该通过书本中有趣的故事，引发孩子的兴趣，激起孩子自觉读书的欲望，这样孩子才会主动地去阅读。

71 玩耍和学习丝毫不矛盾

"你就知道玩，不知道学习。"很多妈妈经常这样批评女儿，言外之意是玩会影响学习，只知道玩的孩子学习成绩不好。其实这没什么道理，妈妈应该认识到玩是一种放松，对学习会起到促进作用。

长久以来，很多家长认为"玩会影响学习"，他们常常斥责孩子："就知道玩！光玩怎么能考上大学呢？玩能有出息吗？"当然，有些家长比较开明，他们不反对孩子玩，但也不忘记提醒孩子："玩一会儿就行了，不要影响学习。"

家长希望孩子认真学习、取得好成绩的心情可以理解，可是与此同时为什么限制孩子自由玩耍的时间呢？难到玩真的会影响学习吗？其实不是的，玩耍和学习并不矛盾，有益的玩就是学习，玩中有学；而科学的学习也可以是一种"玩"，玩可以促进学习，可以让学习变得轻松愉快。

首先，玩可以教孩子认知。孩子从出生那天起，就开始在玩耍中认识和感知世界，并在玩耍中学会交流、交往。可以说，玩是孩子理解生活的开始。

其次，玩可以教孩子做事，提高孩子的动手能力。比如，很多游戏需要多人一起玩，配合着玩，才能获得胜利，在游戏的过程中，孩子学会了合作，学会了交流，这对孩子来说，也是一种学习。在游戏的过程中，孩子还能养成遵守游戏规则的习惯，以后就有了遵守社会规则的意识。

再次，玩耍能锻炼孩子的实践能力、模仿能力、创造能力、思维能力，还可以开发孩子的智力，促进孩子大脑的发育，提高孩子的注意力、想象力、观察力、协调能力，等等。

对于 13 岁前的孩子来说，玩是最快乐的事情。妈妈应该将玩当做孩子学习之余的一种交流，和女儿在玩中感受幸福的亲情。或者教育孩子学会休息，树立劳逸结合的意识。既会学又会说，才能做到劳逸结合。

11 岁的曼辞学习刻苦的劲儿班里没有几个人能比得上。每天到校后，她便一头扎进习题中，跟谁也不交流；课间休息的十分钟里，也呆在教室里埋头苦读，即使上厕所，也要拿一本书；体育课总是找理由不上，一个人躲在教室里学习。

放学回家的路上边走边看书，经常碰撞到行人身上；回家除了吃饭的时间外，全部用在学习上；她从来不看电视；当很多孩子都在看漫画书时，她也在学习；每天晚上不学到10点以后不睡觉。很多同学背后都叫她“学习机器”。然而，她的学习成绩却很一般。

曼辞的症结在于学习时没有注意劳逸结合，以致学习效率不高。这样的问题在许多女孩身上都或多或少地存在。很多女孩子看起来学习很努力，但没有注意适当的休息，因此造成了身体上的疲劳，这样学习的效果就会大打折扣。

事实告诉我们，一个优秀的女孩绝对不是死读书、不知道休息、不知道玩的人。优秀的女孩既会学习，也善于玩耍，各方面的素质都不差。所以，妈妈培养女儿的目的不在于让她考多少分，而在于让她学到更多的知识，让她成为一个快乐的、全面发展的人。

···· 育女真经 ····

建议：让孩子认识劳逸结合的重要性

许多女孩认为只要拚命地学习，在学习中投入的时间越多，学习越刻苦，就越容易取得优异的成绩，其实这是一种错误的认识。要想学习好，不仅要有好的学习方法，同时还要懂得劳逸结合，这样才能大大提高学习效率。妈妈应该让女孩充分地认识到劳逸结合所能带来的好处。

妈妈必读

玩耍和学习不是矛盾的对立面，而是统一体。妈妈要帮助孩子处理好玩与学习的关系，让孩子学会劳逸结合，做到快乐地学习，快乐地玩耍。既可以促进孩子各方面能力的发展，还有益于孩子身心健康。

72 重视培养女儿的写作能力

写作文既可以训练孩子的文字表达能力，又可以培养孩子的逻辑缜密性。可是，在生活中，很多女孩子一面对作文就会不知所措。因此，在女孩 13 岁前，就重视培养她的写作能力，是妈妈应该重视的问题。

提起写作文，很多女孩就头疼。虽然她们天生富有较强的文字表达能力，但是写作文对他们来说，依然不是一件容易的事情。不少女孩子写作文的时候东扯一句、西扯一句，七拼八凑才能写完，没中心、没思想，谈不上美感，让妈妈非常头疼。

面对这样的问题，有些妈妈也不知如何帮助孩子走出困境。有的甚至把责任全部推给老师，认为老师没有教好；有的则把孩子送进课外写作班或找老师单独辅导，效果自然是有的，但要取得好成绩，不可能一蹴而就，因为写作要靠平时积累，多观察生活。

有一位妈妈，对培养女儿的写作能力非常有心得：

娟丽上四年级了，老师要求他们学生每周写一则 200 字左右的日记。为此，娟丽很苦恼，每当写日记时，就愁眉苦脸。有时坐了十几分钟，也写不出几个字。

妈妈问她："丽丽，你为什么写不出来呢？"

娟丽说："没东西写。"

"奇怪，你所做的、所想的、所听到的事情都没有吗？"

娟丽气呼呼地说："这些事情要写的话，三言两语就完了！"

巧妇难为无米之炊，妈妈想想，娟丽的话也是有些道理的。但是，一到写日记就想哭，也不是办法，这样下去，会扼杀写作积极性。对娟丽来说，写作刚刚起步，应该愉快地去做才对。

为了让娟丽有内容可写，妈妈想了一个办法：先让娟丽玩，然后叫她写。妈妈问娟丽："你最想玩的东西是什么？"

娟丽说:“悠悠球。”

“如果买给你玩,你会写吗?”

“会的。”娟丽很自信地说。于是,妈妈马上买来悠悠球。

娟丽玩悠悠球倒有一套,因为看电视时,她非常喜欢这类节目。玩了十几分钟后,开始写了,什么“千龙出海”、什么“婴儿摇篮”、什么“月核裂变”等招式,讲得头头是道,令人佩服。娟丽还一边写,一边露出得意的笑容。

作为一个好妈妈,即便从来没有打算让女儿成为作家,或从事专业写作,也应该让她具备写作的能力。因为,写作能力是一个人的基本素质之一。换句话说,写作是一种需要,是社会和职业需要的一种技能,是知识经济时代所必备的基本能力。但是,孩子的写作能力不是一下就能提高的,需要一点一滴地积累。

····育女真经····

建议1:让孩子在平时多积累写作素材

要提高孩子的写作能力,就必须丰富她的生活经验。因为艺术源于生活,只有平时通过见闻实践,获取大量的信息,积蓄众多的素材,才能在写作的时候迸发出灵感,顺畅的言语才能如滔滔江水绵延不绝。

妈妈不妨利用女儿的好奇心,经常带女儿去公园、乡村,使女儿接触树木花草、动物及农作物,并提醒女儿观察各自的特征,同时还要辨别一些树木花草的相同之处和不同之处;还应经常带女儿走上大街、走进商场等公共场所,让女儿观察景物、商品及人群的活动情况;饲养猫、狗等小动物的家庭,还可让女儿观察其吃食、睡觉等生活习性。在此过程中让她把自己所看到的、想到的东西记下来,以增加知识积累。

建议2:为孩子营造一种作文气氛

在家里的时候,爸爸妈妈可以经常和女儿谈一些文学方面的事情,经常共同欣赏一些散文诗句。或者在假期里和孩子一起写一篇作文,然后和她讨论作文的写法,共同拟定写作提纲,父母还要培养孩子进行读书摘录和做读书笔记的好习惯,这对于提高孩子的写作技巧也是很有帮助的。在这里,著名作家叶圣陶先生的做法值得家长们学习:

叶圣陶先生的三个孩子分别叫至善、至美、至诚。一天,吃完晚饭后,叶圣陶坐下来开始给孩子改文章。至善、至美和至诚兄妹三人，各坐桌子的一边，眼睛盯住父亲手里的笔尖儿，你一句，我一句，互相讨论、争辩。父亲并不责怪他们，说是改文章，实际上是和孩子们共同商量着措辞，提炼思想。在这种氛围下，孩子们写作的兴致特别高。

建议3：培养女儿坚持写日记练随笔的习惯

任何事情，都要经常练习，正所谓熟能生巧，写作也是这样，经常写、写得多，才会慢慢写得好。因此，妈妈可以让女儿养成写日记的习惯，并督促她坚持下去。这样既可以达到练笔的效果，又为写作积累了素材，可谓一举两得。

妈妈必读

作为一个好妈妈，即便从来没有打算让女儿成为作家，或从事专业写作，也应该让她具备良好的写作能力。因为，写作能力是一个人的基本素质。换句话说，写作是一种需要，是社会和职业需要的一种技能，是知识经济时代所必备的基本能力。

73 在字句推敲中酝酿诗歌

自古以来，中国就是一个诗词文化浓厚的国家。爱诗、诵诗、作诗，使历代炎黄子孙沐浴在华夏文明的温馨中，诗不但传播了民族文化，也蕴含了大千思想。在女孩13岁前，培养她的诗文能力，可以使她更有才气。

关于写诗对青少年的好处，有一位著名诗人曾说过："一个人在年轻的时候不去写诗，他便错过了人生最美好的时光。"写诗可以培养孩子很多方面的能力，写诗的背后是阅读、是思考、是语言基础和文化积淀。同时，写诗可以锻炼孩子的想象力、创造力、审美力，提升孩子的思想情感。

鼓励女孩经常写诗，可以提高她的语言表达、创作能力，潜移默化地锻炼了孩子的语感。对孩子来说，每次写诗都是一次练笔的过程，锻炼了孩子精炼语言的能力、运用修辞手法的能力。

鼓励女孩经常写诗，可以培养她的观察力，增强想象力和创造力。孩子提笔写诗之前，就得观察周围的大千世界，只有细致地观察，才能创造出动人的诗歌。诗歌是孩子想象创意的旅行，可以为女孩插上想象的翅膀，进行一番天马行空的畅想。所以，写诗可以活跃孩子的思维，促进孩子创造力的发展。难怪意大利诗人塔索说："没有人配受创造者的称号，唯有上帝和诗人。"

鼓励女孩经常写诗，可以陶冶她的性情，能激发她对生活的热情、对生命的热爱，使其充满爱心。为了写诗，孩子会认真地观察和体味生活，去体会父母的爱、亲人的爱、朋友的爱、家乡的爱，去体会大自然的美景，同时也学会了爱别人。这一切美好的情感，都将化成美丽的诗文从孩子的笔端溢出来。

有个叫张何钦孩子写了一首诗，名叫《爸爸和妈妈》：

爸爸是海，
妈妈是岸。
我就是那小小的船，
在大海中航行，
在岸边停息。

爸爸是太阳，
妈妈是星星。
我就是那弯弯的月亮，
太阳照亮我，
星星陪伴我。

爸爸是树，
妈妈是枝。
我就是那茂盛的叶子，
树给我养分，
枝给我支撑。

在这首诗里，孩子把对爸爸妈妈的感情充分表达了出来，流露出一家人亲密相爱的美好的幸福感觉。他之所以能写出这首诗，少不了长期积累的语言素养，更少不了对爸爸妈妈的美好感情。

让孩子提笔写诗吧！通过实践，你有理由相信，孩子会养成观察生活、感受生活、感受亲情和爱的习惯，你有理由相信孩子会创造出优秀的、让你惊叹不已的作品。你更有理由相信，在写诗的过程中，孩子的创作力和文学素养能得到极大的提高。

育女真经

建议 1：给孩子充分的赏识

如果你家的女儿喜欢写诗，那是一件好事。你应该感到高兴，不管她写的是什么，诗也好，文也罢，甚至是平常的大白话，你都应该感到高兴，要知道孩子喜欢写是件好事，不要用好坏去衡量，而且这标准也不一定合理。

正确的做法是，你只要欣赏孩子的诗，鼓励孩子继续写诗就足够了。为了帮助女孩提高写诗水平，你可以给她一些小建议，比如换个词语就押韵了之类。为了提高孩子写诗的兴趣，你可以鼓励孩子从模仿课本上的诗歌开始，哪怕是四句也好。主要是培养孩子的兴趣和语感，这是写诗的启蒙阶段。

建议 2：和孩子分享诗歌

孩子爱写诗，你不妨也跟着写，不管你是否有这方面的才能，试试都是一件不错的事情。写完之后，和孩子分享你诗歌的内容，以调动孩子的写诗兴趣。而当孩子写好了诗之后，你不妨鼓励她告诉你诗歌要表达的内容和思想。经常这样分享，能培养孩子对诗歌的热爱。

建议 3：给孩子热情的赞扬

对于孩子写的诗，你给予的热情的赞扬，莫过于将她的作品裱起来，放在客厅里，让来到家里的客人、邻居、朋友都看看。相信在得到大家的称赞后，孩子写诗的热情会被“点燃”，从而使她对写诗产生更浓厚的兴趣。

妈妈必读

在培养孩子写诗能力的初级阶段，应尽量让孩子读诗，而且当孩子写诗后她会更爱读诗，这是写和读的良性循环。一旦孩子养成了读书、读诗的习惯，写诗能力就会得到很大程度的提高。

第八章

13 岁前，培养智商超群的聪明女孩

每个妈妈都希望自己的女儿智力超群，都希望自己的女儿是最优秀的，于是，很多妈妈很早就教孩子学习认字、算术、书法、钢琴、小提琴等。其实，这些教育增强的不是孩子的智力，而只是一些知识和技能。真正的智力开发应该是激励加启发加引导，使孩子变得越来越聪明。

74 天才女孩就是不断地“注意”

注意力是打开心灵的唯一门户，门开得越大，学到的东西就越多。而一旦注意力涣散或无法集中，心灵的门户就会关闭，有用的信息就无法进入。所以，在13岁前，培养女儿的注意力非常重要。

注意力又叫专注力，是指一个人将思维与行动集中在某一特定目标上的能力。做一件事是否专注能决定一个人在学习和工作中的成绩。美国钢铁大王安德鲁·卡内基在一次对美国柯里商业学院毕业生的讲话中指出：“获得成功的首要条件和最大秘密，是把精力完全集中于所干的事情上。”可以说，高度集中的注意力是所有天才必须具备的能力。

很久以前，波兰有个叫玛妮雅的小姑娘，学习非常专心，不管周围怎么吵闹，都分散不了她的注意力。

一次，玛妮雅在做功课，她姐姐和同学在她面前唱歌、跳舞、做游戏。玛妮雅就像没看见一样，在一旁专心地看书。

姐姐和同学想试探她一下。她们悄悄地在玛妮雅身后搭起几张凳子，只要玛妮雅一动，凳子就会倒下来。时间一分一秒地过去了，玛妮雅读完了一本书，凳子仍然竖在那儿。

从此姐姐和同学再也不逗她了，而且也学着玛妮雅一样专心读书，认真学习。

玛妮雅长大以后，成为了一个伟大的科学家。她就是居里夫人。

居里夫人之所以取得巨大的成功，是因为她把注意力都用在了学习上，才会有那么大的成就。正如儿童教育专家斯特娜夫人所说：“孩子只有养成专注的习惯，才有可能在未来对自己所从事的事情能全身心地投入，不会被其他事情所干扰。”可是对于13岁之前的女孩来说，注意力不容易集中是很普遍的问题。

最近一段时间，10岁的芳茵在课堂上注意力不集中，经常开小差。比如，老师讲课时，她的思路没有跟着老师，而是想着头天晚上看过的动画片，想着下一节是体育课就可以在操场上玩；有时她坐在座位上发呆，连老师的提问都没听到；有时朝周围的同学做小动作，影响了别人的学习。老师的批评教育对她的效果不大，便把这件事反映给了她的妈妈。

芳茵的妈妈得到老师的反馈信息后，在和芳茵的沟通中，发现芳茵上课之所以总是走神，是因为在上次的作文竞赛中，没有取得好的名次，而觉得很难过，没心思听讲。妈妈就这一情况，告诉芳茵："一次失败并不等于永远失败，你很优秀，以后会表现得更好的。"

同时，妈妈还告诉芳茵："要以平常心面对学习中的得失。"另外，妈妈还买来一些名人的传记给芳茵看，并告诉芳茵许多伟人、名人都遭受过挫折，但他们能从挫折中很快地站起来，并没有因为挫折而停滞不前。

在妈妈的引导下，芳茵走出了挫折的阴影，上课注意力集中了很多。由于学习时集中了注意力，一段时间后，她的成绩有了明显提高。

由此可见，孩子注意力不集中是有原因的。只要妈妈多和孩子交流，了解孩子注意力不集中的原因，就能对症下药地予以纠正。

育女真经

建议1：不要分散孩子的注意力

孩子的房间要尽量少布置一些图画或照片，以免给她太多与学习无关的刺激，防止孩子被图画或照片吸引，走神遐想。父母也要安静下来，不做分散孩子注意力的事，如看电视、大声议论或哈哈大笑等。在孩子学习期间，父母也可认真看书学习，以模范行为让孩子效仿。在孩子学习时，父母不要过度关心地唠叨，问这问那，更不要在孩子学习的房间接待客人，干扰孩子，使她无法集中注意力。

建议2：让孩子在游戏中培养注意力

父母要有意识地让孩子做一些可以集中注意力的游戏，比如玩拼图、搭积木等，使孩子在浓厚的兴趣中养成专注的习惯。此外，孩子在玩游戏时常会全身心地投入进去。当孩子聚精会神时，父母不要随意打扰、干涉，不然将不利于孩子养成做事专心致志的习惯。

建议3：让孩子接触一些新鲜事物

孩子对于从未见过、听过的事物一般都很注意，这些东西也都能以其独特的魅力吸引孩子的注意。因此，父母应当把孩子带入大自然观看奇花异草，或是让孩子参观一些造型奇特的建筑，培养孩子的兴趣。另外，父母也可以适当让孩子打乒乓球、跳蹦床、走平衡木等，增加她的大脑兴奋性。因为孩子的注意力不集中，常常是由于大脑皮层兴奋不起来的缘故。

妈妈必读

注意力在人的智力活动中起着相当重要的作用。俄国教育家乌申斯基说过："注意是心灵的天窗，只有打开这扇天窗，才能让智慧的阳光洒满心田。"

75 用激励打开女孩的智商通道

任何一个人都不能缺少激励和肯定，对13岁前的女孩更是如此。尤其是在开发孩子的智力时，更是要以激励为主，促使孩子找到自信，充满希望地去追求进步。

有这样一个故事，对做妈妈的很有启迪意义：

李小全是个小学生，在上课的时候，老师一提问，他就举起手来，抱着要回答老师的问题。一天上课时，老师点名道："李小全，你来回答这个问题吧！"举了手的李小全站起来，一句话都说不出来，很是尴尬。第二天上课时老师刚提问题，李小全又举手了，老师又让他回答。李小全站起来，还是答不上来。

下课了，老师把李小全叫到办公室，问他："小全，既然你回答不出来，为什么还要举手呢？"李小全说："老师，班里的同学都举手了，我一个人不举手，我好掉价！"

老师想了一下，对他说："好，小全，我们来个约定，下次你能回答问题，就举右手，我就喊你回答；你回答不出来，你就举左手，那样我就不喊你了。好不好？"一次、两次、三次，李小全都举手了，但举的是左手，老师一看左手，就不喊他。

终于有一次，李小全举了右手，老师一下发现了，喊他起来发言，他果然回答对了。

时间一天天地过去，李小全举左手的次数越来越少，举右手的次数越来越多。老师对他说："小全，你的表现越来越棒，有了很大的进步。今后我们继续这样做下去，这是我们的秘密哟！"

怎样培养孩子的智商呢？相信看了这个故事，妈妈们什么都明白了，其实培养孩子没有那么高深的学问，只要你相信孩子，激励孩子，给孩子关爱，孩子就会表现得越来越好，不会让你失望。

你相信女儿，女儿才会相信自己，因为 13 岁前的女孩的自信心是建立在成人对她的评价上的，尤其是父母对她的评价。在培养孩子智商之前，要坚信孩子是最聪明的。说的就是这回事。只要你坚信孩子是聪明的，那么你的孩子就会变得越来越聪明，这就是著名的"罗森塔尔效应"。

罗森塔尔是一位专家，一次他和助手来到一所小学，随机找出一些学生，并对老师说："这些学生是天才，在不久的将来会显露出来，你要对他们多一些关注。"老师们感到有些困惑，因为名单上有很多差生。罗森塔尔解释说，这是因为他们的潜力还没表现出来，并要求老师保密。

8 个月后，罗森塔尔重返该校，进行了第二次测验，结果上次进入了他的名单的孩子，无论在学业成绩、智力发展，还是人际关系方面，都有了显著的进步。

这个试验说明，虽然有些孩子暂时落后，但并不代表们笨，只是他们的聪明才智还没有发挥出来。因为老师坚信专家的话，认定那些学生很有前途，才会充满期待，才会在言行、表情上传达给孩子信任，使学生受到鼓舞，并朝着老师期待的方向发展，最后将自己的潜在能力发挥出来了。

育女真经

建议 1：告诉孩子“你能行”

妈妈要坚信自己的女儿是聪明的，只有这样她才会变聪明。如果连妈妈都不相信自己的女儿，那么女儿是不是会很自卑、很失望呢？这是显而易见的。所以，妈妈应该多鼓励孩子，多对孩子说：“你能行”、“妈妈相信你”这样的话。

建议 2：不要乱作比较

很多妈妈喜欢把自己的孩子拿来和别的孩子作比较，比如说：“你看隔壁的小红，多么聪明啊，数学经常考 90 多分，你倒好，经常考个七八十分！你真是笨死了。”要知道，孩子听到这样的话，是最伤心的。孩子会觉得妈妈对她失望了，这样她也就对自己失去信心了。妈妈平时一定要多想想孩子的过人之处、独特之处，不要用孩子的短处比人家的长处。

建议 3：相信孩子是独特的

世界上没有两片完全一样的树叶，同样也没有完全一样的两个孩子，你的女儿是独一无二的。只要你坚信这一点，那么就没必要要求她跟在别人屁股后头跑，效仿别人。这样她才会意识到自己的独特之处，才会将自己的特点发挥出来。

妈妈必读

有人说，世界上没有笨孩子，有的只是笨父母。这样说虽然有些片面，但并非全无道理。因为，的确有这样的笨父母，他们意识不到孩子的聪明，不懂得保护孩子的自信心和自尊心，不善于激励孩子，而是经常用“你真笨”、“笨蛋”等话用来评价自己的孩子，对此，妈妈应该坚决避免。

76 认识智商的重要性和培养误区

智商是指一个人的注意力、观察力、记忆力、想象力、理解力等。一般来说，智商的高低是决定一个人是否有智慧的重要因素。虽然它受先天遗传因素的影响，但如果你掌握了智商培养的正确方法，同样可以将女儿培养成不平凡的人才。

在生活中，有些妈妈总觉得孩子“笨”。到底是真的笨，还是假的“笨”呢？对此，做妈妈的应该有鉴别的眼光，不然就可能错看孩子，误解孩子。

有一个小孩，大家都说他“笨”。笨到什么程度呢？如果你在他面前放两个硬币，一个五分的，一个一角的，那孩子只拿五分的，一角的他不要。很多人不相信，再摆把两个硬币放在他面前，让他拿。结果他还是只拿五分的，不拿一角的。这种奇怪的事情，让很多人觉得好笑，因此经常有人给孩子摆硬币让他挑。

这件事传到一位智者那里，智者听了哈哈大笑，说这个小朋友真是聪明。因为他每次只拿五分的硬币，大家不信他总那么傻，就会试验下去，一次、两次、三次……因为他知道，如果他拿一角的硬币，就没有人再给硬币他挑了。他这是大智若愚。

看了这个故事，你是不是有所感触呢？生活中，不少妈妈认为自己的孩子脑子笨，其实很多时候是妈妈错看了孩子。可以说，绝大多数孩子都不笨，只不过有的孩子潜力没表现出来，而有的孩子潜力表现出来了，家长却没有眼力发现。当然了，不管孩子的智力是否表现出来，从13岁之前就重视孩子的智力培养，对孩子是有好处的。

值得注意的是，智力并不是技能培养，不是教孩子学学钢琴、跳跳舞、唱唱歌等技能，而是通过激励和启发，来促使孩子逐步将内在潜能释放出来。以下是开发儿童智力应注意的问题：

破除“天才”论。有些妈妈认为孩子的智力是天生的，看到孩子笨，也就绝望了，认为孩子无可救药，从而放弃培养。其实，这是最悲哀的想法。要知道，“天才”不是天生的，而是学习而知之，是靠后天教育影响形成的。如卡尔·威特，生下来的时候智力低下，在父母的用心培养下，14 岁大学毕业，16 岁研究生毕业，被柏林大学聘为大学教授。

不要拔苗助长。有些妈妈认为，智商可以开发，于是在孩子很小的时候就迫不及待地开发孩子的智商。这种心情可以理解，无非是想让孩子变得更聪明。可是开发孩子的智商要从儿童的年龄特点出发，要循序渐进、因势利导，不可超越孩子智力发展的可能性。

要保持耐心和恒心。培养孩子的智商有周期性，不可一蹴而就；也不可以一劳永逸，三天打渔，两天晒网，是无法培养出天才的，必须保持耐心和恒心。

智力发展离不开非智力因素的发展。比如，学习兴趣、意志、性格是智力发展的动力，并能弥补智力的不足，改善大脑的工作状态。

育女真经

建议 1：鼓励孩子多学习

智慧始于学习，“读书破万卷，下笔如有神”，学到的知识多了，就能举一反三、触类旁通，产生新的思想。其中特别要强调学习哲学。家长可能觉得疑惑，小孩子怎么学哲学呢？其实大人可以给孩子讲一些哲理性的故事，从小教育他、启发他，提高孩子运用知识、驾驭知识的能力，从而把知识升华为智慧。

建议 2：鼓励孩子多思考

智慧从思考中来，著名的钢铁大王安德鲁·卡内基在自己的书桌前贴了三句话：“不能思考者是傻瓜，不想思考者是顽石，不敢思考者是奴才。”我们人类之所以伟大，是因为有思考和行动，思考决定了行动。锻炼自己的最好的方法，就是思考，思考是用脑的体操，所以妈妈要鼓励女儿多思考、敢思考。

建议 3：鼓励孩子积极创新

创新是一个民族进步的灵魂，是孩子进步的动力。孩子喜欢异想天开，对此妈妈千万不要批评和打击她，而要鼓励她大胆地想象。

妈妈必读

想要自己的女儿成为聪明的孩子，就应该在 13 岁之前，重视培养孩子的智力。在这个过程中，妈妈应重在启发、激励孩子，多给孩子赏识和肯定，少给孩子批评和斥责，保持一颗耐心和一颗恒心，才能真正有效果。

77 给女儿一双善于观察的眼睛

观察是认识世界、增长知识的重要途径，实践证明，孩子观察力的强弱对学习成绩有直接影响。观察力强的孩子，对周围的事物认识得更深入，更容易把握事物的细节。对于 13 岁前的女孩来说，良好的观察力有助于她们丰富知识，开拓视野，从简单的生活中发现美。

观察是一个人认识事物的重要途径，是智力活动的基础。它不是一般的活动，而是一种有目的、有计划、比较持久的感知活动。它是孩子认识世界、增长知识的主要手段，是完成学习任务的必备能力。可以说，观察力在孩子的一切时间活动中，具有重要的作用。

著名生物学家巴甫洛夫一直把“观察、观察、再观察”作为座右铭，并告诫他的学生：“不学会观察，你就永远当不了科学家。”英国著名的生物学家达尔文曾说：“我既没有突出的理解力，也没有过人的机智，只是在观察那些稍纵即逝的事物并对其进行精细的观察的能力上，我可在众人之上。”正因为达尔文善于观察，他才终于成为杰出的生物学家。这都告诉我们，很多伟人成功的秘诀都是：善于观察。

6岁的戈雅非常喜欢画画。一天，她回家到后，便冲妈妈嚷嚷道：“妈妈，老师让我参加比赛，我要画一幅名为《春天》的画。”听到这个消息，妈妈决定带她外出郊游，给她一个观察大自然的机会。

周末，妈妈领着戈雅去了河边的树林。戈雅和妈妈一起抱了抱粗壮的大树，摸了摸树皮，闻了闻花香，抓住柳絮吹了吹……戈雅玩得开心极了。

回家后，妈妈问了戈雅一些问题：“树叶和草的颜色是怎样的？”“哪些花最先开放？”“人们穿多厚的衣服？”“农民在地里做什么？”戈雅一个都答不上来，妈妈笑了笑没说什么。

第二天，妈妈又带着戈雅去了河边的树林，这次戈雅主动地观察了树叶、小草的颜色，花朵的形状，看到了蜜蜂在花间辛勤地采蜜，蝴蝶在花丛中快乐地舞蹈……妈妈又带着她观看了蚁穴边蚂蚁忙着搬动一条小虫，她看着这些搬动比自己身体大好多倍的大力士感到非常惊讶！

结果，女儿的画里不但有艳丽的花朵，还有辛勤劳动的蜜蜂、松土的蚯蚓，以及一只破壳的小鸡好奇地探头看着这新奇的世界。

戈雅通过观察，更深入地认识了这个神奇的世界，看到了大自然的美丽。观察是孩子认识世界的开始，也是以后改造世界的基础。如果经常这样引导孩子专注地观察，久而久之，孩子的观察力就会得到很好的锻炼。

育女真经

建议1：给女儿创造一个良好的观察环境

有些妈妈怕孩子出去危险，就把孩子关在屋子里。这样孩子就失去了与大自然亲密接触的机会，无法观察到美丽新奇的大自然中的植物、动物。要培养女儿的观察力，妈妈应该多带孩子亲近大自然，因为大自然里新奇的事物可以极大地激发孩子的好奇心，有了好奇心，孩子观察的时候也就容易做到专注。

建议2：让孩子明确观察的目的

孩子在观察中，有无明确的观察目的，所获得的观察效果是不同的。观察的目的越明确，孩子的注意力就越集中，观察就越细致、深入，观察的效果也就越好。比如，妈妈带女儿去公园，如果漫无目的地东张西望，转了半天回到家里，也说不清看到的事物。如果事先要求女儿去观察公园里的花朵，那么她就能够说出花儿的形状、颜色、大小等。这样有的放矢地观察，将会有更多的收获。

建议 3：引导孩子在做家务中训练观察力

做家务事也能训练女孩的观察力？或许你感到很怀疑，但专家们给出的答案是肯定的。在女孩长大到 2 岁后，就可以开始做一些简单的家务活了，比如，爸爸或妈妈可以把几双洗干净的鞋子放在鞋柜前，然后请孩子帮自己做分类的工作，哪双是爷爷的，哪双是奶奶的，哪双是爸爸的，哪双是妈妈的，哪双是自己的？这些鞋子各是什么颜色？谁的鞋子最新？谁的最旧？谁的最大？谁的最小？别小看这简单的分类和识别的工作，如果你的孩子从小就和你一起做这样的分类游戏，不但可以培养他的观察力，还能于无形之中培养他养成良好的观察习惯。

妈妈必读

古诗曾云："横看成岭侧成峰，远近高低各不同。"从不同的角度观察事物，会获得不同的感受，会接受到不同的信息，因此，妈妈要教女儿一些具体的观察方法。比如，重点观察法、综合观察法、对比观察法、顺序观察法等。

78 记忆力是女孩智力的仓库

记忆在人的工作、学习和生活中十分重要。因为一切知识经验的积累，技能与技巧的掌握，习惯的形成等，都和记忆力有密切关系。只有依靠记忆，人类才能把在日常生活中获得的丰富经验加以保存和巩固。

记忆是知识的唯一管库人，没有它就无法产生智慧。记忆力是孩子学习不可或缺的一种能力，一个女孩的记忆力强，会为她的智力活动提供更多更好的“储备”，反之就好比“巧妇难为无米之炊”。所以，从小训练孩子的记忆力，对孩子的一生都有很大的益处。

前苏联著名教育家苏霍姆林斯基说：“小学生记忆力的强弱在很大程度上、也可说在决定性程度上，取决于孩子在早期童年时代进入到意识中的语言的鲜明度和情感色彩程度。孩子接受这些印象的同时也就锻炼了记忆力。”因此，作为妈妈，在女儿幼年和童年的早期就应运用鲜明的语言和富有情感色彩的表述来引发女儿记忆的兴趣，训练女儿的记忆力。

2～5岁的女孩已有能力去讲一个故事，而这种简单叙述也许就是开启孩子记忆的一把钥匙。她经常会想起一些很具体、很细节的事情，比如，想起自己穿着红色的裙子去海边，还在那里看到了贝壳，孩子通常会用叙述的方式来表达经历。2～5岁的孩子已经可以记住一些抽象的概念，如颜色、数字、字母等。他们在短时间里存储了很多信息，并且在需要的时候努力回忆。当然，这仅仅是机械记忆，而没有真正理解。运用“重复”的记忆手段，是这一时期孩子增强记忆的关键。

5岁以上的孩子通常能够读些简单的儿童读物，做基本的加减法，这时的记忆力会承载更多的任务，孩子也有能力自己去做更多的事情。那么，妈妈可以用这样的语句和女儿交流：“宝贝，你自己上楼去睡房的衣柜里拿双干净袜子，再准备好换洗的衣服，然后去卫生间洗澡，千万别忘了把发卡摘下来。洗完澡，到厨房来找我，好吗？”这样一系列的嘱托正是在潜移默化地锻炼女儿的记忆能力。当然，女儿不一定能同时记住所有的事情，但这种锻炼是有益的。

…… 育女真经 ……

建议1：从点滴做起，循序渐进

经常引导女儿叙述自己的经历，比如说去海洋馆先后看到了什么，或者在幼儿园里发生了什么，这些都可以讲一讲；生活中的各种情景，都应该提醒她不断地记忆，从而养成一种记忆的习惯。比如，可以有意地让女儿帮你拨个常用的电话号码。别忽视这些小事，它们往往就是增强记忆的“强心剂”。

建议 2:提高女儿记忆的信心

美国心理学家胡德华说:“凡是记忆力强的人,都必须对自己的记忆充满信心。”女孩如果在记忆之前就有畏难情绪,对自己没有信心,心理上就会产生抵御记忆的阻碍因素,造成精神不集中,而无法记住。这时,妈妈切忌打击女儿记忆的信心,而应多给予鼓励。当女儿对自己的记忆力产生怀疑时,妈妈应常给予女儿积极的暗示,如“你一定能记住的”、“你在上幼儿园时就可以背好多唐诗呢”,从而有助于提高女儿的信心。

建议 3:鼓励女儿用多通道记忆法

妈妈要想让女儿拥有超强的记忆,就要帮助女儿把所有感觉器官一同调动起来,即采用多通道记忆法。这种方法可以动员大脑的各部位协同合作,来接收和处理信息。如孩子在上课的时候记笔记就具有多通道记忆的作用。当然记笔记不是逐字逐句去记,而是应以听懂为第一,边听边积极思考,总结要点,记下关键的字句。这样孩子在记笔记的过程中,既在听,又在写,同时大脑还在积极地运转。记忆自然就会深刻。

建议 4:让女儿进行联想记忆

一种事物和另一种事物相类似时,往往会从这一事物引起对另一事物的联想。把记忆的材料与自己体验过的事物连结起来,记忆效果就会好。如在外语单词里,有发音相似的、有意义相似的,这些都可以利用相似联想法来帮助记忆。联想的方法有很多种。妈妈在指导女儿进行联想记忆时,可采用相似联想、接近联想、对比联想等不同的方法。

妈妈必读

哈柏曾经说过:“记忆力并不是智慧,但没有记忆力就没有智慧。”做妈妈的要在女儿 13 岁之前,帮助女儿增强记忆力,从而积累丰富的知识,变成一个有智慧的人。

79 给女儿的思维插上翅膀

瓦特从沸水顶动壶盖这个现象，想到了蒸汽动力；莱特兄弟看到飞鸟，想到了飞机，实现飞天的梦想。如果没有想象力，那么这些都不可能发生。

早期教育专家斯特娜夫人说过："凡是孩提时代充分发展了想象力的人，当他遇到不幸时也会感到幸福。这样的人，即使陷入贫困之中时也会感到生活的快乐。不善于想象的人，只会在生存中屡屡失败，而永远也不会取得良好的成就。"

可是很多妈妈面对女儿梦境般的想象时，不由分说，一棍子把她打醒，还苦口婆心地说："现实点吧，别做梦了。"结果让孩子变得非常呆板、枯燥乏味。一个枯燥乏味的人又如何拥有精彩的人生呢？

5岁的悠悠喜欢画画。一天，悠悠画了一张画，尽是一些花花绿绿的"方砖头"。

妈妈不解地问她："你这画的是什么呀？"

悠悠高声回答："妈妈，我画的是鸡蛋。"

"可是鸡蛋是椭圆形的呀！"妈妈纠正道。

"不，方鸡蛋才不容易滑落。上次鸡妈妈因为鸡蛋滚到窝的外面，摔破了，非常伤心。所以，这次就下了方鸡蛋。"悠悠开心地说。

"可是，鸡蛋的颜色也不对呀。"

"这是鸡妈妈做的记号。这样，鸡妈妈就更容易分辨它的孩子了。"

"不对，你这是乱说！"妈妈对悠悠的"胡思乱想"感到生气。悠悠不知道妈妈为什么这么生气，不解地望着妈妈，不知如何是好……

悠悠的妈妈认为女儿的想象没有任何意义，只不过是"瞎想"、"胡思乱想"，让人听着都好笑。其实，这种认识是不正确的。鲁迅说过："孩子是可以敬服的，他们常常想到星月以上的境界，想到地面下的情形，想到花卉的用处，想到昆虫的言语，他们想飞上太空，他们想潜蚁穴……”孩子们的想象有时在大人看来是天真的、幼稚的、不切实际的，但有些时候她们的想象却是大人所不及的。

有位妈妈的做法就值得我们借鉴，面对孩子的“胡思乱想”，她没有给予责怪和打击，而是充满赏识。

在一个月光明媚的晚上，一位妈妈正在拖地板，她才几岁的小儿子独自在洒满月光的后院玩耍。母亲不断听到儿子蹦蹦跳跳的声音，感到很奇怪，便大声问他在干什么。儿子也大声回答：“妈妈，我想要跳到月球上去！”

这位妈妈并没有像其他的父母一样责怪儿子不在屋里好好学习，只知道胡思乱想，而是高兴地说：“好啊！不过一定要记得回来啊！”

这个小孩长大以后真的“跳”到月球上去了，他就是人类历史上第一个登上月球的人——美国宇航员尼尔·阿姆斯特朗。

伟大的科学家爱因斯坦曾经说过：“想象力比知识更重要，因为知识是有限的，而想象力概括着世界的一切，推动着科学发展、进步，并且是知识的源泉。”13 岁之前的孩子具有丰富的想象力，他们的思维几乎可以不受外界的任何限制，他们有很多稀奇古怪的、看似不可能实现的想法。面对孩子的这种天马行空的“胡思乱想”，如果妈妈加以赏识和引导，就能使孩子在想象的世界飞得更高更远。

···· 育女真经 ····

建议 1：让孩子自己编故事、讲故事

等到孩子熟悉了许多故事之后，你就应该试着和她一起来编故事了。孩子喜欢编故事、讲故事，有时讲给小朋友听，有时讲给爸爸妈妈听，有时还会自言自语。这是锻炼表达能力的好方法，也是发展想象力的好机会。父母要积极鼓励孩子，不要冷言冷语，更不能随便阻止。父母可以引导孩子按照某个主题去编、去讲，适时地给予赞扬，指出不足。

妈妈还可以和女儿一起编故事，美国著名儿童智力发展研究专家简·海丽说：“父母和孩子一起讲故事，不仅是一种语言训练，更重要的是帮助孩子运用自己的想象力与推理能力，得到意外的结论，而这对孩子将来的学习和求知，无疑具有极大的

促进作用。”

在幼儿学习语言的阶段，给她讲故事、童话、寓言，是启发幼儿想象力的一个好方法。在给孩子讲故事的时候，如像德国大诗人歌德的母亲那样，讲到最有趣的地方，停止讲述，让孩子自己动脑筋去创造想象故事的结局，这样做会更好。

建议 2：和孩子一起做游戏

游戏是孩子想象的王国，是发展儿童想象力的最好活动。如果父母在和孩子做游戏时，模仿多种活动，凭借想象扮演多种角色，表现多种情境，那么就能激发孩子的想象力，使之自觉地将所扮演的角色进行完善。

妈妈必读

妈妈要帮助女儿展开想象的翅膀，时时鼓励、欣赏女儿的想象与创意，时刻想方设法为女儿创造机会，给时间给空间，解放女儿的书包，开放女儿的头脑，活动女儿的手脚，使她能够自由想象、自由创造。

80 打破思维定势，培养发散思维

有人说，创造力主要依靠发散思维，它是克服思维定势的重要手段。因此，如果在孩子13岁之前，就有意识地培养她的发散性思维，对培养孩子的想象力和创新能力都是很有意义的。对孩子学习知识和应用知识，提高解决问题的能力很有帮助。

有位专家在黑板上用粉笔画了一个点，问大学生是什么？他们的回答是："粉笔留在黑板上的一个点。"问中学生是什么？答案是"句号"和"没有意义的圆点"。同样的问题，幼儿园里的孩子的回答却有 30 多种："压扁的臭虫"、"雪花"、"猫头鹰的眼睛"、"奶油"……

可见，年龄越小的孩子想象力越丰富。这是因为年幼的孩子的思维里没有固定化的理念，没有教条化的思想，他们的思想是单纯的，是没有任何限制的。在美国，家长非常重视孩子扩散性思维的开发，重视到什么程度呢？我们不妨看看下面这个故事：

有个小女孩在美国加州的一所幼儿园里上学，有一天，她看到礼品盒上的字母，告诉妈妈："妈妈，这是'O'。"妈妈大吃一惊，问女儿是谁教给她的。女儿说是幼儿园的老师教给她的。结果小女孩的妈妈把幼儿园的老师告上了法庭。在法庭辩论会上，小女孩的妈妈讲了一个故事感动了 28 名评审员。

她说："我曾经去过一个古老的东方国家，在他们的动物园里，我看到一只被剪掉翅膀的白天鹅。那只白天鹅无法飞翔，只能在水里游荡着，我问管理员为什么要这样？管理员说这样做是为了不让白天鹅飞掉。我赞美他们的智慧，也为白天鹅感到悲哀。而我的女儿，就像一只被剪了翅膀的白天鹅，从此再也没有想象力了。因为她不知道 O 之前，可能会把它想象成太阳、月饼、鸡蛋等，但是现在她已经想象不到了。"

她的故事感动了所有评审员，最后她胜诉了。

或许有人觉得这个故事不可思议，并为幼儿园的老师鸣不平，但从开发孩子的发散性思维的角度看，这位妈妈的做法值得所有做父母的敬佩。从她的行为中，我们可以看到，她是多么重视保护孩子的想象力，多么重视开发孩子的扩散性思维。

女孩在 13 岁之前如果具备了这样的思维能力，那么她的思维就不容易被固定化的模式限制，不会被标准答案限制只有善于触类旁通，学习能力才会得到不断提升。

育女真经

建议 1:扔掉标准答案

当年幼的女儿把“0”读成“鸡蛋”或说成是“圆圈”时,不要强迫她接受你认为的标准答案。在孩子幼小时,凡事给她指定一个标准答案,孩子在成长的过程中就会机械地认定一些事情,不知道发挥想象力,更不敢有自己的想法,这样就会给孩子带来一些负面的影响。

建议 2:多向女儿提出开放性的问题

在生活中,妈妈会向女儿提出很多的问题,如“1 加 1 等于几?”“这里有几朵花?”“你吃了几个苹果?”这类问题都是封闭性的,问题的答案几乎只有一个,没有给孩子留下想象的空间。因此,要激发孩子的想象力就要多提一些开放性的问题。比如妈妈陪着女儿看有关飞机的图书时,可以这样问女儿:“你能想象未来的飞机是什么样的吗?如果让你造一架飞机,你会把它造成什么样子的呢?”这样的问题不但可以启发女儿的想象力,还能激发女儿的求知欲。值得注意的是,在女儿对这类问题作出回答时,妈妈千万不要急于去打断或纠正女儿的答案。

妈妈必读

充分发挥想象力,突破原有的知识圈,从一点向四面八方想开去,并通过知识、观念的重新组合,寻找更新更多的设想、答案或方法。这就是发散性思维,又叫辐射性思维、求异思维。在 13 岁之前培养女孩的这种思维,能有效地避免孩子陷入固有思维的怪圈,失去创新能力。

81 创新是女孩进步的不竭动力

孩子爱搞"破坏"属天性使然，从另一个角度，也是其创造力萌芽的一种体现。他们对各类陌生的事物充满新鲜、好奇，并身体力行，想要用自己的双手探求这未知世界。合理利用孩子这种天性，多方引导、鼓励，孩子的创造萌芽就会得到进一步发展。

一天，余女士下班回到家，一进门就嗅到一股怪怪的味道。她走进厨房一看，发现女儿正在厨房里，女儿看见妈妈进来了直往后退，努力想用身子挡住身后的一个大钵头。余女士过去一看，发现浓烈的怪味正是从这个大钵头里传出来的。

原来，淘气的女儿竟然把架子上的酱油、醋、料酒、麻油、虾油卤和番茄酱等等，凡是瓶装的液体，统统都倒在一起，调成了黑乎乎的一钵。

余女士顿时火冒三丈："你什么不能玩啊？偏玩这个！为什么这么淘气啊？"女儿低垂着头，怯怯地说："妈妈，我想配一种药水，让蚊虫一叮就自己死掉。"

尽管那顿晚餐弄得余女士手忙脚乱，但是她没有继续责备女儿，而是告诉她应该多了解一些知识，多一些思考，以后努力发明出"蚊虫一叮就死"的药水。

生活中，有些孩子非常听话、文静、乖巧，很少"搞破坏"，让大人很放心，但这样的孩子往往创造力也平平。他们多半是一些循规蹈矩，不愿意尝试新事物的人。

有的父母对待孩子提出的问题，要么给予现有的答案，结果使孩子渐渐养成懒得动脑筋的习惯；要么置之不理，甚至叫孩子闭嘴。也有些好奇的孩子喜欢把家中的东西拆开来研究，而父母将其视为"不务正业"，甚至责骂一顿。这样，孩子的创造力就容易被限制。

发明家爱迪生曾经说过："善于创造的人，往往具有一个奔驰的脑筋。"给孩子一片"破坏"的天空，孩子"破坏"失去的只是可估量的价值，而得到的却是让孩子一生受用不尽的财富，思考、创造和智慧。因此，父母给孩子创造怎样的家庭环境，对孩子"搞破坏"采取怎样的态度，对培养孩子的创新能力有举足轻重的影响。

育女真经

建议1:别强迫孩子做“乖乖女”

当女儿不“安分守己”时,要宽容。只要不是道德品质方面的问题,妈妈就应该善待孩子的不安分,因为不安分有时就是孩子好奇、探索的开始。许多获诺贝尔奖的科学家在青少年时代都不是“乖孩子”,他们经常会有一些与众不同的想法,甚至会闯祸。诺贝尔生理医学奖获得者休伯尔15岁就想用砂糖等原料制作一颗炸弹;诺贝尔物理学奖获得者库柏也在孩提时代因做实验发生过爆炸;大发明家爱迪生就更不用说了。可见,要想培养孩子的创造力,就要给予孩子一份宽容,使他没有阻力,能更轻松地去做自己喜欢的事。

建议2:开阔孩子的视野

家长可通过各种活动,丰富孩子的生活,开扩孩子的视野。多带孩子到大自然中,观赏各种树木花卉,区分它们的异同,了解植物与环境的关系;看看动物的不同形态,分辨它们的外形特征和生活习性;采集种子,捕捉昆虫,制作标本;仰望蓝天上不断变幻的白云;欣赏日出东方的朝霞、夕阳西下的美景……

另外,还应向孩子提供适合她的年龄特点的读物和视听材料,让孩子涉猎丰富的知识,上至天文,下至地理,但应注意宜广不宜深,深入浅出,以游戏的形式、故事的口吻,进行趣味讲解。

建议3:让孩子学会巧妙组合

李开复曾经说过:“单看锅、搅拌器、定时器、加热烘烤电炉这些部件,都没什么新颖的地方,但是当它们组合在一起时,就是一个新颖的创意。”所谓“组合创新”,就是将两个简单的物品组合在一起,形成不同于两种单个物品的“新物品”。这种创新的方式在企业经营中经常运用,许多企业为了迎合消费者的心理,扩大销售量而进行组合创新,有时候还能让濒临倒闭的企业起死回生。

妈妈可以鼓励女儿尝试组合,比如让她把橡皮和铅笔组合在一起,就成了一种新的铅笔;让她把牛奶和苹果片组合在一起,就成了沙拉。生活中,有很多东西经过组合后,就成了新的东西。只要妈妈多鼓励孩子去思考、去创新,就能锻炼孩子的创新能力。

妈妈必读

妈妈应将激活女儿的创造力作为一个重要的培养目标，让她在创造中运用已有的知识发挥其才能，并因此获得更多的新知识。只有这样才能让女儿适应快速发展的社会，在未来立于不败之地。

82 让智慧在思考中绽放光芒

一个人智力水平的高低，主要是通过思考能力反映出来的。在13岁之前培养女孩的思考的能力、思考的习惯，是让孩子头脑变聪明的重要途径。

一个5岁的女孩看见指南针不停地转动，最后总是指向同一个方向，心中顿时充满好奇：没有人用手去拨动，指针为什么总是指向同一方向呢？这里面藏着什么样的秘密？我怎样才能解开这个谜？小女孩双手托着下巴，开始了苦苦的思考……在日常生活中，你是否发现女儿也时常会有这样的表现呢？

任何人要取得任何意义上的成功，都必须运用自己的大脑去思考，有思考力的人才会有创造力，才会更好地掌握知识，进而改变自己的命运。迪·博诺教授在一篇名为《思考力》的文章中说："一个人很聪明或智商很高，只是说明他有创造的潜力，但并不说明他很会思考。智力和思考的关系，就好比一辆汽车同司机驾驶技术的关系，你可能有一辆很好的汽车，但如果驾驶技术不好，同样不能把车开好。相反，尽管你开的是一辆旧车，然而驾驶技术高超，照样能把车开好。很显然，这里在智商高和会思考之间画上了不等号。”因此，孩子智商高并不一定就能把聪明表现出来，除非他学会了思考。

晶滢是个小学四年级的女生，她的成绩很优秀，学得特别轻松，于是有同学就问她是怎么学习的。晶滢说：“我喜欢思考，喜欢动脑筋。”

她说：“以前我的数学成绩并不好，虽然做题速度很快，但是正确率却不高。后来妈妈提醒我，放慢速度，先思考好了再下笔；对做错的题要回过头来认真分析出错的原因，避免下次再犯类似的错误。从此以后，我就明白了一个道理：苦干不如巧干。慢慢地，我养成了思考的习惯。特别是遇到难题时，我会静下心来，理清思路后再动手做，这样做对的把握更大。有些题有好几种解法。在动笔之前，我会先想想，哪种做法更简单，更快捷，这种解题方法还和哪些例题有共同的特点，其区别又是什么，思考清楚之后再解答，解题思路就很顺畅了。

很多妈妈认为只要孩子掌握了知识就可以，殊不知虽然知识与思维有密切的联系，但知识不能替代思维。有的孩子的考试成绩可能并不突出，但善于思考，极富创造力，这样的孩子在未来还有很大的潜力；有的孩子考试成绩非常出色，但不善于独立思考，没有创造力，所谓“高分低能”就是指这类学生。所以妈妈要知道，孩子读书学习有两个目的：首先是学会思考，其次才是掌握知识。

育女真经

建议 1：鼓励孩子提问题

法国著名文学家巴尔扎克说：“打开一切科学之门的钥匙都毫无异议的是问号，我们大部分伟大发现都应归功于‘如何’，而生活的智慧大概就在于逢事都问个为什么。”提问是思考的起点，妈妈要鼓励女儿对于自己不明白的事情，敢于提出“为什么”。

建议 2：善于向孩子提问

问题是思维的起点。妈妈在鼓励孩子提问题的同时，也要经常向孩子提问，引发孩子思考。对于 3 岁以前的孩子，妈妈提的问题要简单直接，要针对孩子感兴趣的事物，孩子才乐意回答。比如，在动物园看孔雀时，如果是一公一母，妈妈可以问：“女儿，你看这两只孔雀有什么不同呢？”孩子经过观察后就会发现，一只孔雀尾巴有美丽的羽毛，开屏时非常漂亮，而另一只尾巴上的羽毛则很短，没法开屏……

对于 3 岁以上的孩子，妈妈的提问应该多样化，不要只问对或错的封闭式问题，最好根据孩子的能力，问一些没有唯一答案的开放式问题。比如，小手帕有些什么用途？看课外书有哪些好处？多少加多少等于 100？经常向孩子提问，孩子就会在问题的引导下积极地思考，思考能力也就得到了训练。

妈妈必读

孔子曾说："学而不思则罔。"孩子在学习文化知识的时候，如果不经过自己的思考，那么这些知识永远也不能变成她自己的东西。思考是创造力的源泉，学习知识要思考，发明创造需要思考，完善人生也需要思考。善于思考，是人们发现真理、获取成功的重要途径。所以，妈妈一定要注重对女儿思考力的培养。

83 在下棋中开发女孩的能力

棋类是智慧的体操，是引导孩子开动脑筋、活跃思维，锻炼思考力、创新力、应变力、耐挫力、竞争力等各方面能力的良好途径。想让你的女儿健康聪明，不妨在 13 岁前就教她下棋，这样既可以锻炼孩子的心理素质，又培养了孩子的能力和才气，可谓一举多得。

古人曾有"炼智宜弹棋"的说法，因为下棋可以锻炼孩子多方面的能力，对开发孩子的智力、提高孩子的智商有非常好的帮助。中国象棋杰出人物胡荣华曾经说过："棋内一半功，棋外一半功。"指的就是下棋不单单靠技巧，还要靠良好的心理素质和各种综合能力。如果在女孩 13 岁之前，培养她对棋类运动的爱好，从兴趣开始，逐步引导,那么对孩子的智力发展以及心理素质的培养都很有好处。

下棋可以锻炼孩子的判断能力。在对局中,需要判断先走哪步棋,再走哪步棋,还要判断对手的应对策略,判断自己有没有危险。下棋可以锻炼孩子的记忆力。别人曾经用过的招术,之后又用,你是否看得出来,这是一种记忆。下完棋之后再复局,则是更高难度的记忆。下棋还能锻炼孩子的空间想象力和推理能力,因为需要在不移动棋子的情况下,准确想象出移动棋子后的结果。

下棋可以让孩子学到生活的规则,从而增强组织纪律性。下棋能培养孩子的心静能力,通过下棋让孩子注意力高度集中。下棋能培养孩子认真的态度,通过下棋纠正孩子学习中敷衍、马虎、粗心大意的习惯,使孩子认识到“一着不慎满盘皆输”的严重后果。下棋能培养孩子的逻辑性思维,通过下棋学会举一反三的思考及逻辑推理和准确判断。下棋能培养孩子的抗挫折意识,通过对弈,使孩子正确面对失败,增强受挫的能力。

下棋可以培养孩子的全局观念,局部利益必须服从全局利益,这是大道理。有些孩子下棋,见子就吃,只图痛快,往往错失良机。经过失败的教训,他就会渐渐明白下棋不是为了吃子,而要考虑全局的利益。下棋可以修身养性,培养孩子良好的品德。以棋会友、广交天下也是爱下棋的孩子的优势。

下棋可以培养孩子激烈的竞技艺术。两军对垒勇者胜,需要顽强拼搏的精神。以象棋为例,它决定胜利的是进攻,即使是最坚固的防守一方,也需要攻防转换。在学习象棋过程中,这种进攻的意识就会主导者孩子的思维理念,自然地培养了他们勇于拼搏的精神。

下棋可以培养孩子的适应能力。棋局变幻无穷,气象万千,机奥难测,随时都要应对突发的变化。常言道:“山穷水尽疑无路,柳暗花明又一村”,应变的过程中有困难,也有机会,为了走出困境,促使孩子认真思考,这又培养了孩子认真思考的精神。

总而言之,棋类运动是一种智慧的体操,是培养孩子智商和情商的重要脑力运动。在孩子 13 岁之前,妈妈不妨从培养孩子对棋类的兴趣开始,一步一步使孩子爱上下棋,让孩子在下棋中感受乐趣,提升智商和情商。

···· 育女真经 ····

建议 1:把握好教孩子下棋的时机

什么时候教孩子下棋呢?对此没有准确的时间标准,但可以肯定的是孩子太小了不宜学棋。因为他们的注意力难以长时间集中，而且太小的孩子有可能吞食棋子。一般来说，孩子5岁左右时，是学棋的最佳时期。这时她的理解力显著提高，注意力集中的时间也较长。

建议2：学棋应遵循一定的顺序

棋类运动有很多，比如跳跳棋、五子棋、军棋、象棋、围棋等等。不同的棋学起来难度不同，在教孩子下棋的时候，不妨遵照先易后难的顺序，先教孩子下跳棋，再教孩子学五子棋，再学军棋、象棋、围棋等。在这个过程中，如果孩子对某种棋表现出非常大的热情，妈妈也没必要限制孩子，让孩子学习其他的棋。

当然，一开始就教孩子下象棋也可以。妈妈可以先和孩子下，以吃子为乐，渐渐教孩子规则，再慢慢学习象棋布局。一步一步，由易到难地教孩子。

建议3：调整期望值

面对孩子的每一次赢输，妈妈都要控制好自己情绪。即使孩子有成为世界冠军的潜质，妈妈也不应给过于得意，妈妈应重视现阶段孩子智力的开发和情商的培养，而不应该重视输赢。最忌讳的是，当孩子赢棋时，对她大肆奖励、大吹大捧；见到孩子输棋，就怒斥和指责。

建议4：留意孩子的情绪变化

学棋的压力不小，尤其是对13岁之前的女孩来说。有研究发现，棋手们在比赛中消耗的体能并不弱于一个拳击手。因此，妈妈在教孩子下棋的时候，要细心留意孩子的一举一动、表情和眼神，随时给孩子减压、关怀、鼓励、赞赏，要以一颗平常心对待孩子下棋这件事。

妈妈必读

从不会下棋到能下好棋，正是用娱乐方式培养孩子智商和情商的过程，如果孩子有幸能将兴趣集中在某种棋上，那妈妈就着重培养孩子的那种棋艺。如果孩子对棋类没有兴趣，那么妈妈就将此当做与孩子的游戏，在休闲的时候玩一玩，而且也是母女交流一种不错的交流方式。

第九章

13 岁前，培养淡定从容的稳重女孩

对于一个女孩子来说，可以不聪明，可以不漂亮，但是心态不能不淡定，举止不能不稳重。心态平和的女孩才会显露温柔的特征，举止稳重的女孩才能不被各种诱惑影响。

84 保持平常心，降低对女儿的期望

每个家长都希望女儿快快乐乐地成长，但同时也希望女儿有出息、够优秀，这两者看似不矛盾，但在现实中，许多优秀的孩子却因为被父母寄予太多的期望，背负太大的压力，而变得并不快乐。若想改变这种状况，妈妈就要保持一颗平常心。

如今，很多家庭只有一个孩子，父母一般都会对孩子寄予很大的期望。妈妈们知道，在 13 岁之前，孩子有很强的可塑性，妈妈常常希望通过各种手段来培养孩子的各种能力，比如弹钢琴、画画、鞋子、唱歌、跳舞等。

因为有需求，就有了相应的早教课程和益智产品。名目繁多的兴趣班、特长班诞生了，父母们为了孩子将来成才忙碌起来。这似乎是一个时代的潮流，因为不仅是中国父母如此，很多发达国家的家长也这样。一项调查数据显示，2007 年美国父母为 3～12 岁儿童花费的金钱的总数是 580 亿美元，比 10 年前多花 170 亿美元。

尽管父母爱孩子是无条件的，但是经济学家表示，家庭也是小小的社会经济单位，金融以人格化的方式在悄然进行。言外之意就是，父母对孩子的爱本质上是一种投资，特别是在物质生活方面，这种投资更为直观。父母对孩子的投资，夹杂了对回报的期待。这种期待，既是有意识的，也是无意识的，既可以是物质的，也可以是精神的。

既然是一种经济关系，那么当然无法逃脱经济规律——投入越大，对回报的期望越高。可是孩子毕竟不同于金融产品的股票和债券。孩子是活的，有自己的想法，有自己的兴趣，有自己的发展道路，这里面充满了变数，孩子不一定会按照父母期望的那样发展。这时候，很多家长就会给孩子施压，影响了亲子关系，压抑了孩子的兴趣和追求，打击了孩子的自信，使孩子变得不快乐，也使家长变得不快乐。

出现这种现象，问题关键在哪里呢？可以说，问题的关键在父母的心态。因为没有放平心态，没有用平常心看待孩子的成长与成才，对孩子期望太高了，才导致“期望

越大，失望越大；失望越大，对孩子非打即骂”情况的发生。

所以，父母应该以平和的心态来做一个有平常心的父母，放弃对孩子的高回报的期望，对孩子多一些宽容，多一些耐心，多一些了解，这样孩子才会多一点快乐，多一点轻松，多一点自由成长的空间。孩子快乐了，做妈妈的你也会快乐起来。

所谓成功是别人眼里的，快乐才是父母和孩子每天都要感受到的。如果你把女儿培养成一个快乐的天使，允许她自由发展、自由探索，那么她就获得了一生幸福的基石。

育女真经

建议 1：从经济上考虑：为什么要养孩子

作为妈妈，应该和孩子的爸爸商量一下，制定一个独立稳定的养老规划。虽说子女有赡养老人的义务，不过，作为家长，你还是有必要对自己未来的养老问题做一个长远规划。同时，在培养女儿的时候，你应该把一个成功的女儿未来可能给你带来的物质回报从清单上划掉，然后将女儿的发展目标定得低一点。

建议 2：问问自己想要一个什么样的孩女儿

想把女儿培养成智慧、善良、自信、自尊、自爱、宽容、温柔、贤惠、孝顺、勇敢、独立、负责任、有爱心、有追求、性格开朗的人吗？答案是显然的，那么你就需要给孩子营造一个轻松、和谐、平等、充满爱的家庭环境。而这就需要你有一颗平常心，只有这样你才能放弃一味期望女儿出人头地的念头，才能保证家庭氛围轻松和谐。

建议 3：平常看待差距，不拿孩子乱作比较

想让女儿快乐成长，就要减少女儿面临的外界压力。这种压力通常是小区里孩子家长之间的相互比较。如果能多看自己孩子的优点，不去作比较，那么对孩子保持快乐有很大的帮助。

比如，晓菲的奶奶说：“我家晓菲已经会弹很难的曲子了，你们佳佳怎么还不会啊？”你可以这样回答：“我现在只想佳佳把弹钢琴当做兴趣爱好，不强求她立刻学会弹奏曲子。等她有了兴趣，就不愁不会弹很难的曲子了。”这样一说，就回击了乱作比较的现象，帮助孩子将压力挡在门外。

妈妈必读

作为母亲，对女儿真正的关爱，是怀有一颗平常心，付出一份平常爱，并且善于观察、发现女儿的潜能，在女儿实施她的“自我实现的趋势”时，为她提供一个宽松的充满爱的环境，让她自由自在地成长，最大限度地发展自己的兴趣。

85 淡化功利心，培养女孩的平常心

所谓平常心，就是顺其自然的心态。望女成凤是一种爱，但过分地望女成凤，就会走向反面——害。妈妈要学会太阳的“普照”，而不是“聚光镜”只照一个点。那种只照一点的爱过于炽热了，会灼伤孩子的心灵。

这是一个充满功利的社会，人们的功利心处处皆有体现，就连培养孩子的兴趣、特长，鼓励孩子参加竞赛时，妈妈也常常抱着功利心。这种心态很容易把女孩培养成一个急功近利的人，不重过程，只重结果，甚至为了结果不择手段。当妈妈逼着孩子取得好成绩、好名次时，孩子的肩上就多了期望、多了压力，少了快乐、少了轻松。

刘先生女儿6岁的时候，妻子说要让她去参加逻辑思维大赛。刘先生没说什么，只问女儿：“你真想参加比赛吗？”女儿说想去。刘先生说：“你真想去，我们就给你报名，但心里不要有负担，我只想你去感受一下比赛的氛围，而不要把名次看得太重。”女儿点点头。

报名之后，每天下班回来，妻子都让刘先生陪女儿练习“逻辑狗”(训练孩子逻辑思维的教材)。刘先生嘴上答应，其实大多数时候是让女儿凭兴趣练习，学累了他就陪女儿玩一会儿。

比赛结束那天下午，老师给刘先生打来电话，说他的女儿在比赛中获得了一等奖，比那些平时上逻辑训练班的孩子表现得还要好。老师还说，学校准备推荐他的女儿去参加市里的比赛，让刘先生抓紧时间辅导孩子练习。

刘先生听了老师最后的那句话，感觉心里不是滋味。因为他认为逻辑思维根本不是上特长班学出来的，而是在玩的过程中慢慢锻炼出来的。刘先生特别不希望女儿为了某种目的去刻意努力，逻辑既然是“思维”，就不应给为了应付比赛而去临阵磨枪，他不想让女儿从小养成急功近利的虚荣心理。

那天晚上，刘先生照常看书，女儿在旁边玩“逻辑狗”。妻子看他只顾看自己的书，气得大叫：“你怎么不陪着女儿练呢？”边叫边冲过来把他手里的书夺下，女儿当时被吓坏了。刘先生火冒三丈，但还是忍住了，轻声对女儿说：“你玩你的，我和妈妈出去说几句话。”

刘先生和妻子来到门外，对妻子说：“我们到底应该培养孩子什么？”妻子回答不出来，刘先生说：“我认为应该培养孩子理智的善良、快乐地面对得失、坚强的品质，还要培养孩子纯洁心和平常心……”

在13岁之前，女孩的心理烙印很容易影响到她的一生。因此，妈妈在教育女儿时要注意淡化“与众不同”、“唯我”和功利心，培养孩子的平常心。许多妈妈喜欢把孩子表现出来的天资拿到众人面前去宣扬。这样做对培养女孩的自信心很有帮助，不过如果过多地这样做，也容易导致孩子产生骄傲情绪、虚荣心理，从而影响孩子的全面发展。

···· 育女真经 ····

建议1：认清平常心对女孩的重要性

所谓平常心，就是平和、自然的心态。女孩有了平常心，才能正确地取舍，活得轻松自然。如果没有平常心，她就会整日在得失取舍上考虑，心神不宁、焦虑不安。在13岁前，妈妈帮助女儿保持一颗平常心，是培养孩子正确的心态，这是一个长期的任务。

建议2：帮助女儿减压

怎样帮孩子减压呢？有位母亲是这样做的：她把书架上的《凭什么上哈佛》之类的书取下来。这样做并不是不认可这些书，而是说她只自己看这类书，然后吸取其中的教育思想的精华，来教育孩子。她知道考哈佛不是每个人都可以做到的，目标太大会导致孩子压力很大。

妈妈必读

很多妈妈都希望女儿上清华北大，因为那是名校；希望女儿学习钢琴、舞蹈，做到多才多艺；希望孩子学习奥数、化学、物理，门门都拿高分。然而，对于13岁之前的女孩来说，孩子的承受能力和接受能力是有限的，如果妈妈太过功利，孩子很容易被压得喘不过气来，不利于孩子的成长。

86 对待女儿的任性，学会“冷处理”

现在很多家庭，女儿要什么，妈妈就满足什么，可谓百依百顺。这样容易促使孩子任性。一旦孩子的要求没有得到满足，就会大哭大闹，直至达到目的为止。如果你的女儿也有任性的毛病，那么在13岁之前，应尽早纠正过来。

现在的很多女孩在家长的宠爱下，变得娇生惯养，一旦有不顺心的事情，她们就撒娇任性，弄得家长毫无办法，要么就只好妥协，满足孩子的要求；要么就火冒三丈，不是吼叫就是打骂。这两种方式都不利于培养孩子冷静处理问题的习惯，不利于培养孩子淡定从容的心态。

古韵爸爸长期出差，一直是妈妈和爷爷奶奶带着古韵。爷爷奶奶非常宠爱古韵，古韵想吃什么、想玩什么，他们都尽量满足她，结果把古韵惯得很任性，脾气一上来，九头牛也拉不回来。她想干什么或者想要什么，必须立即满足，否则就哭闹打滚、乱扔东西。

有一次，古韵妈妈带古韵跟她的一些朋友吃饭。古韵见桌上有一盘大闸蟹，就拼命地往自己碗里夹。吃完之后，古韵告诉妈妈她还要吃，妈妈说吃了一盘已经够了。可她不管，筷子一摔就闹了起来。碍于人多，妈妈一开始尽量哄她，可她又是推盘子，又是踢凳子，还大声喊妈妈的名字，弄得大伙没法吃饭。

妈妈一生气，懒得理她，管她怎么叫、怎么闹，她吃自己的。同时妈妈还对在座的朋友说："我们吃自己的，别理她。"古韵哭闹了几分钟后，就不再闹了，乖乖地坐到妈妈身边，老老实实地吃饭。

在回家的路上，妈妈对古韵说："女儿，遇到不如意的事情时，哭闹是没有用的，你想想看啊，你哭得稀里哗啦，还在地上打滚，把自己搞得那么累，那么脏，谁会喜欢你啊？"古韵低着头，想了想，觉得妈妈说得有道理。

这次经历让妈妈意识到：对待女儿的任性，最好采取冷处理。等她闹累了，见没人关注她了，自然安静下来，自己也就知道哭闹解决不了问题。慢慢地，古韵任性的毛病得到了纠正。

与此不同，很多妈妈见孩子任性、撒娇、哭闹，第一反应是哄劝孩子，哄劝无效后，就采取吓唬孩子的做法，认为这样能震慑孩子。结果，这样也不行，最后只好向孩子妥协，满足孩子的要求。

在这整个过程中，妈妈先说好话，再吐恶言，最后却满足了孩子的要求，把自己搞得费力伤神不说，反而助长了孩子任性的毛病，下一次，孩子还会依然如故。因为孩子会想：妈妈迟早会向我妥协的。

育女真经

建议1：平静地给孩子讲道理

在孩子任性的时候，妈妈应该平心静气地向孩子讲明道理，告诉孩子："你这样任性妈妈很生气，你的要求不合理，妈妈不会答应。"如果孩子愿意听妈妈的话，那就好办了；如果不听，那么妈妈可以采取下面的方法。

建议2：转移孩子的注意力

孩子任性的时候，往往是因为某个要求得不到满足，比如，孩子突然要吃冰激凌，但是大冬天的，妈妈去哪儿买冰激凌呢？于是，孩子撒娇、哭闹，这时候，妈妈可以对孩子说："你觉得冰糖葫芦好看吗？"这突如其来的话可能一下子吸引了孩子的注意力，孩子会想象冰糖葫芦的样子，从而忘了冰激凌。如果孩子表示想吃冰糖葫芦，妈妈可以适当考虑给孩子买，这样孩子就自然得到了安抚。

建议3：对孩子的任性不予理睬

如果上面的方法对孩子仍无作用，那么妈妈只好拿出"杀手锏"了，那就是对孩子的任性行为不予理睬，无论孩子怎么哭、怎么闹，妈妈都不要去安慰、去哄骗，不妨表现出平静、无所谓的样子。当孩子哭闹了一会儿，见妈妈"无动于衷"时，也就渐渐不哭了，因为妈妈的表现让她明白哭也没用。如果是在家里，妈妈见孩子任性，不妨走开，比如，走到房间里把门关上，让孩子自己待一会儿，这样孩子也会停止哭闹。

妈妈必读

对于女孩那种"我独占"、"我为主"、"服从我"等以自我为中心的思想，妈妈应该予以高度重视，并在女儿表现出任性的行为时，采取恰当的方式处理，先想办法转移她的注意力，如果不行，那就采取冷处理，让其冷静下来。

87 面对女儿的过失，学会冷静待之

妈妈是女儿的榜样，妈妈温柔贤惠，女儿很少大大咧咧；妈妈文静和蔼，女儿很少冷漠粗暴；妈妈遇事气急败坏，女儿通常也不会冷静。因此，想让女儿变得淡定从容，那么在面对孩子过失的时候，妈妈就应该冷静待之，给孩子做个好榜样。

作为妈妈，你肯定遇到过这样的事情：

发现女儿偷偷地从你的钱包里拿了10元钱，买了没用的小玩意儿；

不懂事的女儿把你的高级口红当成了水彩笔，在家里洁白的墙壁上画起了卡通人物；

刚买回来的漂亮台布，被正在练剪纸的女儿剪得千疮百孔，她要把台布上的漂亮花朵剪下来做拼图；

你告诉女儿，小孩子要少吃糖，吃多了糖对牙齿不好，可是女儿却躲在被窝里偷偷地吃糖……

很多妈妈会这样描述遇到这类事情时的感受："当时我的肺差点气炸了！"既然有这样的感受，那么当时她们的情绪一定非常激动，态度可能很粗暴，甚至会大发雷霆。面对妈妈的这种反应，女儿往往是既害怕又难过，对妈妈产生强烈的反感，导致更加叛逆。不少妈妈面对这样的事情，习惯性地采取急风骤雨式的严厉批评，她们的意图很明显，是想孩子改正错误，但这样做却收效甚微。

教育专家做过一个调查，结果显示：当家长在孩子面前大吼大叫时，孩子只注意到家长怒气冲天的状态，而很少听家长在吼什么。如果妈妈能冷静地对待，反而很容易促使孩子自我反省，能取得事半功倍的教育效果。

有这样一则故事，能给我们带来一些思考：

一位母亲问她5岁的女儿："如果妈妈带你出去玩，我们渴了，又没有带水，只有你的背包里有两个苹果，你会怎么做呢？"

女儿歪着小脑袋想了一会儿，说："我会把两个苹果都咬一口。"

可想而知，母亲听了这话有多么失望，她当时特别想冲女儿吼叫：我辛辛苦苦养你，你却这么自私。然后再教女儿该怎么做，可是话到嘴边，她还是收了回去。

她冷静了片刻，摸摸女儿的小脸蛋，温和地说："你能告诉妈妈，为什么这样做吗？"

女儿眨了眨眼睛，认真地说："因为……因为我想尝尝哪个苹果最甜，然后把那个苹果给妈妈。"

刹那间，母亲的泪水夺眶而出。

有一位教育学家每次在演讲的时候，都会讲述这个故事，并充满感慨地发出点评："这位妈妈是幸运的，因为她知道用冷静的态度对待孩子，她宽容孩子、信任孩子，使得她有机会感受到孩子的爱。这个女孩也是幸运的，她那纯真的善良得以表达出来，是因为母亲给了她说完的机会。"

如果妈妈听到女儿的回答后，立刻失望地冲孩子吼叫，就会冤枉孩子，打击孩子善良纯洁的心，影响她和孩子的感情。同时，还会使孩子在无形中学会了吼叫，使孩子变得没有耐心，不懂得冷静克制。长期这样，孩子就很容易变得脾气暴躁。面对孩子的过失，保持冷静的态度，不但有助于维护妈妈在女儿心目中的良好形象，还有利于亲子沟通，使孩子感受到妈妈的爱。

…… 育女真经 ……

建议1：温和指出孩子的错误，反对简单粗暴

妈妈应该知道，没有人可以做到不犯错，13岁前的女孩好奇、好动、精力充沛，生活经验不足，出现过失是很正常的。面对孩子所犯的错误，妈妈应温和地指出，告诉孩子怎样改正。千万不要对孩子大吼大叫、大发脾气，以求孩子牢记教训，这样只能是逼着孩子逃避惩罚而撒谎，从而变得虚伪起来，甚至形成多重性格。

建议2：过去了就不要再提，不要翻旧账

有的妈妈喜欢翻旧账，经常把孩子曾经犯过的错挂在嘴边。这样做表面上看是为了让孩子牢记教训，实质上却强化了孩子的过失，使孩子在情感深处留下了永远的伤痕，在今后的活动中缩手缩脚，不利于孩子形成淡定的心态。正确的做法是，过去了就不要再提。

建议 3：让孩子学会对自己的过失负责

如果女儿把你的口红当成了画笔，把墙壁画得一塌糊涂，你应该让她自己把墙壁擦干净。为了防止她把墙壁擦坏了，你可以在一旁监督和指导，让孩子在动手过程中感受到犯错的惩罚，同时也锻炼了孩子的动手能力。

妈妈必读

妈妈要谨记意大利幼儿教育家马拉古齐的教导："在教育孩子的时候，我们应该给孩子足够的时间，我们应该放慢脚步，我们应该学会等待！"面对孩子的过失，妈妈要冷静地对待，给孩子一些温和的指导，相信孩子能改正错误。

88 教女儿掌控情绪，保持心态平和

生活中，有些女孩喜怒无常，有了得意的事情，就乐得合不拢嘴，遇到了不开心的事情，就愁眉苦脸。喜怒之间转化很快，而且有时没有预兆，让做妈妈的莫名其妙并为女儿感到担心。其实这是情绪控制能力差的表现，妈妈应引起重视。

每个人都有喜、怒、哀、乐等情绪，高兴时大笑，不高兴时大哭，这是正常的情绪表达和宣泄，能有效地缓解内心的压力。对小孩子来说，大哭大笑倒没什么，但是如果一直这样，却不是什么好事。

每个女孩在成长的过程中都会遇到开心的和不开心的事情，产生不同的情绪，只有正确地掌控自己的情绪，才能保持淡定平和的心态，做一个情绪稳定的人。

自从嘉玉进入初中以来，整个人都变了，以前那个乖巧懂事的女儿不见了，只有一个喜怒无常的“刁蛮公主”。她经常坐在房间里发呆，有什么事情也不愿意和妈妈说，问她什么事都爱搭不理。

有时候甚至不听父母的话，面对爸爸妈妈的批评和教育，她竟然动不动扭头就走，通过摔打东西，或故意游荡在外不回家来表示对父母的反抗。

而有时候，嘉玉又会显得特别高兴，哪怕是一件不起眼的小事都能让她哈哈大笑。她这样一哭一笑的，弄得爸爸妈妈莫名其妙。

妈妈观察到女儿的这些变化，特意找了一些关于青春期方面的书籍来看，才知道这是女孩青春期的反应。嘉玉之所以变成这样，主要是因为一方面身体正在急剧发育，特别是性方面的发育和成熟，使她积蓄了大量的能量，容易过度兴奋；另一方面学习上的任务很重，不得不面对激烈的竞争，心理压力比较大；再者，随着年龄的增长，嘉玉渴望对外界有更多的了解，人际交往也逐渐增多，各种各样的信息纷至沓来，这就使她要处理的问题越来越多，越来越复杂了。这三方面的压力常常交织在一起，矛盾此起彼伏，她不像成年人那样善于控制或掩饰自己，常常喜怒皆形于色，便显得情绪忽高忽低，特别不稳定了。

针对这些特点，妈妈对她进行了大量的心理辅导，经常和她一起看书，聊天。在妈妈的引导下，嘉玉慢慢地学会了控制自己的情绪，不再喜怒无常，乱发脾气。

青春期是一个从幼稚走向成熟的过渡期，是一个朝气蓬勃、充满活力的时期，同时也是一个变化巨大、面临多种危机的时期。不但要依靠学校、家庭共同疏导，更需要社会和亲人一起来关心、引导他们。女孩子在成长的过程中也会有很多的烦恼，只有通过正确的疏导，让孩子做情绪的主人，才会使他们正视所遇到的困扰，适当地宣泄心中的情绪，释放心底的压抑，从而以淡定的心态面对生活和学习。

育女真经

建议 1：让女儿懂得乱发脾气会伤害别人

一个男孩脾气很坏，他的父亲就给了他一袋钉子，并且告诉他，当他想发脾气的时候，就钉一根钉子在后院的围篱上。第一天，这个男孩钉下了 40 根钉子。男孩慢慢地长大，越来越懂得控制自己的情绪，不再乱发脾气，所以每天钉下的钉子也跟着减少了。他发现其实控制自己的脾气比钉下那些钉子来得容易一些。

有一天，父亲告诉他，从现在开始，每当他能控制自己的脾气的时候，就拔出一根钉子。一天天过去了，最后男孩告诉他的父亲，他终于把所有的钉子都拔出来了。父亲牵着他的手来到后院，告诉他说："孩子，你做得很好，但看看那些坑坑洞洞，这个围篱将永远不能回复从前的样子了。你生气时所说的伤人的话就像这些钉子一样，会留下很难弥补的疤痕。"男孩终于懂得了管理情绪的重要性。

妈妈不妨把这个故事讲给女儿听，让她明白胡乱发脾气会伤害别人，会影响自己在他人心目中的印象，影响自己的人际关系。时常提醒孩子自觉地控制自己的情绪，在遇到不开心的事情时，努力调整自己的心态。

建议 2：鼓励孩子表达内心的感受

当孩子表现出起伏不定的情绪时，妈妈应该知道这时候孩子内心一定有事情。不管是开心的事情，还是伤心的事情，妈妈都应该鼓励孩子表达出来，因为表达是一种宣泄，就像水库泄洪一样，泄洪之后水库才不会决堤。妈妈必须和孩子沟通，倾听孩子的内心感受，使孩子的心情渐渐恢复平静。

建议 3：教孩子通过深呼吸来放松自己

当孩子心情不好，想发脾气时，妈妈可以教她深呼吸，心中默默数数。比如，给孩子找一个舒服的座位坐下来，让她调整呼吸，把注意力集中在鼻孔周围，去体会吸气的感觉，体验吸进去的气是凉爽的，想象一下气体进入身体后循环，再慢慢地呼出，体验呼出气体的温暖。多次这样深呼吸，孩子就会慢慢进入一个很放松的状态，使她的精力在短时间内得到恢复。

妈妈必读

作为母亲，也应该尽量控制自己的情绪，不要受到孩子起伏不定的情绪的影响。因为妈妈是女儿的榜样，如果妈妈能够保持平和的心态，较好地控制自己的情绪，那么就能给孩子良好的熏陶，在教育女儿的时候就更有影响力了。

89 面对困难，教女儿怀有一颗平常心

人活在世上，免不了遇到困难。面对困难，有的人无法承受压力，而向困难屈服；有的人却能保持平常心态，直面困难，最终度过难关。妈妈应该把女儿教育成后者，使她在面对困难时，怀有一颗平常心。

在每个女孩的人生经历中，都不可能“万事如意”、“心想事成”，必然会碰到一些“事与愿违”的事情。因此，妈妈有必要在 13 岁之前，培养孩子一颗平常之心，使孩子在困难面前能够做到淡定从容，这是一种自信和成熟的表现，是孩子不可或缺的心态和品质。

几天后 100 米比赛就要举行了，在这个节骨眼上 8 岁的乐心不小心摔折了胳膊，她想：胳臂摔伤了怎么参加比赛呢？要知道，乐心跑步非常厉害的，她不想错过这次比赛，但又感到力不从心，因此焦急万分。

妈妈理解女儿的心情，就给她讲了一个故事。故事是这样的：

有位先生在生活中遇到了困难，怀着郁闷的心情，他向禅师请教。禅师沉思了一会儿，对他说：“我来给你讲个故事，你听了故事之后，就知道该怎么面对困难了。”

禅师说有三个旅客，一个正常人、一个盲人、一个聋子，他们来到一座悬崖边，想从一条铁索桥到对面去。桥下是水流湍急的山涧，浪涛汹涌，两岸的悬崖非常陡峭，让人看了心惊胆颤。

第一个从铁索桥上走过去的是盲人，第二个走过去的是聋子，第三个过去的是正常人，但他因为害怕从铁索桥上掉了下去。

事后，盲人说：“我看不见任何东西，不知道山涧是什么样子，只管抓紧铁链，像平常一样地走了过来。”聋子说：“我听不见水流的声音，恐惧感因此减少很多，只要注意不向下看，自然也就安全地走了过来。”

老禅师语重心长地对那位先生说：“那个正常人为什么会掉下去呢？因为他在困难面前失去了平常心。而盲人和聋子为什么能过去呢？因为他们有一颗平常心啊！”

故事讲完了，女儿明白了妈妈的意思，她的心情平静了很多，她说：“妈妈，我知道该怎么做了，我不会担心比赛的，先静静地养伤，到时候伤好了就参加比赛，不行的话

我就退出，没什么大不了的。”

听了女儿的一番话，妈妈高兴地将她搂在了怀里。

面对困难时，要以平常心来坦然面对，既不能被困难吓倒，也不能对困难视而不见，既要重视困难，也要积极想办法解决困难。如今，很多女孩子成了娇生惯养的“小公主”，长期生活在父母的庇护下，有的好高骛远，有的爱慕虚荣，有的遇到困难就灰心丧气。妈妈要及时发现孩子的不足，教育孩子用平常心对待困难，从而促进其心理健康成长。

···· 育女真经 ····

建议1：告诉孩子哭泣对解决问题没有任何帮助

面对困难时，有些女孩会哭泣、会退缩，这是很多独生女孩的共同特点，因为她们从小生活在父母的庇护下，缺少受挫的经历，没有解决困难的经验。当孩子遇到困难哭泣时，妈妈不妨平静地告诉她：“哭泣解决不了问题，只有思考才能找到方法。”使孩子意识到，在困难面前只有积极思考才行，悲观失望没有任何意义。

建议2：以信任和鼓励的态度引导孩子

当女儿遇到困难时，妈妈要相信孩子，鼓励她积极寻找方法克服困难。妈妈信任孩子，孩子才会相信自己，有了妈妈的鼓励，孩子才会积极地去奋进，而且会使孩子身心得到愉悦。谁都明白，一个运动员在场上比赛的时候，如果观众给他喝彩、呐喊，他会更加努力地拼搏。教育孩子面对困难也是如此，当孩子遇到困难解决不了时，妈妈切忌不管不问，或讽刺嘲笑孩子，这样会使孩子感到孤立无援，更加没信心。

建议3：让孩子学会安慰自己

相信你听过《酸葡萄》的故事，说的是一个饥渴的狐狸来到一个葡萄架下，葡萄架很高，上面有很多红葡萄，红得诱人。这只狐狸非常想吃葡萄，可是尽管它使出浑身解数往上蹦，也够不到葡萄。他非常执著，仍旧不停地往上蹦啊蹦……最后它终于放弃了，离开的时候，狐狸心想：这一定是一串酸葡萄。这样一来它就不觉得难受了，心情平静了很多。

妈妈不妨将这个故事讲给女儿听，是女儿意识到：面对困难的时候，要竭尽全力地去想办法，如果经过努力依然克服不了困难，那也没必要钻牛角尖，应该学会适当放弃。放弃的时候，不必充满沮丧，不妨像狐狸那样，找个自我安慰的理由，促使内心平静下来。这样对培养平常心很有帮助。

妈妈必读

伟人和庸人的区别不在于经没经受过困难和挫折，而在于如何对待困难和挫折。面对困难和挫折，能够冷静得对待、积极想办法解决的人，就能一步一步走向成功。如果妈妈教女孩用平常心对待困难，那么孩子也会变得越来越优秀。

90 面对竞争，教女儿学会从容不迫

这是一个充满竞争的社会，孩子要有参与竞争的意识和积极竞争的心态。在竞争之后，还应该具备不因胜败而失态的平常心。这些都应该是妈妈在13岁之前教给孩子的，千万不能忽视。

常听到很多妈妈对孩子说："现在的社会啊，竞争太激烈了，没本事的人简直无法生存，你一定要多学点本领，你看现在不少大学生都找不到工作。"越来越多的家长意识到在13岁前，教孩子学会竞争、学会拼搏的重要性。

的确，优胜劣汰、适者生存是社会发展的规律，从小培养孩子的竞争意识，对孩子一生的幸福有非常重要的意义。在当前这个独生子女居多的家庭，家长喜欢事事对孩子包办代替，孩子接受锻炼的机会很少，由此养成了唯我独尊、依赖别人、胆小怕事的个性，在竞争中很容易受到挫伤，不懂得自己想办法克服困难。因此，在 13 岁前，培养女孩的竞争意识和竞争心态十分重要。

5 岁的曼音参加“故事大王”比赛，顺利通过了预赛，还要参加决赛。在为决赛做准备的时候，她自编了一个《小鹿和小鱼》的故事，每天都会给妈妈讲几遍，练习一下。虽然她非常努力，但在决赛中还是没有如愿当上“故事大王”。

比赛结束后，妈妈去幼儿园接曼音，她一见妈妈就不开心地发牢骚：“妈妈，我没当上故事大王，这两周我白练了……”妈妈对她说：“怎么会白练了呢？比赛最重要的是学习和收获经验，锻炼心态，而不只是为了结果。你的表现已经很努力了，也学到了很多东西，妈妈为你高兴！”

曼音有点不能理解地问：“我学到了啥呀？”妈妈对她说：“你学会了自编故事，你学会了勇敢地站在那么多同学面前讲故事啊！”

曼音接着跟妈妈说：“妈妈，希希当上了故事大王，希希讲的故事叫《皮皮放屁》，可好笑了，把大家都笑翻了……她说她每天都练到十一点呢！她得了 30 票，我才得 10 票。为什么很多人不给我投票啊？”说到这里，曼音又开始伤心了。妈妈安慰她说：“你可不只 10 票呀，是 14 票呢！爸爸妈妈、爷爷奶奶都给你投一票！”

曼音说：“就算你们都给我投票，我也当不上故事大王啊。”妈妈对她说：“你没当上故事大王也没关系，你依然是妈妈最爱的宝贝女儿，在妈妈心中，你就是故事大王。”

在这番安慰下，曼音终于笑了，不再抱怨比赛结果了。

竞争是不可避免的，失败也是常有的事情，失败之后，有些孩子会沮丧、灰心，甚至不吃不喝，对此妈妈应该引起重视，千万不要雪上加霜：“真没用，没有取得好成绩还有脸哭。”这样只会让孩子更加伤心，妈妈应该向曼音的妈妈学习，给孩子积极的安慰和鼓励，使孩子坦然面对失败，保持一颗淡定平常之心。

育女真经

建议 1：让孩子明白参赛目的

生活中，不少女孩子被妈妈拉到各种比赛场，自己却不清楚在台上表现是为了什么。事实上，有时候让孩子参加比赛到底是为了什么呢？家长都不知道。他们只是觉得，别人的孩子参加，自己的孩子也应该参加，不然就错过了好机会。

参加比赛，对孩子有很多好处。因为比赛可以传达竞争观念，但妈妈应该明白，让孩子多参加比赛不是为了追求名次，而是让孩子利用比赛提高自己的能力，锻炼自己的心态，甚至是面对失败。专家建议家长，要让孩子先明白为什么参加比赛，因为明确的动机是前进的动力。

建议 2：利用比赛调动积极性

心理学研究表明，当人在没有竞争和压力的自然的状态下，很容易变得散漫懒惰，而比赛能制造一种特殊的氛围，比如，有时间的限制性、条件的限制性和结果的排他性等。如果细细分析，你会发现比赛把人生的很多问题都浓缩在其中，在这个过程中，孩子的心理承受能力、理解问题的能力、自我表达的能力以及与人交往的能力都会得到提高。

小孩子很容易养成磨蹭的毛病，如果家长善于利用比赛来调动孩子的积极性，孩子磨蹭的毛病就会得到改善。比如，早上起床后，和女儿比赛看谁穿衣服快；谁刷牙刷得又快又干净。小孩子的好胜心比较强，如此一来，这些小毛病就很容易改掉了。

建议 3：正确对待比赛结果

参加大型比赛后的总结，远比比赛本身有意义。妈妈应该帮助女儿分析：我是成功了还是失败了？为什么会成功？得到了什么经验吗？失败的原因是什么？帮孩子找到这些问题的答案。

教育专家表示，对于比赛的结果，妈妈要多鼓励孩子，少批评孩子，尽量用积极的、正面的言语来进行总结。比如说，孩子在赛跑中得了倒数第一名，妈妈应该告诉孩子："宝贝，你能跑完比赛，就值得表扬了，妈妈看到你尽全力了，妈妈为你骄傲。"这样评价孩子，有助于孩子保持心态平静，保持自信，对培养孩子平常心很有帮助。

妈妈必读

想让孩子从容不迫地面对竞争，妈妈就不应该太强调比赛结果，不要拿自己孩子的失误和其他孩子的成就做比较。否则孩子只会觉得自己不如别人，心理更加不平静，更没有信心。

91 面对考试，妈妈淡定女儿从容

有些女孩平时成绩一直很好，但是考试起来却常不如意，这其中的原因除了临场发挥不好外，就是这些孩子的心理素质较差。有些孩子考前总抱着“假如我没考好怎么办”这样的一个消极念头不放，由于心理负荷太重，无法轻装上阵，因此考试时无法发挥自己的正常水平，考试的成绩不理想也就很正常了。

因此，妈妈在孩子考试前和考试中的日子里，在注重对孩子生活上照顾的同时，也不能忽视帮助孩子调整心态，因为只有心里没有负担、思想没有包袱，孩子才能以平和的心态从容地走进考场。在这一点上丽雅的妈妈就做得很好。

每次丽雅要考试之前，妈妈都会和她谈谈心。有一次，丽雅要代表学校参加市里举行的奥数赛，妈妈当时是这样和她聊天的。

“丽雅，下个星期你就要参加奥数考试了，有什么想法吗？”

“嗨，我觉得这次考试与平常没什么两样，没有什么好担心的。”瞧瞧，丽雅在妈妈长期的教育下，已经把考试看得很平常了，她轻松的语气简直就像考试与自己无关似的。

“是啊，‘稳定才能战胜一切’，这可是你舅舅从部队回家后经常说的一句话呀，我觉得用在考场上也同样重要。”妈妈说。

“妈妈，你就放心吧，你女儿早就‘身经百战’，哪一次上阵腿肚子抽筋、手发抖过呀，呵呵……”女儿笑呵呵地说。

女儿的话把妈妈逗笑了，妈妈说：“我相信你，相信你会轻装上阵的。”

也许你会感到惊讶，代表学校参加奥数比赛如此重要、严肃的话题，这对母女却能谈得如此轻松。当然，还有令很多妈妈想不到的是，虽然丽雅将奥数考试当成“与平常没什么两样的考试”，结果她却得了全市第一名。

可见，帮助孩子顺利度过考试的那些日子，包括将来的中考和高考，妈妈要做的事很多，不仅仅是限于让孩子吃得健康，给孩子创造良好的学习环境，还不要忘了和孩子谈心，了解孩子的想法，鼓励孩子轻装上阵。妈妈越是表现得对考试无所谓，女儿也就越容易放松自己。

⋯⋯ 育女真经 ⋯⋯

建议1：让孩子调整考试动机

有些家长经常向孩子强调，要求孩子考多少名，考多少分，这就等于在告诉孩子：考试就是为了取得好名次，就是为了拿高分。其实这是一个误解，考试的真正目的是检验知识学得是否扎实，哪些知识没有掌握，从而更好地进行补充和学习。

如果孩子太过重视考试名次，就会不由自主地想："我能取得那个名次吗？万一没取得那个名次，我该怎么办呢？妈妈会不会批评我呢？"有了这些想法，孩子就很容易分散注意力，变得心神不宁。最关键的是，一旦在考试中遇到了难题，就很容易惊慌失措，一筹莫展。

如果妈妈告诉孩子："考试不是为了取得名次，只是对平常所学知识的检验罢了，只要放松心态地去对待就可以了。"这样一来，孩子就不会担忧万一没考好要怎么应对，也就能平静地应对考试了。

建议2：教孩子保持平静的情绪

考试是一种复杂的智力活动，需要有良好的心态和冷静的头脑。如果孩子考前精神不佳、情绪低落，在考试的时候就很难将所学的知识调动出来，就难以取得好成绩。导致孩子考前心情不好、情绪不佳的原因有很多，比如，孩子缺乏考试动机，心境不佳，生理低潮和疾病等。因此，妈妈要关注孩子的情绪，及时帮助孩子消除烦恼，使孩子保持愉悦的心情应对考试。

建议3：让孩子制定考前复习计划

考前复习是很重要的，俗话说：临阵磨枪，不亮也光。考前复习，能在一定程度上给孩子一些心理安慰，让孩子心情更容易保持平静。但是考前复习就像战前准备一样，如果太过强调，很容易制造一种紧张的氛围，不利于孩子保持平和的心态。妈妈最好教女儿制定一份宽松的考前复习计划，使孩子轻松而又有计划地复习。

妈妈必读

对于孩子的考试，妈妈首先要用平常心看待。如果孩子考得好，妈妈不必过多地用物质奖励或许诺来刺激她；如果孩子考得不好，妈妈也不必用“语言暴力”去惩罚孩子。

92 面对危险，教女儿冷静地化解

生活中，可能会遇到一些突发事件，比如地震、火灾、强盗、劫匪等等，成人遇到这种情况也难免慌张，更何况13岁前的小女孩。因此，妈妈要有意识地向孩子灌输与危险做斗争的意识，教孩子冷静地化解危险。

假如有一天，孩子不慎被坏人拐走了怎么办呢？或许很多孩子会哭着喊着说：“我要回家，我要找爸爸妈妈。”可是这样一点用都没有。怎么做，才能脱离危险呢？请看下面这个故事：

有个6岁的小女孩被坏人拐走了，坏人满肚子的坏主意，想把她卖出去。可是这个小女孩逢人就背诵爸爸妈妈的手机号码，让买主知道她随时都有可能逃回家，因此谁也不敢买她。后来小女孩在路上向巡警做出了惊恐的表情，引起了巡警的注意。巡警把坏蛋送到派出所，这样，小女孩就安然无恙地回到了自己温暖的家。

在危险面前，这个小女孩能够做到保持冷静，这样她才能想到逃脱危险的办法。

这个故事启示妈妈们，要正确地告诉孩子如何面对危险。阴谋总会有破绽，坏人都是纸老虎，只要你冷静一点、机智一点，就能找到与坏人做斗争的办法。

当然，有时候危险来自于一些心怀不轨的坏人，有时候危险来自于自然灾害，或是自己无意中造成的，比如，玩耍的时候不小心掉进了深水沟里。遇到这些问题的时候，都需要让孩子保持一颗冷静的心，积极地想办法。

在孩子遭遇危险之后，妈妈要给予抚慰，避免与孩子分开。遇到危险后的孩子经常会表现出呆傻状态或像个旁观者，当你看到孩子出现这样的情况，就应该多陪她，多给她爱抚，如抚摸、亲吻、拥抱等，以增强孩子的安全感。

危险过后，孩子可能变得胆小、怕独处，过分依恋或纠缠父母，这是正常的心理应激反应，妈妈不要苛求孩子迅速摆脱或忘却。而应该多给孩子鼓励，赞扬她勇敢，是个聪明的好孩子，也可以通过卡通故事的形式教育孩子，用智慧以弱胜强，正义一定能够战胜邪恶。

···· 育女真经 ····

建议1：让孩子牢记父母的手机号、家庭住址

把手机号告诉孩子，让孩子记住家庭住址，这样即使孩子遇到了坏人，也能抓住机会，趁人不备的时候向他人透露自己的信息，或给家人打电话，这样就增加了逃脱危险的机会。另外，假如孩子被警察救了出来，也方便他们把孩子送回家。

建议2：告诉孩子遇到有人勒索钱财时该怎么办

妈妈应该告诉孩子，如果遇到这种情况，生命安全最重要，这时候不能逞强，钱是小事，要尽量避免自己受伤害。同时，要记住坏人的相貌，事后及时报警。如果爸爸妈妈有事不能在孩子放学的时候来接她，应该提醒孩子与同学结伴而行。

妈妈必读

在危险面前，保持冷静的头脑是重要的。但更重要的是在平时，妈妈要提前教会孩子应对各种危险的有效方法。如在地震发生时应该怎么做；遇到抢劫时应该如何应对；了解一些防火、防电常识，有助于帮助孩子减少安全隐患。

93 别让嫉妒成为女儿心灵的阴影

嫉妒，是很多 13 岁之前的女孩或多或少都会有的一种心理。这是一种消极的情绪和行为，当发生在幼小的孩子身上时，只要妈妈引导得当，就能将消极的作用转变为积极的作用。因为嫉妒可以帮助孩子认识自己，学习协商的技巧。

都说女孩的嫉妒心比较强，这么说有一定的根据，因为女孩子大都比较感性，把得失看得比较重要。从学习到生活，从穿着到交朋友，由于差距的产生，自然会产生嫉妒心理。我们经常会看到像下面这样的情形：

芳芳和媛媛在幼儿园是一对好朋友，平时总喜欢在一起玩。一次在积木课上，芳芳用五颜六色的积木搭了一个漂亮的花篮，而且搭得又快又好。媛媛却怎么也搭不好，急得直跺脚。当老师表扬芳芳搭得又快又好的时候，媛媛很生气，索性把两个人的积木全都推翻了，不服气地说："我搭不好，你也别想搭好。"

芳春和小雨是邻居，芳春的妈妈请小雨到他们家玩。两个孩子在玩棋子的时候，小雨胜利了，妈妈就给小雨一大袋糖果作为礼物。芳春看到自己喜欢吃的糖果送给了别人，就开始又哭又闹，不让妈妈把糖果送给小雨。

在生活中，像媛媛和芳春这样的女孩不少，她们不允许别人比自己做得好，也不愿听夸奖别人的话。当她们看到别人拥有的比自己要多，或认为别人在能力、财力、美貌、机会等等方面超过自己时，心里就会不好受，会产生一种不可预料的冲动，不由自主地去说朋友的坏话，这样嫉妒心理就产生了。

嫉妒会使孩子的性格变得古怪、消极起来。做父母的应当及早发现孩子的这种心理，尽量把嫉妒心扼杀在萌芽状态中。作为妈妈，应告诉女儿嫉妒的危害：第一，对自己来说，嫉妒憎恨别人又无法启齿，只会让自己在痛苦中煎熬；第二，对别人来说，被嫉妒者往往因挫折反而勇敢进取更显优秀。

与此同时，妈妈应该告诉孩子，与其嫉妒别人，不如赞赏别人，并虚心地向他学习，然后想办法赶上他、超过他。嫉妒心太强烈，是不成熟的表现。

育女真经

建议1：注意女儿的暗示，并表示同情理解

女孩子在13岁之前，控制情绪的能力不强，只要妈妈稍微观察一下孩子，就能发现孩子的情绪变化。当女孩妒嫉心理爆发时，她们的行为也会表现出一些变化，比如搞破坏、哭泣或者说妒嫉对象的坏话等，有时候表现得情绪低落、难过、焦躁或者没干劲。这时候，妈妈应该对孩子表示同情和理解，并鼓励孩子把心里的想法说出来。妈妈的理解可以安抚孩子的情绪，因为这种时候，孩子最需要的不是欲望的满足，而是妈妈的理解和倾听，以及对她内心感受的肯定。

建议2：不要向孩子过分强调负面的东西

当你发现孩子嫉妒时，应该表示同情和理解，但不要过多强调孩子的立场，更不要指责受到妒嫉的对象，否则孩子的嫉妒情绪会越来越强烈，还会导致孩子养成动辄说别人坏话的习惯。打个比方，假如你女儿的朋友圆圆周末邀请了几个小朋友去她家玩，但没有邀请你女儿，这时候你绝不能指责那个圆圆"不够意思"，而应该告诉女儿：妈妈理解你的委屈，但你别难过，圆圆可能不小心忘了。这样孩子就会理解不是因为自己不受欢迎而没被邀请，心情就会很快平静下来。

建议 3：帮助孩子发现自己的长处

如果孩子看不到自己的优点和长处，就容易产生自卑，这种自卑感就容易且刺激她产生嫉妒心理。因此，妈妈必须帮助女儿建立自信，让她知道自己也有优点，也有骄傲的资本。专家指出，当孩子为自己感到骄傲时，她就更容易接受别人在某方面得到比自己更多的关注。

妈妈必读

嫉妒是一种不利于身心健康、不利于真诚团结、不利于学习进取的心理弱点。妈妈要注意培养孩子豁达的性格、宽广的胸怀，指导孩子学会不断自我完善，引导孩子正确认识自己，树立正确的人生目标，不要让嫉妒破坏了孩子的心境。

94 积极引导，让女儿告别攀比

随着生活水平的不断提高，人们越来越重视穿衣打扮，这是经济发展的必然结果，也是社会文明进步的表现。但是作为 13 岁前的女孩子，如果过于讲究穿着、打扮，一味地追求高档、名牌效应，和别人比较谁穿的更时尚，这就不是一件好事了，因为这会给孩子造成一些不良的影响。

过分注重物质、互相攀比会导致孩子分散精力，影响学习，还会加重家庭的经济负担，助长孩子的虚荣心和奢侈浪费的生活习惯，使孩子养成不良的消费观念。互相攀比的结果，还有可能导致孩子走上违法犯罪的道路。

某市曾发生过一起重大盗窃案，作案者居然是一位中学生，他盗窃了一居民家中的5万元钱。然后乘火车到北京，在短短的6天内，便挥霍掉了所有的钱。

这个孩子生活在农村，自幼丧父，靠母亲一个人种田养家，虽然家境不好，但在同学中穿戴、吃的、用的总是最气派的一个。这一方面是他自己不甘落后于人的缘故，另一方面是他的母亲觉得孩子已少了父爱，如果在物质上再比别人差，那就太可怜了。因此，母亲平日里尽量满足他的要求，但还是越来越无法满足他的攀比心。

看了这个故事后，妈妈有什么感想呢？作为家长，绝不能对女儿的攀比心理掉以轻心，任其发展；更不能盲目迁就，助其发展，而应该加强对孩子进行健康的审美教育，正确引导，帮助他们克服不良消费观念和消费行为，形成正确的消费观念和消费行为。

育女真经

建议1：告诉女儿家庭经济状况

有些妈妈不愿意和孩子谈钱，特别是经济不宽裕的家长。为什么不愿意谈呢？因为他们担心孩子对金钱产生兴趣，容易使孩子染上乱花钱的坏习惯。有些妈妈为了要面子，宁愿打肿脸充胖子，也不会告诉孩子家庭的实际情况，她们自己省吃俭用，但给孩子钱的时候却出手阔绰。殊不知，这样做对孩子有多么不好的影响，孩子会误以为家里很有钱，因此花钱大手大脚一点也没关系。渐渐地，就养成了乱花钱习惯，形成了攀比的心理，看到别的孩子钱多，就感到心里不平衡，甚至会恨父母不会赚钱。这还会使孩子对父母造成了误解、隔阂，不利于亲子关系的培养。

其实，即使孩子不问家里的经济情况，妈妈也应该告诉孩子。在孩子没有表现出攀比之心前，就应该告诉孩子家庭收入情况，使孩子断了这个攀比的念头。同时，平时给孩子零花钱的时候，要注意数额，并告诉孩子要把钱花在恰当的地方，使孩子学会理智消费。

建议 2:让女儿了解父母的工作

如果你把家庭经济状况告诉女儿,女儿依然不相信,那么你不妨让女儿了解你的工作。比如,告诉孩子你主要做哪些工作,月收入情况如何,平时家里有多少开支,告诉孩子每年的学费要多少,和孩子算一算账。当然,让孩子最直观地了解你工作的办法是带她去你的工作场所。特别是那些体力劳动者工作的场所,更容易触动孩子的感想,使孩子反思自己攀比的行为。

建议 3:学会挣钱和有计划地花钱

"要花钱,自己挣",这是西方一些国家中学生的口号,虽然我们没有这么做,但当你发现孩子养成了攀比的习惯时,不妨让孩子尝试着去挣钱。有个女孩非常喜欢攀比,认为金钱来得容易,妈妈为了纠正她的不良思想,在假期给她找了一份送报纸的工作。干完第一天的活后,这个女孩说:"当我爬完最后一户的楼梯时,我只有一个念头,我再也不要和同学攀比了,因为每个父母挣钱的能力都不一样,但是每个父母的钱都是来之不易的。"

鼓励孩子打工挣钱,是为了培养孩子对金钱的认识,锻炼吃苦能力。同时,妈妈还应教孩子理智地花钱,做一个对待消费沉稳的女孩。为此,妈妈可以帮助孩子制定一个计划,比如,用多少钱买必需的工具书;用多少钱来买一些小礼物,在爷爷、奶奶、外公、外婆过生日时送给他们。通过计划,孩子就会懂得预算,懂得把钱花在最重要的地方。

妈妈必读

攀比的害处尽人皆知,并不需要过多地分析。但其实攀比也是很正常的一种心态,关键是如何把握。妈妈应该教孩子把握攀比的尺度,在自己力所能及的范围内,争取该争取的,适当在攀比中找到奋斗的动力。

第十章

13 岁前，培养办事利索的高效女孩

人们常说："效率就是生命。"做任何事情都应该注重效率，不应该拖拖拉拉。在保证效率的同时，注重质量，才能把事情办得近乎完美。如今是个竞争激烈的社会，妈妈应该在女孩 13 岁之前，就给孩子灌输时间观念、效率观念，把她培养成一个办事利索的高效女孩。

95 方法好才有效率，让女儿学会巧干

学会巧干，而不要蛮干。巧干是指找到合适的方法，蛮干是指埋头苦干，前者往往能收到事半功倍的效果，后者则往往事倍功半。在13岁前，培养孩子巧干的精神，让孩子学会有效率地做事，对孩子的一生都有重要的意义。

德国数学家高斯，小时候就在爸爸的教育下，养成了独立思考问题的习惯。

小高斯10岁时，有一次他的数学老师让他们全班解答一道习题："1 + 2 + 3 + 4 +…+ 100 =？"要算出那么长的算术题真的很费时间，很多孩子都开始埋头拼命地算，可是小高斯却没有急于动手，他在思考最简便的方法。

老师看见小高斯坐在那里发呆，走上前来问他怎么了，为何还不开始计算。小高斯说他已经知道答案了，是5050。老师十分诧异，问他是不是以前做过这道题。小高斯告诉老师，他通过观察，发现这一组数字中1加100等于101、2加99等于101……这样的等式一共有50个，因此这道题可以简化为"101×50 = 5050"。

"真是太精彩了！"老师情不自禁地赞扬高斯。

高斯为什么那么快就把那道复杂的题目算出来了呢？因为他懂得思考，懂得找方法，很巧妙地将题目解出来了。其他学生不懂得找方法，只顾埋头苦算，结果算了很长时间还不一定能得出正确答案。这就是巧干与蛮干的差别。当你把这个故事讲给女儿听，相信她一定能明白找对方法的重要性。

当然，想要让女孩找到巧妙的方法，她首先必须有独立思考的习惯。独立思考的习惯不是与生俱来的，孩子小时候遇到困难的时候，总是第一时间找父母帮忙，有的父母懂得引导孩子去思考，想办法解决问题，而有的家长却直接帮孩子解决问题。就这样一个细节问题的处理，决定了孩子是否能够养成独立思考、不依赖父母的习惯，有了独立思考，就有了源源不断的智慧。一个孩子如果从小就养成了凡事依赖父母的习惯，那么永远都只能跟在别人后面，依靠着别人做事。

生活中，有的孩子不爱思考问题，觉得思考很浪费时间，比如在学习的时候，拿到题目就开始做，也不先想想哪种方法更容易解题。做着做着发现题目很难时，就放弃

了。这样既浪费了时间，也很难把题目做出来。如果你的孩子在学习或做事的时候也有这个毛病，你应该及时提醒孩子改正，否则孩子很难养成高效学习、高效做事的习惯。

···· 育女真经 ····

建议 1：教孩子养成做笔记并事后整理笔记的习惯

俗话说，好记性不如烂笔头，记笔记看似浪费时间，实际上对于巩固知识、复习功课，有很大的帮助。有些女孩不愿意做笔记，听完课之后，很快就忘了，这样不利于巩固知识。相反，懂得做笔记的孩子，能够将课堂内容的重点把握住，在课后及时复习巩固。这样就能提高学习效率。在整理笔记的过程中，也可以锻炼孩子分析、归纳的能力，一举多得。

建议 2：培养孩子课后复习的习惯

孔子说：温故而知新。刚学的知识很容易忘掉，复习就是为了避免忘掉，巩固记忆。虽然复习会花一点时间，但是对牢记知识非常有帮助，及时复习能很好地巩固记忆，起到事半功倍的学习效果。

建议 3：告诉孩子做事的顺序很重要

在打扫卫生的时候，妈妈可以问女儿："是先整理家具，再扫地，还是先扫地再整理家具呢？"如果女儿回答先扫地再整理家具，那么妈妈不妨和孩子先这样做，在实践中，孩子就会发现她的这个方法有很大的弊端，那就是刚扫好的地，会因为整理家具弄脏了，结果还要再扫一次地。然后妈妈再告诉女儿："如果先整理家具，再扫地，就能避免这个问题了，效率就更高了。"使孩子懂得做事的顺序不同，会产生不同的效果。

妈妈必读

无论是学习还是做事，都需要讲究效率。想要提高做事的效率，就要找到合适的做事方法。妈妈应该尽早培养孩子找方法、追求办事效率的意识，使孩子养成巧干的习惯。

96 不要贪多，教女儿一次只做好一件事

贪多求全，总想一心二用，同一时间做两件甚至三件事情，这样的结果往往是一件事情也做不好。为了让女孩养成办事高效的习惯，妈妈应该培养孩子在某一时间内做好一件事的能力。使孩子养成专注的习惯，这是高效办事的重要途径。

相信很多家长都给女儿讲过《小猫钓鱼》的故事，这个小故事揭示的道理是做事不能三心二意，否则将一事无成。生活中，很多女孩就像故事里的小猫，一会儿钓鱼，一会儿捉蜻蜓，一会儿抓蝴蝶，最后一条鱼都没钓到。如果发现孩子常出现这样的情况，妈妈应该引起重视，教孩子一次只做一件事，让孩子养成高效办事的习惯。

5岁的慧美爱听有关动物的故事，爸爸妈妈就趁机将一些做事的道理寓于故事之中，让孩子去领悟。

有一次，妈妈给女儿慧美讲到动物专注的故事。说狮子去喝水时，它们会一直走向水塘，就算中途碰到猎物，它们也不会去追捕；猴子在摘野果时，只是摘果子，中途不会去喝水；大象洗澡时，不管十里八里，同样会直奔水塘，中途不会突然改变主意干别的事。这是它们的本能。

妈妈告诉慧美，驯兽师在训练猴子或大象的时候，一次只让它们做一个动作，即让它们的脑海里只决定一件事，否则动物们再聪明也学不会复杂的动作。而且，它们的大脑神经也会拒绝一次决定两件以上的事情。

讲了动物的故事后，妈妈对慧美说："一次只做一件事，并努力做好，这叫专注，只有专注地做事，才能保证有效率，才能尽快地把事情做好。如果三心二意，做做这件事，又做做那件事，表面上看做了很多事，但实际上一件事也没有做好。"慧美从中懂得了高效率源于专注做事。

动物们一次只做一件事，看似呆板，不知变通，实则实现了高效率。另外，简单做

事是快乐之本。妈妈应该教女儿养成一次只做一件事的习惯，该做作业的时候专心做作业，该放松的时候尽情放松。

生活中，为什么有的人心情不愉快，甚至出现心理问题呢？这与他们不愿意接受简单的生活有关，在同一时间想的事情太多了，容易产生很多烦恼。英国科学家曾做了一项研究，发现一个人如果经常同时要决定两件以上的事情，那么他的寿命将会缩短。

还有研究表明，普通人在同一时间里考虑几件事，或一次做两件以上的事情，考虑问题和做事的效率就会大大降低。长期如此，就如同一个越陷越深的陷阱，使人无法轻松下来，无法享受到快乐和舒适的生活。

育女真经

建议 1：每次注意力集中时间延长一点点

给孩子讲故事，看孩子能够集中注意力几分钟，然后记录下来；下一次讲故事时延长一两分钟，如果孩子不愿意听，试着给孩子一点小奖励；等这种情况稳定以后，妈妈再接着适当延长时间。做游戏、画画等也可以这样训练孩子。

建议 2：孩子游戏的时候，请勿打扰

女孩子正在专注地玩耍和游戏，正是训练她专注习惯的过程，妈妈要尊重孩子，不要轻易打断她。例如孩子玩沙、玩水、玩土时通常会很专注，大人只要在旁边保证孩子必要的安全就行了，让女儿玩个够。这样孩子就容易养成耐心专注的习惯。

建议 3：给孩子适当的玩具

玩具并不是越多越好，玩具过多，孩子反而不知道玩哪个，孩子的视觉容易造成混乱，不便于她确认自己喜欢的目标，降低了她的注意水平，因此，孩子就会摸摸这个玩具，摸摸那个玩具，对每个玩具的兴趣都不能持续很长的时间。如果妈妈给孩子的玩具有限。她反而会玩得更专注而有兴趣。如果发现孩子对某个玩具失去了兴趣，妈妈不妨先把玩具收起来，过一段时间再拿出来，这样可以保持孩子对玩具的新鲜感和兴趣度。

妈妈必读

一次只做一件事，就意味着集中目标，这样就不会轻易被其他事情影响。反之，如果孩子经常改换目标，见异思迁或是四面出击，往往什么都做不好。妈妈可以告诉女孩："我们不可能同一时间把所有的事情做好，但是我们一定可以把其中的一件事做好。"

97 及时督促，帮女儿改掉拖拉的习惯

明日复明日，明日何其多，有拖延习惯的女孩总是把希望寄托在明天，明天又有明天，这样下去，明天就成了她的借口，而事情依然难以取得进展。作为妈妈，应该帮助孩子纠正这种坏习惯，培养孩子的时间观念和效率观念，使孩子懂得今天的事情今天做。

女孩子性格温柔，做起事来不似男孩子一般雷厉风行，妈妈要注意培养女儿做事利索的好习惯。因为，一个做事利索的孩子往往能在相同的时间内做较多的事情。如果一个女孩子形成这一良好习惯，那么，她无论是在学习、生活，还是工作上都能有效地利用时间，提高效率，做出比别人出色的成绩。相反，一个做事拖拉的女孩，往往取得的是事倍功半的做事效果。

邢女士的女儿乐悦都上小学五年级了，可是做什么事都不紧不慢，起床要半小时，吃饭要半小时，上个厕所还要半小时，别人不催，她更不着急。尽管邢女士一直督促她"快一点，快一点"，但仍起不到效果，有时邢女士对女儿发火，女儿都无动于衷。

邢女士曾劝过乐悦，也训斥过她，她当时改了，但过不了几天就又犯了老毛病。

星期六的晚上，乐悦说作业不多，要看会电视，邢女士和丈夫就同意了。结果一直看到十点才开始写作业，做了40分钟只做了两道题，然后又说太困了，剩下的四道题想明天早晨再做，邢女士只好随她。

第二天早上，乐悦六点多钟起床，只做了10分钟的作业，又上床睡了。邢女士检查了女儿的作业，发现那四道题根本没做。于是，吃饭时邢女士再次对她进行劝导和说教。可是，女儿却一脸的不耐烦，趁邢女士和丈夫不注意，竟偷偷地跑出去玩了。

邢女士和丈夫为了帮她改正这个习惯，开始给她定了一个规矩：每天的作业，必须当天完成，否则不准看电视，不准睡觉；帮父母买东西超过了规定的时间，“功劳”减半……在这种严厉的措施下，女儿拖延的毛病得到了一定程度的控制。

做事拖拉是很多13岁之前女孩的通病，比如作业写了一半就放下，然后看电视去了；日记落下好几天，想起来再去补写；房间没有整理完，就去找伙伴玩去了。这些就是拖拉的表现，这一方面与她们的自控能力较差有关，另一方面也与父母的放任有关。假如父母经常教育孩子今天的事要今天完成，或者是在发现孩子做事拖拉时及时给予警告和督促，那么孩子就不容易养成拖拉的毛病。

育女真经

建议1：激发女儿的求快欲望

如果女儿做事拖拉，妈妈可以常用比比看谁做得快的方式来激发她的求快欲望。如在女儿吃饭、叠被、洗脸、刷牙、穿衣、走路的时候，比比谁快，快者有奖，慢者受罚。妈妈在此时既要扮演竞赛者的角色，同时还要扮演裁判。为了激励女儿的信心，妈妈可以在开始的时候适当让着女儿，但又不要让她看出来，否则效果就会大打折扣。

建议2：拒绝孩子的任何借口

有的女孩不愿意立即完成作业，她们的理由是：“作业明天还可以做，但那集电视今天不看明天就不会再放了”、“我们同学都是边看电视边做的”、“老师说下个礼拜再交，所以不用急着做”、“作业本没有带回家”、“自己都懂，不用做”、“写日记没有用，自己将来又不想当作家”……无论女孩找什么样的借口，妈妈都不能纵容她，而应该要求孩子先把作业做完，才能做其他的事情。

当孩子提出借口时，妈妈应该果断地拒绝，并规定孩子在多长时间内完成作业。

比如，如果你估计女儿能在半小时内完成作业，不妨要求她在25分钟内完成，这样可以给孩子制造一定的压力，使孩子没有办法放任自己偷懒。等过了25分钟孩子没有完成作业时，再适当给孩子加一些时间。如果孩子依然无法完成作业，而且并不是作业太难的原因，妈妈不妨给孩子一定的惩罚，比如，让她打扫家里卫生。

妈妈必读

如果女儿拖拉的习惯没有得到及时的纠正，久而久之不仅会影响到她的学习效率和学习成绩，而且还会形成拖沓的性格，影响到她将来的工作和生活。对待女儿磨蹭的习惯，父母一定要用耐心和爱心帮助她逐步改正，不要操之过急，要注意总结方式方法，不断提高她的速度。

98 指导女儿养成每周做计划的习惯

凡事预则立，不预则废，这是在强调计划的重要性。每个女孩每天都有24小时，这是很公平的，但会利用时间的女孩，会学习得更轻松、效果更好，生活得更充实。想要做到这一点，就离不开做计划，有效地利用时间。

英国哲学家、政治家培根曾经说过："合理安排时间，就等于节约时间。"每年、每月、每日都要有计划。在学习之前，要让孩子想好先学什么，再学什么，要用多长时间，如果把这些都计划好了，那么学习的效率就会提高。

对于 13 岁之前的年幼的女孩来说，她们可能无法独立制定学习计划，需要妈妈的指导和帮助。妈妈可以和女儿共同商讨，结合每学期的情况和个人学习情况制定出学习计划，什么时间学习，什么时间锻炼。还要定期总结，肯定女儿表现好的地方，指出不足的地方。这样一来，孩子有了明确的学习目标，学习效率也会自然提高。

制定学习计划要充分结合孩子的个人特点，制订计划也有几个必要的原则。首先，要按照个人的实际情况来制定计划，这个计划是自己需要的也是能够完成的；其次，要有明确的时间安排；再次，目标要明确、适度。

下面是一位女孩某星期的学习计划：

第一，这个星期重点攻克英语，做完家庭作业后，把剩下的时间用于英语学习。

第二，课外英语学习分成三个方面：一是每天至少熟记 20 个英语单词，读一篇浅显的英语故事；二是练习听力 30 分钟，做两篇阅读理解；三是参加学校英语角活动，积极主动用英语与人交流，提高口语的能力。

这个计划有三个优点：第一，针对性强。计划中，该同学把目标指向英语，于是她把课外时间主要用于提高英语能力上。第二，时间安排具体。每件事要花多少时间，都做了具体的安排。第三，目标明确。学英语，主要是熟记单词，每天 20 个单词；全面提高听说读写能力。

···· 育女真经 ····

建议 1：计划的内容要便于操作

在指导孩子制定计划时，妈妈要告诉孩子，计划要便于操作。因为如果计划太难实现，孩子的自信心会受到打击，孩子实行了几天依然达不到，就很容易放弃实行。这样一来，计划也就失去了意义。因此，计划应该是孩子能够做到的。比如，每天放学回来做作业，没做完不能吃饭，这一条就不太靠谱，因为有时候作业多，一时间做不完，只能等到吃晚饭再做；不然的话，家人不可能一直等孩子吃饭，也不可能自己先吃，让孩子吃剩饭、吃凉饭。

建议 2：妈妈要做好监督工作

制定计划后，最关键的是执行，再好的计划如果没有执行，也是空谈。13 岁前的孩子自制力较差，在执行计划的过程中，妈妈做好适度的监督工作是必要的。

妈妈必读

没有计划，孩子就会盲目地做事，对于先做什么，后做什么，他们往往是随心所欲，这样很难把事情办得干净利索。只有懂得做计划，按照计划按部就班地做事，才能把事情做得又好又快。

99 引导女儿有效地利用零碎时间

著名科学家爱因斯坦曾说过：人的差异在业余时间。孩子们在学校的时间相等，环境相同，学习、活动、机遇一样，难以形成大的差异。但在业余时间内，情况就不同了，懂得利用业余时间的孩子，就更容易提高学习效果。

“事情就怕加起来。”这是一句古老的谚语，它可以让我们意识到“时间也怕加起来”。看似不起眼的零碎时间，如果孩子能够充分利用起来，用于学习，这对提高孩子的学习成绩，增加孩子的知识积累是很有帮助的。

在高考中取得了603分的好成绩的刘雅婷说，要想学习效率高，可以试着在两项计划之间给自己设定一些弹性时间，可以适当休息、看报，也可以继续完成其他的计划。

谈到具体的计划，刘雅婷说她习惯于把空隙、零碎的时间利用起来。比如早上一起床便可播放英文磁带，她完全不必专注地去听，只当是“熏耳朵”。口袋里经常装一个小本子，上面记着单词以及要提醒自己注意的问题，利用饭前等候的时间翻翻看，在一次次不知不觉的重复中，就把这些单词和问题记住了。

很多孩子不重视零碎时间，认为没什么用处，其实这些时间看似很少，但集腋成裘，把许许多多个几分几秒汇合起来，就可以做很多事情。

在日常生活中，有许多零星、片断的时间，如车站候车的三五分钟，饭前等待的两三分钟。如果能让孩子珍惜这些零碎的时间，把它们合理地安排到自己的学习中，积少成多，就会成为一个惊人的数字。

有人说，时间往往不是一小时一小时浪费掉的，而是一分钟一分钟悄悄溜走的。著名的海军上将纳尔逊，曾发表过一项令全世界懒汉瞠目结舌的声明："我的成就归功于一点：我一生中从未浪费过一分钟。"军事家苏沃格夫也表示过："一分钟决定战局。我不是用小时来行动，而是用分钟来行动的。"

古往今来，许多有成就的学问家都善于利用零碎时间。宋代文学家欧阳修认为："余平生所作文章，多在三上：马上、枕上、厕上。"东汉学者董遇幼年非常好学，他总是利用一切可以利用的时间。他曾经说："我是利用'三余'来学习的。""三余"，即"冬者岁之余，夜者日之余，阴雨者晴之余"。他的意思是把冬闲、晚上、阴雨天不能外出劳作的时间，用到学习中来，这样日积月累，终有所成。

然而，懂得珍惜零碎时间，并不意味孩子能够合理利用零碎时间。身为父母，既要让孩子注重利用零碎时间，还应教孩子如何科学地利用零碎时间。

…… 育女真经 ……

建议1：教孩子利用好乘车的时间

孩子上下学的时候如果坐公交车，即便只坐半个小时的车，这个时间也可以利用起来。比如，让孩子戴上耳机听英语，听自己感兴趣的有声材料，比如听故事、听名人演讲。这也是一种有效的学习途径。

建议2：教孩子利用上厕所的时间

在洗手间里摆放几本孩子爱看的书，等孩子上厕所的时候，她就会很自然地随手拿书翻阅。等孩子把那些书看完了，妈妈再购买一些孩子喜欢的书回来，摆放在洗手间里。通过这种方式，可以无形中培养孩子阅读的习惯。

妈妈必读

利用零碎时间，看似是一件不起眼的小事，却蕴含这么多奥妙。妈妈有必要把这里面的学问告诉女孩，让孩子明白，时间是有限的，但是只要懂得运用时间，就能在有限的时间内，做更多的事情。

100 做事有主次，教女儿分清轻重缓急

对于生活中的很多事情，妈妈都可以教孩子按照重要性和紧急性的不同组合来确定先后顺序，先集中时间做重要的或紧急的事情，再把剩余的时间用来处理小杂事，这样就不会出现忙乱的状况了。

当代管理学之父彼得·杜拉克曾经说过：“必须分清轻重缓急。最糟糕的是什么事都做，但都只做一点，这必将一事无成。”对于13岁之前的女孩来说，既要在知识的海洋里吸取营养，也要在生活的世界里接受锻炼，但是她们的时间和精力是有限的，因此，想要让孩子学得轻松、玩得自在，就要教会她们管理时间。

《顽皮豹》是8岁的芳春最爱看的卡通节目，对她来说，看《顽皮豹》是生活中最重要的事情，每天晚上6点半，她都会丢下作业，准时坐在电视机前，目不转睛地直盯着屏幕。沉浸在剧情中的她，经常随着剧情的变化哈哈大笑或唉声叹气。结果耽误了写作业的时间，经常熬到10点钟才上床睡觉。

芳春还有一个坏习惯，那就是赖床，每天早上起床的速度、穿衣的速度、洗漱的速度慢得惊人。妈妈看到女儿这么没有时间观念，做事的效率这么低，心里很着急，于是想了一个办法：

因为《顽皮豹》这个节目每天早上6点半有重播，妈妈便对芳春说："做作业、学习是最重要的事情，这个事情不能拖拖拉拉，不然会影响你的学习效果，而看卡通片则相对次要一点，可以推迟，以后每天下午放学回家，你首先要做作业，做完作业玩一会儿就睡觉，早睡早起，好不好呀？"

芳春怎么可能同意呢？她急忙说："那我怎么有时间看电视啊？"

妈妈说："你放心，据我所知，每天早上6点半，你喜爱的节目会重播，你就6点半之前起床看那个节目，看完是7点一刻，你再洗漱、吃饭，然后上学，你看怎么样？"

芳春高兴得手舞足蹈，她还开玩笑地说："妈妈，那你早上就不用因为叫我起床而发火了。可是妈妈，看完卡通片还要换衣服、梳洗，怎么来得及呢？"

妈妈想了一下，说："头天晚上，你可以把书包先整理好，水壶也装好水，摆在门口，要换的校服就放在电视机前面，你一起床就可以在电视机前面，一边欣赏节目，一边换衣服。"

从此以后，芳春起床再也不用妈妈催了，她的作业也能每天按时完成，不会拖到第二天早上补。

在女孩13岁之前，教她学会分清轻重缓急，并不是说只让她做最重要的一件事，而完全忽略其他的事情，而是要分辨出当时最重要的、最紧急的事情，并坚决把它做好，然后再做其他的事情。或者说，先把必须做的事情做好，再做自己喜欢做的事情，这是时间管理和提高做事效率的精髓所在。

育女真经

建议1：教孩子给事情排个顺序

妈妈可以教孩子对要做的事情排好优先次序，并按照这个次序来做。要设定一个优先次序，可以用"轻重缓急"的标准分为四类：紧急且重要的事情，紧急但不太重要的事情，重要但不是很紧急的事情，不重要也不紧急的事情。

很多女孩不懂得首先做一些紧急且重要的事情，但接下来往往会做看似紧急，但不重要的事情，整天忙忙碌碌却收获不大。其实，与这类事情相比，更要紧的是"重要但是不紧急"的事情，例如读书、玩耍、运动等。

建议 2：让孩子学会运用“二八法则”

怎样分清轻重缓急？意大利经济学家提出了一个著名的“二八法则”，即在日常生活中，20%的事情是很重要的，要用80%的时间去完成，因为这20%的事情决定了一个人80%的成就。因此，妈妈应该教女儿辨别哪些是重要的事情，再用80%的时间去做这些事情，把剩下的20%的事情用于做其他不太重要的事情。

对于13岁之前的孩子来说，她们最重要的事情是学习、玩耍，但在这两件事情中，学习往往是父母看得最重的，而孩子更看重玩耍，因此，妈妈可以和女儿对此进行商讨，让孩子把80%的时间中的60%的时间用于学习，把另外40%的时间用于玩耍，还有20%的时间用于其他。

妈妈必读

女孩在13岁前，是一个逐渐独立的阶段，经常会出现做事主次不分的情况，这时，妈妈应该引导孩子，教孩子把复杂的事情分类，归纳出事情的紧急程度，然后再一一解决。多试几次，孩子就能轻松地面对各种复杂的事情了。

101 让女儿懂得欲速则不达的道理

为了提高做事效率而一味催促孩子“快点”、“快点”，往往很容易导致孩子形成焦躁的性格，做事没耐心，急于求成而导致慌乱，最后事情越做越糟糕。想要避免这种状况的出现，妈妈应该让孩子懂得“欲速则不达”的道理。

每个妈妈都希望孩子做事有效率，把事做得既快又好，可是 13 岁之前的女孩是很难达到这种成熟度的。生活中，我们大人也或多或少会因为急于求成，导致出现失误和差错，这就提醒我们，在教育孩子学会办事利索的同时，还要告诉女孩欲速则不达的道理，使孩子变得更加稳重、成熟。而且只有保证事情尽可能少地出差错，才能真正实现高效，这才是“快”的根本目的。

有一个女孩很喜欢研究生物，很想知道蛹是如何破茧成蝶的。有一次，她在草丛中发现了一只蛹，便带回了家，每天都专心地观察着。几天以后，她发现蛹上有一条裂痕，里面的蝴蝶开始挣扎，想抓破蛹壳飞出。

小女孩兴奋极了，她目不转睛地盯着蛹，但看了几个小时，蝴蝶仍然没有破茧而出。见蝴蝶在蛹里辛苦地挣扎，小女孩有些不忍，想要帮帮它，于是她拿起剪刀，将蛹剪开，让蝴蝶破蛹而出。

然而，让她没有想到的是，蝴蝶挣脱蛹以后，因为翅膀还太过稚嫩，根本没有飞翔的本领。更严重的是，几分钟之后，蝴蝶痛苦地死去了。

看到这一幕，小女孩伤心极了，她的内心充满了自责。妈妈得知这件事情后，安慰她不要难过，并给她讲了个故事：

有个旅客抱着一大叠书，匆匆忙忙地进了火车站。可能是他的车快要出发了，所以他显得很慌张，而且他还没有找到自己车次的检票口，于是他就问身旁的一位清洁工：“师傅，请问××车次的检票口在哪儿？我只有五分钟的时间，请问我能赶上吗？”

清洁工告诉了他检票口，并说：“如果你慢慢来，还赶得上那趟车；如果你太慌张，没准就赶不上了。”这个旅客听了有些生气，认为清洁工在戏弄他。但因为时间紧迫，他没时间跟清洁工较真。他顺着清洁工所指的方向快步赶过去，没想到这个时候意外发生了：捆书的绳子断了，一大叠书散落一地。等到他把书理齐捆好，车已经开走了。

故事讲完后，妈妈对女儿说：“孩子，我们做事需要讲求效率，可是有时候，我们还要有耐心、沉得住气，因为如果没耐心、沉不住气，就会犯你那样的错误，或者犯那位旅客的错误，因为慌忙而急出了乱子。”女儿点了点头。

凡事则欲速则不达，如果在思维过程中，女孩对某一结果的欲望过于强烈，其后果很可能事与愿违。面对问题时不紧不慢、磨磨蹭蹭，显然无法高效地把事情做好，但是如果过于急躁、太想求成，也容易生出乱子。

许多成功者的经验告诉我们，当一件事经过紧张的思索后仍然找不到解决的办法时，不妨暂时将事情搁置起来，让自己的身心得到放松，或者干脆想想其他的事儿，这样反而很容易想出解决问题的办法。

育女真经

建议 1：对孩子不要要求太高、急于求成

在这个充满功利心的社会里，很多父母也对孩子有了很多功利心，他们把过多的希望寄托在孩子身上，对孩子提出了过高的要求，对孩子没有太多的耐心，他们恨不得今天把孩子送进钢琴班，明天孩子就能成为钢琴大师；恨不得今天把孩子送进奥数班，明天孩子就能挂上金牌。

这种急于求成的教育观念，在很大程度上压得孩子喘不过气来，使孩子变得急躁，做事太重结果。而做事太重结果，往往容易变得急于求成，没有耐心，一见效果不明显，就容易焦虑或者干脆放弃。因此，想让你的女孩做事有效率，在教育她珍惜时间、学会巧干事的同时，还必须让她懂得做事不能急于求成的道理。

建议 2：让孩子明白高效＝做事速度＋做事效果

做事高效离不开两个条件，一个是做事的速度，即用时短；一个是做事的效果，即最终的结果怎么样。以孩子考试来作说明，有些孩子考试答题的时候速度很快，两个小时的考试他只用一个小时就做完了，可是考试成绩一塌糊涂。当然，不是因为他不会做，而是因为他做题太快，导致考虑问题不全面，出现了很多不该有的失误。

真正的高效，首先应该保证做事质量，其次才是做事速度。比如，考试的时候，孩子首先要认认真真不急不躁地完成每一题，在这个前提下，再在不导致失误的情况下尽可能提高答题速度，这才是孩子需要的高效，也只有这样才能取得不错的成绩。

妈妈必读

13 岁之前的孩子做事没效率的情况并不少见，妈妈在教育孩子提高做事速度的同时，千万不要忘了提醒孩子注重做事的质量，别让孩子陷入“欲速则不达”低效做事的泥潭；否则，看似高效，实则没有任何意义。